ÄGYPTEN

EIN GESCHICHTLICHER UND KULTURELLER STREIFZUG DURCH SIEBEN JAHRTAUSENDE

Herausgeber:
JAROMIR MALEK

Orbis Verlag

OBEN: Ramses III. (1184 – 1153 v. Chr.) wird vom Gott Schu willkommen geheißen; aus dem Grab seines Sohnes Chaemwese im Tal der Königinnen.
The Image Bank/Tom Owen Edmunds

OBEN: Detail aus einer astronomischen Deckenmalerei. Dargestellt sind verschiedene Sternkonstellationen; aus der Sargkammer Sethos' I. (1294 – 1279 v. Chr.) im Tal der Könige.
Austral/Camera Press

VOR- UND NACHSATZ: Inschrift auf einer Stele (Grabstein) des Ptahmose, zuständiger Beamter für den Harem (Wohnbereich der Familie) des königlichen Palastes in Memphis. Er wendet sich an die Nekropolengottheit Ptah-Sokar-Osiris. Wahrscheinlich aus Saqqara, um 1250 v. Chr.
The Metropolitan Museum of Art, New York/The Image Bank/Rob Atkins

SEITE 2: Der Falke, Sinnbild des Gottes Horus, steht vor dem ersten Pylon (Monumentaltar) des Horus-Tempels in Edfu.
The Image Bank/David W. Hamilton

SEITE 3: Skulptur aus Grauwacke vom Taltempel des Königs Mykerinos (2488 – 2460 v. Chr.) in Gisa. Der König wird begleitet von der Göttin Hathor und einer Gottheit, die einen der Verwaltungsbezirke Ägyptens (Gaue) personifiziert.
Museum of Fine Arts, Boston

SEITE 5: Löwenstatue aus gebranntem Ton, um 2600 v. Chr.; gefunden im Tempel von Kom el-Ahmar (Hierakonpolis).
Ashmolean Museum, Oxford/Werner Forman Archive

SEITE 6: Die Häuser in Nubien, im Gebiet südlich des ersten Nilkatarakts, waren berühmt für ihre schön bemalten Fassaden. Leider wurden die nubischen Dörfer überflutet, als man den Nasser-See aufstaute. Australian Picture Library/D. & J. Heaton

SEITE 7 OBEN LINKS: Traditionelle Transportmittel aus dem ländlichen Ägypten.
The Image Bank/Brett Fromer

SEITE 7 UNTEN LINKS: Die Stufenpyramide des Königs Netjerichet Djoser (2628 – 2609 v. Chr.) in Saqqara.
H. Champollion

SEITE 7 RECHTS: Kairo ist eine der belebtesten Städte der Welt, voller Energie und Vitalität.
Austral/Camera Press London

SEITE 8: Überlebensgroßer Kopf einer Quarzitstatue, die einen Herrscher des Mittleren Reiches darstellt, höchstwahrscheinlich Sesostris III. (1878 – 1859 v. Chr.).
Nelson-Atkins Museum of Art, Kansas

SEITE 9: Goldstatue des Gottes Osiris, zweite Hälfte des 1. Jahrtausends v. Chr.
Ancient Art and Architecture Collection/Ronald Sheridan

ISBN 3-572-01325-9

Übersetzung: Dr. Rainer Hanning, Dr. Regine Schulz, Dr. Matthias Seidel, Dr. Gertraude Wilhelm
Design: Kathie Baxter Smith
Illustrationen: Jan Smith
Satz: Josef Fink GmbH, München
Druck: Tien Wah Printing, Singapore
Printed in Singapore

817 2635 4453 6271
05 04 03 02

VORBEMERKUNG

Timothy Potts

Dieser Band gehört zu einer Publikationsreihe, die dem Leser eine verläßliche, aktuelle und mit aufschlußreichen Abbildungen ausgestattete Darstellung der großen Kulturen der Menschheit bieten möchte. Jeder Band entsteht aus der Zusammenarbeit international führender Experten und bietet einen kompetenten Überblick über jene Zivilisationen, denen in der Geschichte der Menschheit eine entscheidende Rolle zugefallen ist. Historische Grundstrukturen aus den zahllosen Erkenntnissen, die archäologische Forschung in jüngster Zeit erbracht hat, zusammenzufügen, ist eine der wichtigsten wissenschaftlichen Notwendigkeiten der Gegenwart.

Anders als herkömmliche Darstellungen der Alten Geschichte führt diese Buchreihe Wissenschaftler unterschiedlicher Fachrichtungen – Geographen, Ethnologen, Archäologen und Historiker – zusammen, um das Leben in diesen fernliegenden Epochen in seiner ganzen Vielschichtigkeit nachzuzeichnen und die Vergangenheit nicht nur zu beschreiben sondern sie auch, soweit dies möglich ist, zu erklären. Thematisch steht die Gegenüberstellung von »Alter Kultur« und »Modernem Land« im Vordergrund. Deshalb wird jede Kultur im Kontext ihrer spezifischen Umwelt dargestellt – mit den Gegebenheiten ihrer Landschaft, die Sitten und Gebräuche der Menschen formte und das Fundament für das Entstehen und den Niedergang der Großreiche bildete. Das Vermächtnis der Vergangenheit ist in unserer heutigen Lebensform noch überall gegenwärtig; jeder Band dieser Reihe umfaßt die Geschichte der jeweiligen Kultur bis in die moderne Zeit und bietet damit einen knappen, aber umfassenden Blick auf unsere eigene Vergangenheit. In den einzelnen Bänden wie als Ganzes will die Reihe eine informative und möglichst aufschlußreiche Einführung in jene Kulturen bieten, die nicht nur Gipfelpunkte in der geschichtlichen Entwicklung der Menschheit repräsentieren, sondern auch das Gesicht der heutigen Welt mitgeformt haben.

INHALT

EIN UNVERGÄNGLICHES LAND

ZEUGEN DER VERGANGENHEIT

DAUER UND WANDEL

EIN
UNVERGÄNGLICHES
LAND

ΚΡΟΚΟΔΙΛΟΠΑΡΔΑΛΙΣ
ΔΓΕΛΑΡΥ

DAS SCHWARZE LAND – DAS ROTE LAND

Ian Shaw

Im Laufe von Jahrmillionen entwickelten sich, als Folge einer Serie von dramatischen geologischen Ereignissen, die vier klar zu unterscheidenden Regionen Ägyptens: das Niltal mit dem Delta, die Westwüste, die Ostwüste und die Sinai-Halbinsel. Zweifellos hat diese unkomplizierte geographische Gestalt des Landes das strenge Gefühl der Ägypter für Symmetrie weitgehend geprägt. So unterteilten sie ihre Umwelt in eine Reihe von Paaren und Gegensatzpaaren: das trockene »Rote Land« der Wüste hob sich scharf vom fruchtbaren »Schwarzen Land« am Nil ab. Das Schwarze Land selbst gliederte sich wiederum in das Reich des Deltas (Unterägypten) und in das Reich des Niltals (Oberägypten). Außerhalb Ägyptens lebende Ausländer wurden entweder als »Nordleute« (Asiaten) oder als »Südleute« bezeichnet, während die Ägypter sich selbst als ein Geschlecht eigener Herkunft außerhalb dieser Ordnung sahen.

Ägypten liegt an einer geographisch recht ungewöhnlichen Stelle; es ist Knotenpunkt dreier Kontinente: die Nordgrenze am Mittelmeer liegt Europa gegenüber, der Westen und Süden des Landes gehört zu Afrika und die Sinai-Halbinsel mit dem Roten Meer im Osten grenzt an Westasien (den antiken Nahen Osten). Die geographischen Verhältnisse blieben über einen Zeitraum von mindestens 5000 Jahren in vielerlei Hinsicht stabil. Dennoch wurden, obwohl sich die topographischen Grundlagen und das Klima seit dem Neolithikum (Jungsteinzeit; prädynastische Zeit, um 5000–3000 v. Chr.) wenig geändert hatten, eine Vielzahl menschlicher Anpassungsstrategien innerhalb der vorgegebenen Rahmenbedingungen entwickelt. Art und Umfang der landwirtschaftlichen Nutzung des Niltals, des Deltas und der Oasen waren dabei zahlreichen Veränderungen unterworfen, weil sich das Ausmaß der Abhängigkeit von den Ressourcen der umliegenden Wüstenregionen ständig veränderte. Diese Situation spiegelt sich auch in einer permanent fluktuierenden Nachfrage nach verschiedenen Gebrauchsgütern und Rohmaterialien. In ähnlicher Weise haben über viele Jahrhunderte hinweg die Wege der Jäger, Händler und Bergbauexpeditionen der Landschaft ihren Stempel aufgedrückt, wodurch im Laufe der Zeit eine Art Chronik der wechselnden Nutzungsarten des Landes entstand.

Obgleich die heutige Gestalt und die politischen Grenzen Ägyptens fast identisch mit jenen sind, die in früheren Zeiten bestanden, kann eine derartige geographische Kontinuität ausschließlich mit archäologischen Methoden kaum nachgewiesen werden.

Die neolithischen Bewohner des Niltals scheinen sich fremden Einflüssen eher geöffnet zu haben als ihre Nachfahren, da in dieser frühen Zeit die Libysche und die östliche Wüste weniger ausgetrocknet waren und Reisende aus Zentralafrika und dem Nahen Osten dort eine etwas gastlichere Umgebung vorfanden. Die späten prädynastischen Kulturen Ägyptens weisen Einflüs-

GANZ OBEN: Ausschnitt aus David Roberts' »Aufstieg zur unteren Bergkette des Sinaibergs«, gemalt 1839. Victoria & Albert Museum, London/Peter Clayton

OBEN: Moderne Methoden der Bodennutzung und neue Bewässerungstechniken werden unter dem Druck, die Agrarproduktion zu steigern, genutzt. The Image Bank/ Guido Alberto Rossi

LINKS GEGENÜBER: Nilotische Landschaft auf einem römischen Mosaikboden, gefunden in der italienischen Stadt Palestrina (Praeneste), wahrscheinlich aus dem 1. Jahrhundert v. Chr. Palestrina National Museum/John G. Ross

SEITE 11: Eine Landschaft, typisch für das Gebiet unmittelbar nördlich vom Ersten Katarakt bei Assuan. Im Vordergrund die Insel Elephantine. The Image Bank/N. Folberg

RECHTS: Es ist schwierig, sich Ägypten ohne Kamele vorzustellen: sie waren aber beinahe während der gesamten pharaonischen Geschichte unbekannt. Man begegnet ihnen vereinzelt während der Phase der assyrischen Besetzung Ägypens im 7. Jahrhundert v. Chr., häufiger aber erst in der ptolemäischen Zeit (305 – 30 v. Chr.). Peter Clayton

se von außerhalb sowohl in der Ikonographie der hinterlassenen Artefakte als auch in der äußeren Erscheinung der damaligen Bewohner auf.

Während der dynastischen (pharaonischen) Zeit ab 3000 v. Chr. siedelte die Bevölkerung, wie auch heute noch, in der Nähe des Nils; die angrenzenden ausgedehnten Wüstenregionen wurden nur insoweit kontrolliert, als die Handels- und Bergbauexpeditionen geschützt werden mußten. Zu jener Zeit wurden die Wüstenregionen nicht als das eigentliche Ägypten betrachtet, sondern eher als bedrohliche Randgebiete, in die man nur bei zwingender Notwendigkeit eindrang.

UNTEN: Ein Blick auf die Erde zeigt das Niltal und die Nachbargebiete, aufgenommen im April 1991 von der Besatzung des STS-37 Space Shuttle. NASA

Wenn die Pharaonen des Neuen Reiches (1540 – 1069 v. Chr.) sich damit rühmten, »die Grenzen Ägyptens zu erweitern«, dachten sie eher an Siege über die seßhafte Bevölkerung des asiatischen Nordens und des nubischen Südens als an Siege über die »Sandbewohner« der West- oder Ostwüste. Die Ausweitung oder Zurücknahme der Grenzen zu Nubien und Syrien-Palästina stehen in direkter Beziehung zur Stärke der Zentralgewalt in Ägypten. In der Libyschen Wüste waren die großen Oasen wahrscheinlich immer fest in ägyptischer Hand, aber die dort lebende Bevölkerung stammte größtenteils aus dem Gebiet, das heutzutage das moderne Libyen bildet, und weniger aus dem Niltal.

Klimatische und naturgeschichtliche Gegebenheiten

Das heutige Ägypten kennt nur zwei Jahreszeiten: einen heißen Sommer in den Monaten Mai bis Oktober und einen kühlen Winter (November bis April); die Temperaturen reichen von 6 °C des Nachts im Winter bis maximal 46 °C im Hochsommer. Mehr und mehr archäologische Fakten, besonders aus der Paläobotanik und als Ergebnis der Radiokarbondatierung, belegen die klimatischen Verhältnisse der früheren Zeiten. Die Vorläufer der ersten Ägypter des Paläolithikums (Altsteinzeit; vor 10 000 v. Chr.) erschienen etwa vor 250 000 Jahren in der Steppe von

LINKS: Krokodile gehörten zum alltäglichen Anblick im Alten Ägypten. Sie wurden als Verkörperung verschiedener Gottheiten, besonders des Gottes Sobek aus der Oase Fajjum in Mittelägypten, verstanden. Friedhöfe mit mumifizierten Krokodilen sind von verschiedenen Orten her bekannt, zum Beispiel aus Kom Ombo. Im Laufe des 19. Jahrhunderts verschwanden die Krokodile aus dem ägyptischen Kernland und auch in Nubien wurde ihr Anblick im 20. Jahrhundert immer seltener. Heute können im Nasser-Stausee wieder zahlreiche Exemplare angetroffen werden. Fotografiert von E. Béchard zwischen 1870 und 1890.
Griffith Institute, Ashmolean Museum, Oxford

Nordostafrika, aber erst die allmähliche Ausbreitung eines trockeneren Klimas um 25 000 v. Chr. zwang diese Bevölkerungsgruppen, sich in das Niltal zurückzuziehen. Dieser unaufhaltsam fortschreitende Prozeß der Austrocknung führte zum Entstehen der Ost- und der Westwüste. Während der mesolithischen Periode (Mittelsteinzeit; um 10 000 - 5000 v. Chr.) bewohnte eine Anzahl von halbnomadischen Gruppen, die ihren Lebensunterhalt mit Jagd und Fischfang bestritten, die unmittelbare Umgebung des Niltales. Seßhaftere Gemeinschaften, die Viehzucht und Ackerbau betrieben, lassen sich erst um 5000 v. Chr. nachweisen.

Eine überraschend stark ausgeprägte viehzüchterische Diversifizierung existierte bereits während der pharaonischen Zeit (nach 3000 v. Chr.). Neben der Aufzucht von Rindern, Schafen, Ziegen und Schweinen experimentierten die ägyptischen Bauern des Alten Reiches (2647 - 2124 v. Chr.) mit der Domestizierung von Gazellen, Antilopen, Hyänen und Steinböcken. Im Mittleren Reich (2040 - 1648 v. Chr.) ersetzte man die einheimische Glattschafrasse durch eine neue Gattung: Wollschafe, die aus Vorderasien kamen. In der Zeit des Neuen Reiches (1540 - 1069 v. Chr.) wurden schließlich Pferd und Zebu-Rind eingeführt. Heutzutage züchtet man in Ägypten hauptsächlich Schafe, Ziegen, Geflügel, Wasserbüffel, Pferde, Esel und Kamele.

Die detailreichen Bilder der Hieroglyphenschrift und die Szenen an den Wänden der antiken Gräber und Tempel liefern zahlreiche Beweise für den Reichtum der Tier- und Pflanzenwelt während der späten prädynastischen und der pharaonischen Zeit. Viele Arten sind heute entweder ausgestorben oder wurden weiter nach Süden in das tropische Afrika abgedrängt, beispielsweise das Nilpferd und das Krokodil. Diese Tiere wurden damals mit beachtlicher Lebensechtheit und großer Detailgenauigkeit dargestellt. Bereits um 2600 v. Chr. konnte man den Elefanten, das Nashorn, die Giraffe und die Gerenuk-Gazelle nördlich von Assuan nicht mehr finden; die Populationen der Löwen und Leoparden nahmen stark ab. Es ist nicht eindeutig gesichert, in welchem Ausmaß die übermäßige Bejagung (zu pharaonischen Zeiten) oder die fortschreitende Austrocknung der Region dafür verantwortlich waren. Mit Sicherheit führt das Fehlen von Wäldern in Ägypten zu einer entsprechenden Begrenzung der heutigen Tierwelt: Es finden sich lediglich einige Steinböcke in der Ostwüste und auf dem Sinai; versprengte Exemplare von Wildschweinen, Dschungelkatzen (Sumpfluchs) und Luchse leben im Delta.

Im Hinblick auf die Vegetation im Alten Ägypten ist festzustellen, daß die einst weit verbreitete Papyruspflanze vollständig verschwunden ist, während neu eingeführte Arten wie Eukalyptusbaum, Zypresse und Ulme im heutigen Klima gedeihen. Der Ackerbau der pharaonischen Zeit beschränkte sich auf Getreide wie Gerste, Weizen und Flachs, der als Rohstoff für Kleidung und Segeltuch von besonderer Be-

Wasserwirtschaft am Nil

OBEN: Der Schaduf ist eine einfache Wasserhebevorrichtung, die aus einer langen Holzstange besteht, an deren einem Ende ein Wassereimer, am anderen ein Gegengewicht hängt. Gewöhnlich wird er von einem, seltener von zwei Männern bedient. Die Höhe, auf die das Wasser gebracht werden kann (etwa 1,50 m, obwohl auch mehrere Schadufs miteinander kombiniert werden können, um eine größere Höhe zu erreichen), und das gehobene Volumen sind begrenzt. Die älteste bekannte Darstellung eines Schadufs stammt aus der Zeit des Königs Echnaton (1353 – 1337 v. Chr.). Allerdings scheint er keine ägyptische Erfindung gewesen zu sein, sondern wurde aus Mesopotamien eingeführt. Macquitty International Collection

OBEN: Die Saqijeh, das Wasserrad, wurde in Ägypten während der ptolemäischen Zeit (305 – 30 v. Chr.) eingeführt. Sie besteht hauptsächlich aus einem großen, vertikal positionierten Rad, an dem einige Wasserbehälter befestigt sind. Sie wird über einem Brunnen angebracht, während ein waagerecht liegendes Rad von einem Büffel, Kamel oder Esel gedreht wird. Je nach Perfektion der Konstruktion kann das Waser mehrere Meter hochgehoben werden: Die Effektivität der Saqijeh ist somit weitaus größer als die des Schadufs. Heutige aus Metall gefertigte Saqijehs, einige mit einem Motor betrieben, ersetzen zunehmend die alten hölzernen Räder, die mit großen Tontöpfen als Schöpfeimer ausgestattet sind. Sonia Halliday Photographs

UNTEN LINKS: Eine Wasserschraube (»Archimedische Schraube«, Tambur) ist eine Wasserhebevorrichtung, die das Wasser durch die Rotation einer in einem wasserdichten Zylinder steckenden Schraube nach oben trägt. Sie wurde in ptolemäischer Zeit (305 – 30 v. Chr.) eingeführt und Archimedes (um 287 – 212 v. Chr.), ein Gelehrter aus Alexandria, soll ihr Erfinder gewesen sein.

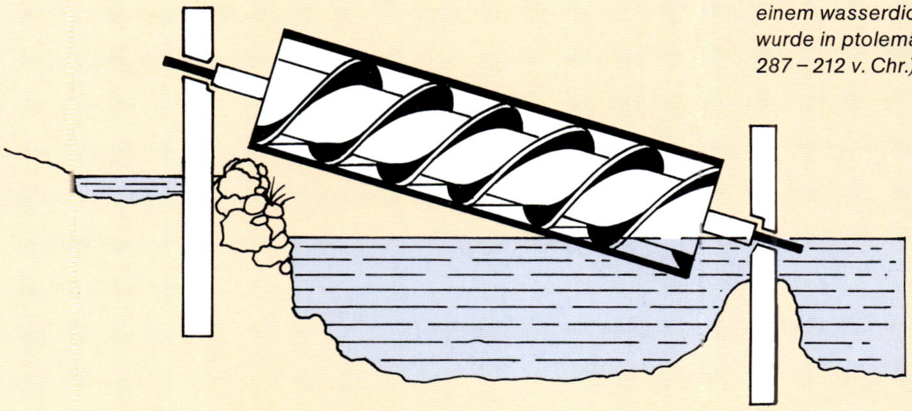

OBEN: Der Bau des Sadd el-Ali (Hochdamm) bei Assuan und des Nasser-Stausees haben sicherlich einige unangenehme Nebenwirkungen für die Landwirtschaft, die Ökologie und die Denkmäler gehabt, aber es besteht kein Zweifel, daß ohne dieses Projekt der enorm angewachsene Energiebedarf und die jüngste Serie von unzureichenden Nilüberschwemmungen eine verhängnisvolle Wirkung ausgeübt hätten. Macquitty International Collection

LINKS: Der erste Damm von Assuan war der größte der Welt, als er 1912 fertiggestellt wurde. An ihm wurden auch späterhin Veränderungen vorgenommen; zur Zeit ist er 2140 m lang und 50 m hoch. Er wurde hauptsächlich gebaut, um die Strömung des Nils für landwirtschaftliche Zwecke zu regulieren. A. Scott/R. Estall

LINKS: In der malerischen Landschaft um Theben war das landwirtschaftliche Potential immer begrenzt. Im Altertum besaß die Stadt Waset große ideologische Bedeutung. Ihr Vorteil lag darüber hinaus in ihrer Nähe zu Steinbrüchen und Fundstätten (Gold, Kupfer und Mineralien), zu den Handelsrouten (durch die Ostwüste und nach Nubien) sowie zu ausreichenden Arbeitskräften (Nubien); auch die große Entfernung zu den nördlichen Machtzentren spielte in Krisenzeiten eine wichtige Rolle.
The Image Bank/Paul Trummer

deutung war. Die ungeheure Fruchtbarkeit des ägyptischen Bodens scheint Neuerungen auf diesem Gebiet überflüssig gemacht zu haben, allerdings wurden in der griechisch-römischen Zeit (nach 332 v. Chr.) einige neue Getreide- und Gemüsesorten eingeführt.

Der Nil und das Delta

Soweit das Niltal auf ägyptischem Territorium liegt, erstreckt es sich von der sudanesischen Grenze bis nach Kairo über eine Distanz von etwa 800 km Länge; die letzten 240 km bis zur Mittelmeerküste fließt der Nil durch mehrere Hauptarme des Deltas. Im 1. Jahrhundert n. Chr. gab es noch sieben solcher Hauptarme, aber natürliche und künstlich errichtete Sperren haben bewirkt, daß es heute nur noch den Nilarm von Rosette und den von Damiette gibt. Ägypten ohne den Nil als dem entscheidenden Lebensspender mit seinen vielschichtigen Wirkungen ist freilich geradezu unvorstellbar.

Zahlreiche andere Kulturen haben sich an Flüssen und Überschwemmungsgebieten angesiedelt, aber der Einfluß des nördlichen Nilabschnitts auf die Gesellschaft und Wirtschaft der Bevölkerung, von der paläolithischen Zeit bis auf den heutigen Tag, war immens. Im Gegensatz zu anderen Strömen der antiken Welt stieg der Nil jedes Jahr in den Monaten Juli bis September an, überflutete das angrenzende Niltal und lagerte fruchtbaren Boden ab. Dieses scheinbar übernatürliche Phänomen der jährlichen »Nilüberschwemmung« war der entscheidende Faktor für die ägyptische Wirtschaft (und er ist es bis in die moderne Zeit hinein geblieben), da der Erfolg der jährlichen Ernte unausweichlich von der Fluthöhe des Nils abhing. Ausmaß und Wirksamkeit der Überschwemmung hängen wiederum von der Ergiebigkeit des sommerlichen Monsunregens im äthiopischen Hochland ab, das weit südlich von Ägypten liegt und in Höhen über 3500 m emporsteigt. Die Niederschläge in dieser Region speisen den Blauen Nil, der sich bei Khartum mit dem Weißen Nil zum Nilstrom vereinigt.

Die ständige Ablagerung von fruchtbarem Boden durch den Nil – jeden Sommer über Tausende von Jahren hinweg – hat nicht nur verhindert, daß das Mittelmeer die Nordküste Ägyptens abgetragen hat, sondern verwandelte auch die fächerartige Deltaregion von einem einstigen prähistorischen Sumpfgebiet mit »schildkrötenpanzerförmigen« Inseln in eines der reichsten landwirtschaftlichen Gebiete innerhalb Ägyptens. Im Niltal regnet es fast nie (obgleich ein Anstieg der Niederschlagsmenge seit dem Bau des Nasser-Stausees zu verzeichnen ist), und sogar im Delta beträgt die jährliche Niederschlagshöhe nur zwischen 100–200 mm. Daher ist schon seit vorgeschichtlicher Zeit ein hoher oder niedriger Nilstand einer der wichtigsten Umweltfaktoren in Ägypten.

Viele Aspekte dieser sogenannten »hydraulischen Kultur« des Alten Ägyptens, von den religiösen Mythen bis zu den sozialen und wirtschaftlichen Gegebenheiten, hingen unmittelbar mit der jährlichen Über-

OBEN: Einige Agrarmethoden haben sich seit dem Altertum nicht wahrnehmbar verändert und scheinen direkt von den Wandmalereien der alten Gräber übernommen worden zu sein.
H. Champollion

RECHTS: Oberflächlich betrachtet – mit dem unerfahrenen europäischen Auge – scheinen sich seit den Berichten der Reisenden im letzten Jahrhundert die ägyptischen Dörfer kaum verändert zu haben. Dies ist jedoch eine Täuschung. Das moderne Leben übt auf die bäuerlichen Gemeinschaften eine tiefe Wirkung aus, oft wohltuend (Elektrizität, fließendes Wasser, moderne Bewässerungsmethoden, Transportmittel), aber oft auch schädlich (Auflösung alter bäuerlicher Werte, rasches Anwachsen von Müllbergen, die Straßen und Kanäle verstopfen).
H. Champollion

schwemmung zusammen. Während der gesamten ägyptischen Geschichte beschäftigte man sich verständlicherweise mit der Messung der jährlich schwankenden Nilhöhe. Die dafür entwickelten Techniken reichten von einer einfachen Ritzung im Fels während der frühdynastischen Periode (um 2950 - 2647 v. Chr.), besonders in der Region um Assuan, bis zu speziell angelegten steinummantelten Schächten; einer davon ist der Nilometer auf der Insel Roda (bei Kairo), ein bedeutsames Denkmal der altägyptischen Technikgeschichte, das aus dem 9. Jahrhundert n. Chr. stammt.

UNTEN: Der fruchtbare Ackerboden ist das wertvollste Gut Ägyptens und strenge Maßnahmen waren notwendig, um zu erreichen, daß er ausschließlich für landwirtschaftliche Zwecke genutzt wird und z. B. nicht zur Ziegelherstellung für den Bau von Häusern.
The Image Bank/Guido Alberto Rossi

Assuan-Damm und Suez-Kanal

Seit Beginn der ägyptischen Geschichte bis zum heutigen Tage war die wirksame Kontrolle und Nutzung der Flüsse, Seen und Kanäle eine große Herausforderung für alle Machthaber Ägyptens und möglicherweise lag hier auch die ursprüngliche Basis ihrer Herrschaft. Zwei Hauptprobleme tauchen regelmäßig auf: die Regulierung und Umleitung der gewaltigen Wassermassen des Nils und die Verbindung zwischen dem Roten Meer und dem Mittelmeer.

Bis vor etwa zweihundert Jahren waren es nur kleine, lokal wirksame Maßnahmen und Vorkehrungen, durch die der Mensch versuchte, mit der jährlichen Nilüberschwemmung zurechtzukommen. Die Nutzung der natürlichen Gegebenheiten des Nils zeigte eine bemerkenswerte Kontinuität durch alle Epochen der ägyptischen Geschichte und entwickelte sich nur allmählich in Zusammenhang mit dem Auftreten einer vielschichtigeren Technologie weiter. Im Mittelalter - genau wie in pharaonischer Zeit - bestand die lokale Bewässerung hauptsächlich im Erdausheben, dem Graben von Bewässerungskanälen und dem Anlegen kleiner Dämme, die das Wasser zurückhielten, wenn die jährliche Überschwemmung zurückging. Diese Art von künstlicher Beckenbewässerung, die mit Sicherheit schon auf dem spät-prädynastischen Keulenkopf des Königs »Skorpion« (um 3000 v. Chr.) dargestellt ist, erlaubte es den ägyptischen Bauern, die Fläche des landwirtschaftlich verfügbaren Ackerlandes zu erweitern und teilweise auch eine zusätzliche zweite oder dritte Ernte pro Jahr zu erzielen, da der Nutzeffekt der Überschwemmung verlängert wurde.

Seit 1830 wurden große Kanäle entlang des Nils ausgehoben, um eine gründliche Regulierung der Überschwemmung selbst zu ermöglichen. Unglücklicherweise waren die Kanäle sehr schnell durch die großen Massen von Schlamm und Geröll der jährlichen Überflutungen verstopft, so daß die meisten bald wieder aufgegeben werden mußten. Erst Ende des 19. Jahrhunderts begannen französische und britische Ingenieure mit dem Bau mehrerer großer Dammsperren, darunter eine unmittelbar nördlich von Kairo, die es ermöglichte, den Wasserzufluß ins Delta zu regulieren. Nach Vollendung des ersten Assuan-Dammes und der kleineren Sperren bei Assiut, Esna und Nag Hammadi konnte das Nilwasser endlich auch in den Gebieten Oberägyptens kontrolliert werden.

Doch den Höhepunkt dieser künstlichen Veränderungen des Nils bildete unzweifelhaft die Vollendung des Hochstaudamms von Assuan - des größten Staudamms der Erde - im Jahre 1971, der den früheren, von den Briten gebauten Damm nahezu überflüssig machte. Dieser neue Staudamm veränderte das Verhältnis der Ägypter zum Nil von Grund auf, da seither die jährlichen Wasserfluten daran gehindert werden, unkontrolliert über den ersten Katarakt in Richtung Norden hinauszudringen. Eine der direktesten Auswirkungen war die tragisch zu nennende Überflutung der alten Kulturstätten im nördlichen Nubien, als der Nasser-Stausee entstand. Nur teilweise konnte durch engagierte, von der UNESCO unterstützte Notgrabungen in den sechziger Jahren Abhilfe geschaffen werden. Diese mit großem finanziellen Aufwand betriebenen Projekte umfaßten unter anderem die vollständige Versetzung der Tempel von Abu Simbel, Kalabscha und Philae.

Da das Wasser jetzt das ganze Jahr hindurch verfügbar war und man nicht mehr allein von der jahreszeitlichen Überschwemmung abhing, ermöglichte der Staudamm den Ägyptern, durch ständige Bewässerung Hunderttausende von Feddan Land der Wüste abzuringen. Durch die Wasserkraft versorgte der Damm jetzt ganz Ägypten mit billiger Elektrizität. Die schädlichen Folgen für die Umwelt des Landes sind bislang aber

LINKS: Der Nasser-See, das zweitgrößte Wasserreservoir der Erde, ist 510 km lang. Der wirtschaftliche Gewinn mußte jedoch in menschlicher Hinsicht teuer bezahlt werden durch den Verlust der nubischen Dörfer und die Auflösung ihrer sozialen Gemeinschaften in den frühen sechziger Jahren. Die Menschen wurden zwar umgesiedelt, aber ihre Lebensweise, mit keiner anderen in Ägypten vergleichbar, ist für immer verloren.
Macquitty International Collection

RECHTS: Die Bodenschätze ebenso wie die strategische Bedeutung der Sinai-Halbinsel spielten sowohl in der alten wie auch in der modernen Geschichte Ägyptens eine besondere Rolle. Die erste Expedition zu den Türkisminen im Wadi Maghara (Südsinai) wurde in der Zeit des Königs Sechemchet (2609 – 2603 v. Chr.) unternommen. In der jüngeren Geschichte war die Wüste des Sinai Schauplatz der erbitterten Schlachten zwischen Ägypten und Israel.
The Image Bank/Guido Alberto Rossi

UNTEN: Die Oase Siwa liegt 600 km südwestlich von Alexandria. Sie ist weit größer als man allgemein glaubt und besitzt eine Gesamtlänge in ost-westlicher Richtung von 80 km.
Dr. K. P. Kuhlmann, Deutsches Archäologisches Institut, Kairo

UNTEN: Ein Palmenhain ist ein ungewöhnlicher Anblick in den unwirtlichen Landschaften des Sinai.
The Image Bank/David W. Hamilton

noch nicht ausreichend untersucht worden. Da der Boden nicht mehr durch die jährlichen Überschwemmungen »ausgewaschen« wird, sind mittlerweile steigendes Grundwasser und eine erhebliche Versalzung der oberen Bodenschichten festzustellen, die offenbar sowohl die Lebensfähigkeit des Akkerlandes als auch den Erhaltungszustand der Altertümer, besonders die empfindlichen Malereien in den Tempeln und Gräbern, bedrohen. Da die Ufer des Nils nicht mehr regelmäßig und immer von Neuem mit weiteren Schlammschichten bedeckt werden, müssen zunehmend chemische Düngemittel zur Sicherung der landwirtschaftlichen Erträge ausgebracht werden. Zusätzlich entstehen immer größere Probleme für die Uferzonen durch die schnellere Fließgeschwindigkeit des Wassers. Obwohl all diese Probleme vor dem Bau des neuen Staudammes vorausgesehen wurden, sind zusätzlich noch eine Reihe unerwarteter Effekte aufgetreten; dazu gehören eine wuchernde Vegetation, zahlreiche Moskitos und Wasserschnecken im Nasser-See (die Überträger der Bilharziose) sowie ein deutlicher Anstieg der Wassertemperatur im Nil selbst. Eine weitere Folge ist der aufgrund verminderter Nährstoffmengen bereits eingetretene Rückgang des Fischbestandes im Unterlauf des Nils.

Verglichen mit den Versuchen, die Nilüberschwemmungen zu kontrollieren, ist das Problem, eine Verbindung zwischen Rotem Meer und Mittelmeer als lukrativen neuen Handelsweg zu schaffen, kein mit so großen Schwierigkeiten behaftetes Vorhaben. Gleichwohl wurden seit dem Altertum große Mittel in Projekte investiert, die dieses Ziel unmittelbar verwirklichen sollten. Schon im 6. Jahrhundert v. Chr. versuchte König Necho II. (26. Dynastie) einen Kanal im Wadi Tumilat zu bauen. Der Bau dieses Kanals wurde aber tatsächlich erst durch die persischen Könige Darius I. (521 – 486 v. Chr.) und Xerxes I. (485 – 465 v. Chr.) realisiert und verband den Golf von Suez mit dem pelusischen Nilarm. Damit war eine schnelle und bequeme Handelsroute zu den Ländern im Süden und Osten Ägyptens (besonders nach Punt) geschaffen. Derselbe Wasserweg wurde später von Ptolemaios II. Philadelphos um 280 v. Chr. und vom römischen Kaiser Trajan um 98 n. Chr.

wiedereröffnet. Es ist nicht sicher, wie lange er weiter genutzt wurde, aber er war im 8. Jahrhundert unserer Zeitrechnung offensichtlich schon vollkommen mit Schlamm zugesetzt.

In den folgenden tausend Jahren wurden hin und wieder Vorschläge für einen neuen Kanal gemacht. Aber die Handelsverbindung konnte erst Mitte des 19. Jahrhunderts wieder erfolgreich eröffnet werden, als es dem französischen Diplomaten und Ingenieur Ferdinand de Lesseps (1805 - 1894) gelang, die Finanzierung für den direkten Kanalweg zwischen dem Golf von Suez und Port Said an der Mittelmeerküste zu sichern. Der Suez-Kanal, der sich über 160 km hinweg erstreckt, wurde in den Jahren zwischen 1859 und 1869 unter Einsatz erheblicher finanzieller Mittel erbaut. Die Eröffnung fand am 17. November 1869 statt; im Auftrag des türkischen Khediven von Ägypten komponierte Giuseppe Verdi aus Anlaß dieses Ereignisses die Oper *Aida* (die Uraufführung konnte allerdings erst im Dezember 1871 in Kairo über die Bühne gehen). Der Kanal ermöglichte es Ägypten, sich am wachsenden Handel zwischen Asien und den europäischen Weltmächten zu beteiligen. Allerdings führte erst die Verstaatlichung des Kanals (1956) unter Präsident Nasser dazu, daß daraus ein finanzieller Erfolg für die ägyptische Regierung (und nicht mehr nur für Großbritannien und Frankreich) wurde. Die Einkünfte aus der Kanalnutzung wurden schließlich für die Finanzierung des von der Sowjetunion erbauten Assuan-Staudamms verwendet; so sind die beiden größten hydraulischen Errungenschaften des modernen Ägypten aufs engste miteinander verbunden.

Wüstenregionen und Oasen

Südlich von Kairo teilt der Nil Ägypten in zwei Bereiche: in die relativ gebirgige arabische Ostwüste und in das flache, niedrige Plateau der Libyschen Wüste, in welcher sich die Dünen des Großen Sandsees nordwärts von den Höhen des Gilf Kebir bis zum libyschen Plateau im Nordwesten Ägyptens erstrecken. Sieben große Senken kennzeichnen das zentrale Gebiet der Libyschen Wüste: der unbewohnbare Salzsee der Qantara-Senke weit im Norden, sowie die sechs großen Oasen (Siwa, Fajjum, Bahrija, Farafra, Dachla und Charga), die bereits ebensolange besiedelt waren wie das Niltal selbst. Die riesigen Wasserressourcen unterhalb der Oasen stammen zum Teil vom Grundwasser, zum Teil vom Nil. Sie bilden gegenwärtig den Mittelpunkt eines Projekts zur Landgewinnung, wodurch das Gebiet in ein »Neues Tal« verwandelt werden soll. Die dritte ägyptische Wüste ist die Sinai-Halbinsel, die das Rote Meer vom Mittelmeer trennt. Während der pharaonischen Zeit wurde eine Reihe von Festungen im Norden des Gebietes errichtet, während sich im Süden hauptsächlich Türkis- und Kupferminen befanden (besonders im Gebiet von Serabit el-Chadim und im Wadi Maghara).

Die Wüstenzonen Ägyptens erlangten eine neue Bedeutung, als die frühchristlichen Eremiten die Einöde wählten, um sich ganz der Meditation und dem Gebet zu

OBEN: Obwohl das heutige Ägypten große Anstrengungen unternimmt, ein vollindustrialisiertes Land zu werden, liegt der Schlüssel für den Wohlstand des Landes immer noch in der Hand der Bauern. Die unaufhaltsame Zunahme der Bevölkerung erlaubt dabei der überstrapazierten Wirtschaft keine Atempause.
H. Champollion

LINKS: Das griechisch-orthodoxe Katharinenkloster liegt unterhalb des Gebel Musa (Mosesberg), der auch Sinaiberg genannt wird; der Tradition nach sah Moses dort den brennenden Dornbusch. Die erste Gründung der Kirche und der Festung zum Schutz der Mönche geht auf den römischen Kaiser Justinian zurück (um 530 n. Chr.). Der Eingang war früher eine Falltür etwa 9 m über dem Erdboden. Das Hauptgebäude dieses noch immer bewohnten Klosters ist die Basilika, daneben liegt eine kleine Moschee. Das Kloster ist für seine Bibliothek berühmt, die eine große Sammlung alter Manuskripte und Ikonen beherbergt.
Stockshots/J. Borthwick

Steinbrüche und Minen

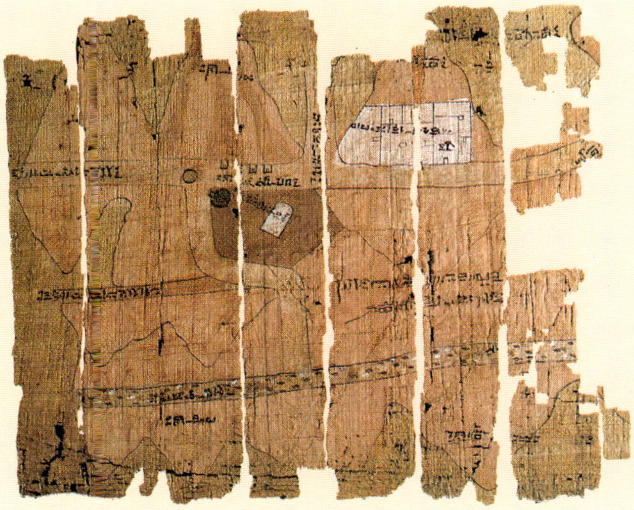

OBEN LINKS: Der ramessidische Papyrus zeigt die Goldlagerstätten im Gebiet des Wadi Hammamat. Die ägyptische Methode, landschaftliche Strukturen und Merkmale in ihrer charakteristischen Erscheinungsweise entweder von oben im Grundriß oder von der Seite im Aufriß darzustellen, war für die Kartographie hervorragend geeignet. Museo Egizio, Turin/Werner Forman Archive

OBEN: Kalksteinbrüche in Theben-West. John Romer

RECHTS: Die Karte zeigt die wichtigsten Steinbrüche und Fundstätten Ägyptens.

Über Jahrhunderte hinweg hat die Ausbeutung der umfangreichen Mineralvorkommen des Sinai sowie der Ost- und Westküste das geringe landwirtschaftliche Potential dieser unfruchtbaren Zonen kompensiert. Von den paläolithischen Quarzit-Steinbrüchen von Umm Schagir (in der Dungul-Oase, 150 km südwestlich von Assuan) bis zu den heutigen Ölbohrstellen im Golf von Suez und den Phosphat-Minen in der Libyschen Wüste haben die Ägypter eine Vielzahl von Verfahren entwikkelt, um den natürlichen geologischen Reichtum ihres Landes dem Boden abzuringen.

Eine der ältesten überlieferten Landkarten ist ein ägyptischer Papyrus aus dem Museo Egizio in Turin. Er zeigt schematisch die Route durch ein Gebiet von Goldminen und Grauwackesteinbrüchen in der Ostwüste. Die Karte wird in die ramessidische Zeit (um 1150 v. Chr.) datiert und soll den zentralen Teil des Wadi Hammamat zeigen.

Seit prähistorischer Zeit waren die ägyptischen Prospektoren erfolgreich, wenn es darum ging, eine große Vielzahl wertvoller Materialien zu lokalisieren: von den zahlreichen isolierten Fundstätten von Halbedelsteinen in den Hügeln am Roten Meer bis zu den reichen Goldvorkommen in Nubien und der Ostwüste. In jeder Epoche der ägyptischen Geschichte wurden unterschiedliche Materialien bevorzugt: Im Alten und Mittleren Reich waren es vor allem Kalkstein, Granite und Basalte, die man für die verschiedenen Grabdenkmäler nutzte; im Neuen Reich dagegen wurde in ähnlich großen Mengen z. B. Sandstein gefördert. Viele dieser pharaonischen Fundstätten und Bergwerke wurden noch in römischer Zeit weiter ausgebeutet, aber auch neue Steinbrüche z. B. zum Abbau des grauen Granits oder um den im Kaiserhaus so beliebten Porphyr zu gewinnen, wurden am Mons Claudianus und Mons Porphyrites in der Ostwüste eingerichtet und die begehrten Materialien in das gesamte Römische Reich exportiert.

Aber nicht nur Rohmaterialien für Bauwerke oder das Kunsthandwerk wurden gewonnen. Die Minen am Gebel el-Zeit nahe dem Roten Meer lieferten Galenit (Bleisulfit), eines der Hauptbestandteile der ägyptischen Augenschminke seit prädynastischer Zeit. Ebenso wurde Malachit, eine weitere Substanz für Kosmetika, seit dem Mittleren Reich (2040–1648 v. Chr.) in einer ganzen Reihe von Steinbrüchen auf dem Sinai und in der Ostwüste abgebaut.

Die natürlichen Ablagerungen von Natron (Natriumkarbonat) im Wadi Natrun und bei Elkab versorgten die ägyptischen Mumifizierungsspezialisten mit den notwendigen austrocknenden Mitteln für die Balsamierung und die Glasmacher mit einem der wesentlichsten Bestandteile für ihre Produkte. Natron und Salz galten als so wichtige Güter, daß ihr Abbau in der griechisch-römischen Zeit einem Staatsmonopol unterlag.

Die Steinbrüche in manchen Gegenden, wie z. B. am Gebel es-Silsile für Sandstein, weisen verschiedene Arten von Meißelspuren auf, die sich nach ihrer äußeren Gestalt vom Alten Reich bis ins moderne 19. Jahrhundert hinein datieren lassen. Viele der Leiter pharaonischer Steinbruchexpeditionen hinterließen geritzte oder aufgemalte Inschriften an den Wänden der Steinbrüche oder auf dem umgebenden Gestein, in denen sie ihre Leistungen bei Abbauarbeiten und Transport der Steine hervorhoben. In den meisten ägyptischen Steinbrüchen, wie denen für Kalzit (»Alabaster«) in Hatnub und dem Wadi Gerraui, für Gips in Umm es-Sawwan und für Amethyst im Wadi el-Hudi gab es ausreichende Überreste von Steinrampen und Lagern, die Hinweise auf den für die weiten Entfernungen notwendig hohen Organisationsgrad der Steinbruchexpeditionen liefern.

Die Steingewinnung ist normalerweise eine saisonabhängige Tätigkeit. Trotzdem wurden auch immer dann militärische Expeditionen zur Beschaffung besonderer Materialien ausgeschickt, wenn der König oder ein Gaufürst es für notwendig erachtete. Einige der wichtigsten Lagerstätten scheinen sogar jahrhundertelang ständig bewohnt gewesen zu sein. In der Nähe der Türkisminen von Serabit el-Chadim auf dem Sinai entstand sogar ein Tempel, welcher der Göttin Hathor geweiht war. Er wurde im Mittleren Reich (um 1950 v. Chr.) gegründet, später wiederholt erneuert und vergrößert, bis man ihn schließlich 800 Jahre später, in der Regierungszeit Ramses' VI. (1143–1136 v. Chr.) aufgab.

Die Basalt-Steinbrüche vom Gebel Qatrani im nordwestlichen Fajjum waren durch einen Weg mit einem Dorf bei Qasr es-Sagha verbunden, das, mit einer Lehmziegelmauer umgeben, eine große Gemeinschaft von Steinbrucharbeitern des Mittleren Reichs beherbergte.

Es sind keine Malereien oder Reliefs aus dynastischer Zeit erhalten, welche die Steinbrucharbeiten dokumentieren, aber im Grab des Gaufürsten Djehutihotep bei Deir el-Berscheh in Mittelägypten, das in die erste Hälfte des 19. Jahrhunderts v. Chr. datiert wird, zeigt eine detaillierte Darstellung eine Kolossalstatue aus Stein, die von einer großen Anzahl von Männern aus den Kalzit-Steinbrü-

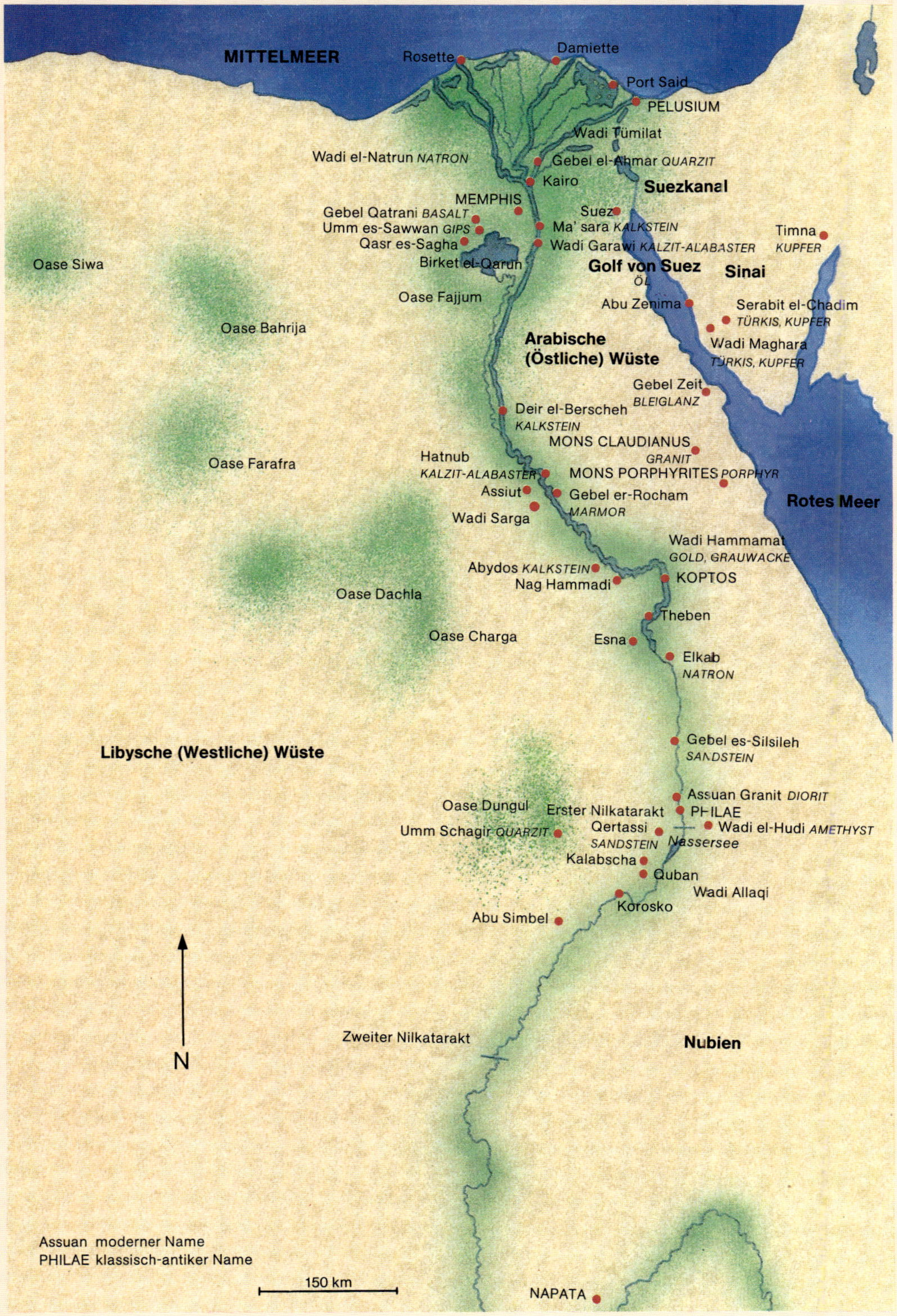

chen von Hatnub zum Niltal gezogen wird. Darüber hinaus existiert das Fragment einer Stele aus dem frühen Neuen Reich, die aus den Kalksteinbrüchen von Masara auf dem Ostufer des Nil (südlich von Kairo) stammt. Auf ihr ist ein Steinblock abgebildet, der von drei Ochsen unter der Aufsicht mehrerer nicht-ägyptischer Arbeiter gezogen wird. Aber auch hier findet sich kein Hinweis darauf, welche Methode tatsächlich angewandt wurde, um den Stein zu brechen.

Erst im 2. Jahrhundert n. Chr. beschrieb der griechische Schriftsteller Agatharchides die ägyptischen Techniken der Goldgewinnung aus Quarzgestein. Der Quarz wurde mit Hämmern zerkleinert, mit Mörsern und Handmühlen gemahlen und das so entstandene feinkörnige Pulver gewaschen, um den Goldstaub vom restlichen Quarzsand zu trennen. Die Exaktheit dieses Berichtes wird durch zahlreiche Funde solcher Gerätschaften in den Goldminen der Ostwüste und Nubiens bestätigt. Die zeitgenössischen ägyptischen Berichte mögen die technischen Details außer acht lassen, aber sie vermitteln einen hervorragenden Eindruck von dem oftmals notwendigen Heldenmut, den die Arbeiter aufzubringen hatten.

Eine Inschrift Ramses' II. (1279 – 1213 v. Chr.), die in der nubischen Festung Quban gefunden wurde, beschreibt die Lösung von Problemen, die bei einer Expedition ins Wadi Alaqi aufgetreten waren, durch den König selbst:

»Ramses hörte vom Goldreichtum von Akita und beschloß, daß eine Möglichkeit der Wasserversorgung auf dem Weg dorthin sichergestellt werden müsse. Tiere und Menschen, die mit dem Goldtransport zu tun hatten, waren vor Durst gestorben, oder sie mußten große Entbehrungen auf sich nehmen wegen des Wassermangels, weshalb das Gold nicht mehr aus der Wüste geholt werden konnte. Der König rief seinen Rat zusammen und es wurde bestimmt, daß ein Brunnen gegraben werden sollte. Bei Akita kam Wasser in großen Mengen zutage, Felder wurden bewirtschaftet und Fischteiche angelegt.«

In späterer Zeit konnten die noch erhaltenen pharaonischen Bauten selbst zu einer Art von »Steinbrüchen« zur Beschaffung von Baumaterial werden; doch gab es daneben auch noch eine Anzahl echter Bergwerke für besonders begehrte Materialien, wie die islamischen Marmorbrüche beim Gebel Rocham in der Ostwüste. Obwohl die meisten ägyptischen Lagerstätten für Gold und Halbedelsteine seit der Mitte des 20. Jahrhunderts vollständig erschöpft sind, werden einige ehemalige Fundstätten auch heute wieder wirtschaftlich genutzt. Im Gebiet um Hatnub zum Beispiel wurde in den 80er Jahren noch Kalzit für Fußbodenplatten abgebaut und in Kairo weiterverarbeitet. Ebenso ist Abu Zenima im südlichen Sinai, das einst Transitstelle für die alten Kupfer- und Türkisminen war, jetzt zum Haupthafen für die heutigen Manganminen dieser Region geworden. Die pharaonische Steinbruchtätigkeit begann wohl mit dem Abbau von Kalkstein im Gebiet der memphitischen Nekropole (die südwestlich von Kairo gelegen ist), und noch heute zählt Kalkstein zu den am meisten abgebauten Gesteinen Ägyptens, da er sowohl das Material für Bauarbeiten als auch für die äußerst lukrative Zementindustrie liefert.

Steinbrucharbeiten sind zwar nicht länger gefährliche militärische Expeditionen wie in früheren Zeiten, aber sie bilden noch immer einen entscheidenden Faktor der modernen ägyptischen Wirtschaft.

RECHTS: Zuckerrohr war in Ägyptens Altertum unbekannt und wurde erst im Mittelalter eingeführt. Heutzutage wird es überwiegend in Mittelägypten angebaut. Ancient Art and Architecture Collection/Ronald Sheridan

widmen. Klostergemeinschaften bildeten sich bald in der Nachbarschaft der Eremitenhöhlen, die entweder in den Felsen am Rande des Fruchtlandes, oder neben natürlichen Quellen und Oasen in der Wüste lagen. Einige koptische Klöster, wie das des hl. Antonius oder des hl. Paulus in der Ostwüste, die Gemeinschaft des hl. Makarius im Wadi Natrun und das griechisch-orthodoxe Kloster der hl. Katharina auf dem Sinai haben sich bis in moderne Zeit hinein erhalten, trotz der beständigen Angriffe der Beduinen des frühen Mittelalters. Von vielen anderen, wie den Klöstern des hl. Simeon (Assuan), des hl. Thomas (Wadi Sarga) und des Apa Jeremias (Saqqara), blieben nur Ruinen, nachdem sie verlassen worden waren; aber die Überreste ihrer Kirchengebäude und Versorgungsanlagen zeigen eindeutig, daß sie einst blühende Siedlungen waren, in denen Tausende von Mönchen den Boden kultivierten, intensive Landwirtschaft betrieben und zahlreiche handwerkliche Produkte erzeugten.

Im heutigen Ägypten haben die Wüsten eine neue Bedeutung gewonnen, zum einen durch die intensiv betriebenen Landgewinnungsprojekte, die allmählich die Grenzen des Niltales erweitern; zum anderen durch die Gründung neuer Städte, die eher in der Wüste angelegt werden als auf dem wertvollen, fruchtbaren Land, wie z. B. die Stadt Sadat City in der Nähe des Wadi Natrun, ungefähr 75 km nordwestlich von Kairo.

Bevölkerung und Lebensunterhalt

Die Demographie der Arabischen Republik Ägypten stellt eines der bemerkenswertesten Phänomene dar: das heutige Staatsgebiet bedeckt eine Fläche von einer Million Quadratkilometern, aber weniger als fünf Prozent dieser Fläche sind kultiviert. Trotz der ungeheuren Ausdehnung leben mehr als 96 Prozent der Bevölkerung in einem Gebiet von nur ungefähr 40 000 Quadratkilometern – etwa der Größe Dänemarks.

Schon mehrfach hat man versucht, die Fluktuation der Bevölkerungsdichte seit der prähistorischen Zeit zu berechnen, wobei man Ausmaß und Qualität der Landwirtschaft als groben Indikator benutzte. Das Fruchtland wird für die späte prädynastische Zeit (um 4000 v. Chr.) auf etwa 16 000 km^2 geschätzt und die Bevölkerung auf ca. 350 000 Einwohner. Im späten 2. Jahrtausend v. Chr., nachdem verschiedene Bewässerungstechniken eingeführt wurden (besonders die Wasserhebeanlage Schaduf), wuchs das verfügbare Ackerland auf fast 22 500 km^2 an und die Bevölkerung auf ungefähr drei Millionen.

Das landwirtschaftliche Potential von Niltal und Delta scheint in der griechisch-römischen Zeit ein bislang beispielloses Ausmaß erreicht zu haben, wahrscheinlich als Resultat einer höheren jährlichen Überschwemmung sowie der Einführung des Saqijeh-Wasserrades und der »Archimedischen

LINKS: Die Mehrheit der Ägypter wohnt immer noch in Dörfern und lebt von der Landwirtschaft, aber die Zahl der Städter wächst beständig.
H. Champollion

Schraube«. Möglicherweise belief sich der Umfang des kultivierten Landes damals auf über 27 000 km². Das Ackerland in der Oase Fajjum verdreifachte sich in der ptolemäischen Zeit (305 - 30 v. Chr.), weil die Größe des Fajjum-Sees (des Birket el-Karun) reduziert und ein Be- und Entwässerungsnetz geschaffen wurde, das strahlenförmig angelegt war. Während der römischen Zeit, als Ägypten Rom mit Nahrungsmitteln zu versorgen hatte, wuchs die landwirtschaftliche Produktionsleistung beständig. Die Bevölkerung scheint im 1. Jahrhundert unserer Zeitrechnung mit 5 Millionen einen Höchststand erreicht zu haben - die Zahl von 8 Millionen, die der antike Historiker Josephus Flavius nennt, ist aber wohl zu hoch gegriffen -, ein Niveau, das erst in der Zeit Mohammed Alis im frühen 19. Jahrhundert wieder erreicht werden konnte. Während des 1. Jahrtausends n. Chr. müssen die landwirtschaftliche Produktion und die Bevölkerungszahl ständig abgenommen haben. Die Fähigkeit des Landes, seine Bewohner zu ernähren, war sicherlich ausreichend, aber die Wirtschaft scheint durch Epidemien, Kriege und Verwaltungschaos schwer beeinträchtigt worden zu sein.

Nach und nach hat wohl die Bevölkerungsdichte des Deltas gegenüber dem Niltal stärker zugenommen, so daß bereits in der ptolemäischen Zeit das Delta bevölkerungsreicher und mächtiger war als Oberägypten. Die Gegend der modernen Stadt Kairo an der Spitze des Deltas war während nahezu des gesamten Zeitraums der ägyptischen Geschichte diejenige Region, in der sich die Hauptstadt befand; sie galt als Drehscheibe für die Beziehungen zwischen dem Norden und Süden des Landes. Man schätzt die heutige Einwohnerzahl Kairos auf über 12 Millionen Menschen, eine fast unerträgliche Fülle.

LINKS: Bewässerungskanäle verteilen das Nilwasser und bringen es, wie schon im Altertum, zu den Feldern. Die meisten ägyptischen Dörfer liegen an solchen Kanälen.
John G. Ross

ZEUGEN DER VERGANGENHEIT

Eine Hochkultur des Altertums

Jaromir Malek

Die frühesten ägyptischen Hieroglyphen entstanden in einer Zeit kurz vor 3 000 v. Chr. Wenn die Existenz einer Schrift und die Fähigkeit, Ereignisse aufzuzeichnen, entscheidende Kriterien für eine entstehende Hochkultur sind, so war dies der Beginn der historischen Zeit Ägyptens. Das nur wenig später sichtbar werdende Hervortreten eines geeinten Staates war keineswegs eine Art historischer Zufall, sondern das Resultat eines langwierigen, komplizierten Prozesses, der ohne die ungewöhnlich günstigen Umweltbedingungen, die zu dieser Zeit in der nordöstlichen Region Afrikas anzutreffen waren, unmöglich gewesen wäre.

Archäologen, Anthropologen und Sprachforscher stimmen darin überein, daß der Ursprung der ägyptischen Kultur nicht als homogener Prozeß zu bezeichnen ist. Die frühesten Bewohner des Niltales lebten von der Jagd, dem Fischfang und dem Sammeln wildwachsender Früchte, bevor ein Zustrom von Bewohnern aus den immer stärker austrocknenden Wüstenregionen der Sahara um 5 000 v. Chr. einsetzte, die Ackerbau und Viehzucht mit sich brachten. Wahrscheinlich gab es auch Einwanderer und kulturelle Einflüsse aus dem Nordosten (der Levante oder Vorderasien, dem alten Nahen Osten). Die ersten dauerhaften Siedlungen entstanden um 4 000 v. Chr., und die Gestaltung und Beigaben zeitgenössischer Gräber spiegeln die Anfänge der sozialen Schichtung der prähistorischen ägyptischen Gesellschaft wider. Die Entstehung sozialer Schichten wurde später auch vom Streben nach größeren geographischen Einheiten begleitet, das von wirtschaftlichen Notwendigkeiten (fortschreitende Dürre und unterschiedliche Bedingungen) hervorgerufen und von den steigenden Erwartungen der priviligierten Mitglieder der ursprünglichen Gemeinschaften vorangetrieben wurde.

Zu den frühesten »Inschriften« gehören die Namen von Herrschern. Sie regierten vor jenen Königen des geeinten Ägypten, die seit dem ptolemäischen Historiker Manetho (aus Heliopolis; lebte im 3. Jahrhundert v. Chr.) in sogenannte »Dynastien« zusammengefaßt werden. Das Territorium, das von den prädynastischen, uns noch weitgehend unbekannten Königen kontrolliert wurde, ist nicht genau bestimmbar, aber schon ihr Nachfolger Narmer (um 2975 v. Chr.) beherrschte wahrscheinlich ganz Ägypten. Es gab während der späten prädynastischen Phase kulturelle und künstlerische Einflüsse vom Ausland her, hauptsächlich aus Mesopotamien. Der Theorie aber, daß die »dynastische« Zivilisation Ägyptens erst durch die Ankunft einer »Herrenrasse« geschaffen wurde, kann nicht länger zugestimmt werden, da während des gesamten vorausgehenden Jahrtausends die ägyptische Gesellschaft bemerkenswert stabil blieb. Der folgende, sich zügig entfaltende Fortschritt demonstriert die ökonomische Überlegenheit eines zentralgelenkten Staates, der Störungen von außerhalb nicht zu fürchten brauchte.

GANZ OBEN: Prädynastische Vase aus einem Grab von Naqada in Oberägypten; um 3600 v. Chr. Ashmolean Museum, Oxford

OBEN: Die »Hundepalette« stiftete ein spätprädynastischer König (um 3000 v. Chr.) dem Horus-Tempel vom Kom el-Ahmar (Oberägypten). Ashmolean Museum, Oxford/W. Forman Archive

LINKE SEITE: Diese Kolossalstatue von Ramses II. (1279 – 1213 v. Chr.) wurde vor dem zweiten Pylon des Amuntempels in Karnak wieder aufgerichtet. APL/D. & J. Heaton

VORHERGEHENDE SEITEN: Der Hügel Qubbet el-Haua (»Die Kuppel der Winde«) bei Assuan mit Felsgräbern der lokalen Beamten des Alten und des Mittleren Reiches (um 2300 – 1850 v. Chr.). The Image Bank/Paul Trummer

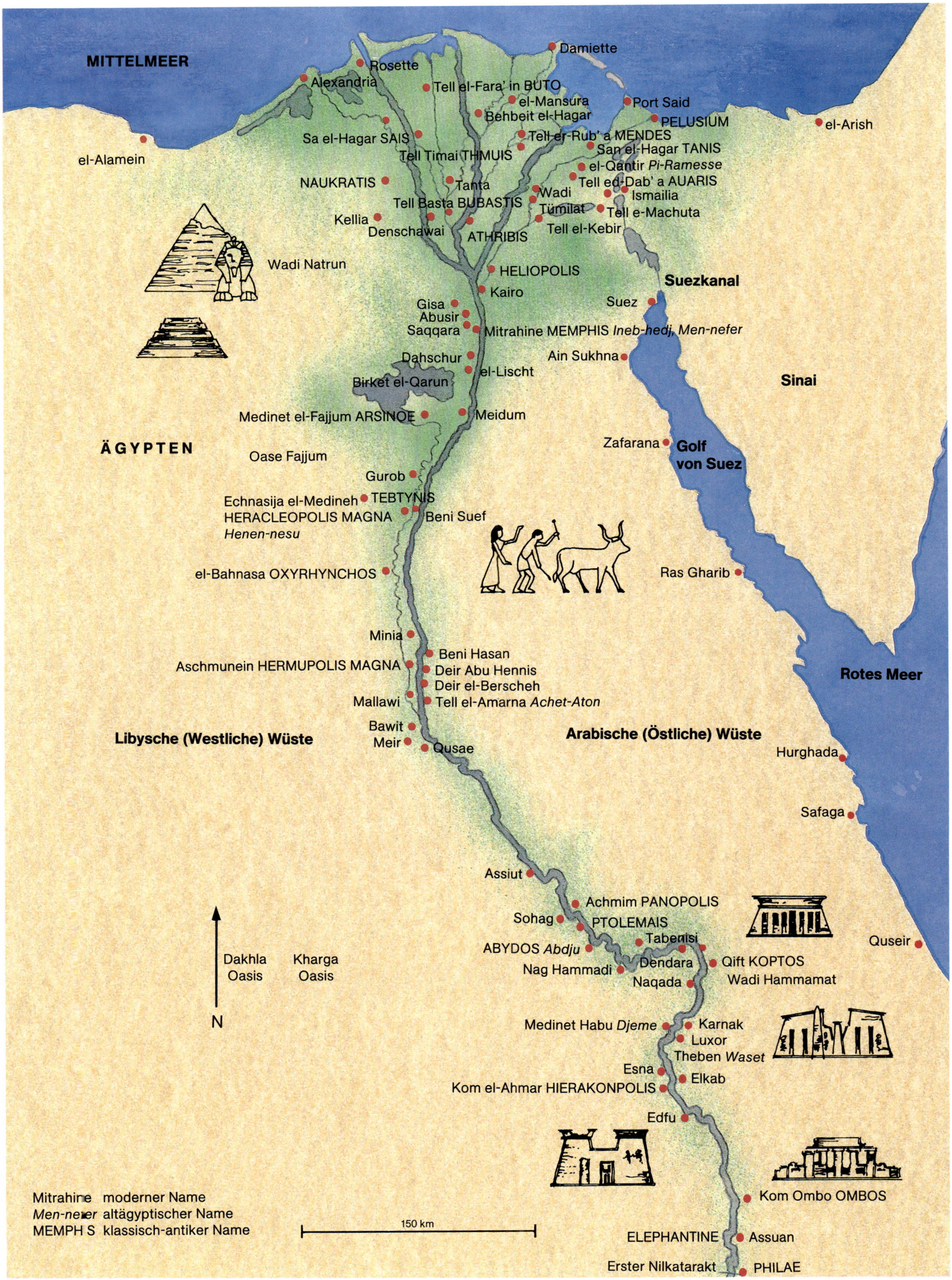
MITTELMEER
Damiette
Rosette
Alexandria
Tell el-Fara' in BUTO
el-Mansura
Port Said
Behbeit el-Hagar
PELUSIUM
el-Arish
el-Alamein
Sa el-Hagar SAIS
Tell-er-Rub' a MENDES
San el-Hagar TANIS
Tell Timai THMUIS
el-Qantir Pi-Ramesse
NAUKRATIS
Tanta
Tell ed-Dab' a AUARIS
Wadi
Ismailia
Tell Basta BUBASTIS
Tümilat
Tell e-Machuta
Kellia
Denschawai
ATHRIBIS
Tell el-Kebir
Wadi Natrun
HELIOPOLIS
Suezkanal
Kairo
Suez
Gisa
Abusir
Saqqara
Mitrahine MEMPHIS Ineb-hedj, Men-nefer
Dahschur
Ain Sukhna
el-Lischt
Sinai
Birket el-Qarun
Medinet el-Fajjum ARSINOE
Meidum
Zafarana
Golf von Suez
ÄGYPTEN
Oase Fajjum
Gurob
Echnasija el-Medineh
TEBTYNIS
HERACLEOPOLIS MAGNA
Henen-nesu
Beni Suef
el-Bahnasa OXYRHYNCHOS
Ras Gharib
Minia
Beni Hasan
Aschmunein HERMUPOLIS MAGNA
Deir Abu Hennis
Deir el-Berscheh
Rotes Meer
Mallawi
Tell el-Amarna Achet-Aton
Bawit
Libysche (Westliche) Wüste
Arabische (Östliche) Wüste
Meir
Qusae
Hurghada
Safaga
Assiut
Achmim PANOPOLIS
Sohag
PTOLEMAIS
Tabenisi
Quseir
ABYDOS Abdju
Dendara
Qift KOPTOS
Nag Hammadi
Dakhla Oasis
Kharga Oasis
Naqada
Wadi Hammamat
N
Medinet Habu Djeme
Karnak
Luxor
Theben Waset
Esna
Elkab
Kom el-Ahmar HIERAKONPOLIS
Edfu
Kom Ombo OMBOS
Mitrahine moderner Name
Men-nefer altägyptischer Name
MEMPHIS klassisch-antiker Name
150 km
ELEPHANTINE
Assuan
Erster Nilkatarakt
PHILAE

Während der Regierung von Namers Nachfolger König Aha (um 2950 v. Chr.; er ist vielleicht mit Menes, dem ersten König der Legende, gleichzusetzen) wurde eine neue Hauptstadt namens Ineb-hedj (»Weiße Mauer«; später: Memphis) gegründet, nicht weit von der Spitze des Nildeltas entfernt, die zugleich die Grenze zwischen den beiden geographischen Teilen des Landes, dem südlichen Ober- und dem nördlichen Unterägypten bildet. Dieser Schritt, von wirtschaftlichen und verwaltungstechnischen Notwendigkeiten diktiert, markiert den Beginn einer langen Epoche des Wohlstandes (etwa 800 Jahre, normalerweise gegliedert in die frühdynastische Phase um 2950 - 2647 v. Chr. und in die Epoche des Alten Reiches 2647 - 2124 v. Chr.). Gräber mit massiven Ziegeloberbauten wurden für die obersten Staatspersonen in der Nähe von Saqqara errichtet.

Um sie zu erbauen, benötigte man ein enormes Arbeitspotential und für die Beamten einer wachsenden Staatsbürokratie waren Projekte dieser Größenordnung ein ideales »Übungsfeld«. Obwohl sich die landwirtschaftlichen Anbaumethoden im Grunde kaum veränderten, profitierte die Agrarwirtschaft doch von der zunehmenden Stabilität und der immer besser funktionierenden Organisation des Gemeinwesens.

Zunehmende Erfahrung mit der planmäßigen Koordination komplexer Arbeitsabläufe und die immer perfektere Beherrschung des Materials (sowohl Stein als auch Metall) führten zu einer überraschenden Blüte der Baukunst während der Regierungszeit des Netjerichet Djoser (2628 - 2609 v. Chr.). Sein Grabmal in Saqqara, die gewaltige Stufenpyramide, war das erste Monumentalbauwerk der Erde. Etwa 55 Jahre danach begann man unter der Regierung des Snofru mit dem Bau der ersten glattwandigen Pyramide. Eindrucksvolle, staatlich unterstützte Bauvorhaben, die fast ausschließlich mit dem Totenkult im Zusammenhang standen, beschleunigten die Zentralisierung der Regierungsbürokratie und führten zur weiteren Ausdifferenzierung der Verwaltung des Landes. Der Fortbestand des Totenkultes, vor allem soweit er die verstorbenen Herrscher und andere prominente Mitglieder der Gesellschaft betraf, spielte als ein Element des sogenannten Güterverteilungssystems im Wirtschaftsleben des Landes eine wichtige Rolle. Der Wesir, vorrangig einer der königlichen Prinzen, war der höchste Beamte. Der Kult des Sonnengottes Re aus Heliopolis (alter Stadtname: On) gewann immer größere Bedeutung und manifestierte sich im Bau der Sonnentempel; und den bewundernswerten Fortschritt der Baukunst begleiteten die Entwicklungen der bildenden Künste zu nicht geringerer Vollkommenheit. Schließlich wurde die Schrift zum gelehrten und sowohl administrativ wie universell nutzbaren Medium der Kommunikation.

Aus systemimmanenten Gründen, aber wohl durch ungünstige klimatische Veränderungen in Gang gesetzt, erlebte Ägypten einen tiefgreifenden Wandel der politischen, wirtschaftlichen und kulturellen Bedingungen im Anschluß an die lange Regierung von Pepi II. (2236 - 2143 v. Chr.). Die genauen Umstände, die zum Sturz des memphitischen Herrscherhauses führten und durch welche die in Henen-nsw (Herakleopolis magna, heutiges Ehnasija el-Medineh in Mittelägypten) residierenden Herrscher an die Macht kamen, sind nicht bekannt. Nur wenige der achtzehn Herakleopolitenkönige (2123 - 2040 v. Chr.) erfreuten sich einer längeren Regierungszeit: das jeweilige Ausmaß ihrer Kontrolle über das Land ist aber unbekannt. Bald darauf erschien in Waset (Theben, Oberägypten) ein Rivale um den ägyptischen Königsthron. Dort hatte sich eine Familie lokaler Verwaltungsbeamter den Königstitel zugelegt; ihre Mitglieder wurden unter den Namen Anjotef und Mentuhotep bekannt. Um 2040 v. Chr. gelang es einem von ihnen, Mentuhotep II., sich die Herrschaft über ganz Ägypten anzueignen. Die folgenden 400 Jahre werden üblicherweise als das Mittlere Reich bezeichnet.

OBEN: Der Große Sphinx bei Gisa ist die größte Statue in Ägypten, 73,5 m lang und 20 m hoch. Ein Löwenkörper trägt das Antlitz des Königs Chephren (2518 - 2493 v. Chr.).
John G. Ross

OBEN: Zwei zerlegte Holzboote wurden neben der Südseite der Pyramide des Cheops (2549 - 2526 v. Chr.) in Gisa beigesetzt. Ein Boot hat man in jüngster Zeit wieder zusammengesetzt; das andere, weniger gut erhaltene, liegt immer noch in der rechteckigen Grube, in der es seit mehr als 4500 Jahren ruht. Die Boote sollten für die Himmelsreisen des Königs im Jenseits benutzt werden.
Werner Forman Archive

Ägyptische Reiche und Dynastien

Jede Wissenschaft entwickelt ihre eigene Terminologie, und die Ägyptologie bildet darin keine Ausnahme. Bücher über das Alte Ägypten quellen über von Verweisen auf »Reiche«, »Zwischenzeiten« und »Dynastien«, die für den Laien verwirrend und schwer verständlich sind.

Die alten Ägypter beobachteten historische Ereignisse auf ähnliche Weise wie wir, zeichneten sie sorgfältig auf, kompilierten diese Aufzeichnungen und verglichen ein politisches Ereignis mit einem anderen. Die Interpretation alles dessen, was über eine längere Zeit hinweg passierte, blieb jedoch einseitig, weil sie die Ereignisse nicht als Teile eines kontinuierlichen Prozesses sahen. Die Ägypter betrachteten die Regierung eines jeden Königs als neuen Beginn und als eine rituelle Erneuerung der Ereignisse, die zur »Vereinigung« des Landes und der Schaffung des ägyptischen Staatswesens führten. Diese typische Denkweise manifestierte sich auch in anderen Aspekten der ägyptischen Kultur, so in der bildenden Kunst, in der Literatur und Mathematik. Historische Geschichtsschreibung, wie wir sie heute verstehen, war unbekannt, und es gab nichts, was sie hätte herbeiführen können.

UNTEN: Ramses III. (1184 – 1153 v. Chr.) trägt einen widderköpfigen, dem Gott Amun geweihten Zeremonialstab. Diese Granitstatue ist eine der vielen, die im Tempel von Karnak in den Jahren 1903 – 1906 gefunden wurden.
Egyptian Museum, Kairo/Jürgen Liepe

Die Überreste des »Palermosteines« (nach dem heutigen Aufbewahrungsort des größten Fragmentes dieses zerbrochenen Denkmals benannt), enthalten die jährlichen Berichte (Annalen) der ersten ägyptischen Könige. Die mitgeteilten Ereignisse haben jedoch hauptsächlich zeremoniellen und rituellen Charakter. Die Fragmente der »Annalen« von Amenemhet II. (1918 – 1884 v. Chr.), die in Memphis gefunden wurden, sind dagegen weit ausführlicher. Von besonderer Wichtigkeit waren die sogenannten Königslisten. Die aufschlußreichste birgt ein ramessidischer Papyrus, bekannt als »Turiner Königspapyrus«, da er sich jetzt im Museo Egizio in Turin befindet. Weniger komplette Listen sind an Tempelwänden in Karnak und Abydos und in einem ramessidischen Grab in Saqqara gefunden worden. Wegen der großen Zahl der Könige mußten die Kompilatoren häufig auswählen und nahmen nur jene Herrscher auf, die als besonders bedeutend erschienen. Die Listen berichten auch, wie lange jeder König regierte. Hin und wieder finden sich Summierungen der Jahreszahlen, wodurch verschiedene Gruppen von Herrschern zusammengefaßt wurden. Derartige Königslisten kamen in den Augen der Ägypter einer Geschichtsbewertung und -analyse am nächsten. Auch die Ägyptologen teilen die Herrscher in Gruppen (d. h. in Dynastien) ein, wenngleich die Ergebnisse nicht immer übereinstimmen.

Die Gliederung der Geschichte Altägyptens nach »Reichen« benutzt Bezeichnungen, die von den Ägyptologen eingeführt wurden, um bestimmte Perioden der höchsten Blüte – nach heutigem Urteil – im Alten Ägypten zusammenzufassen. Die Einteilung in Altes, Mittleres und Neues Reich, inzwischen durch den Gebrauch sanktioniert, schuldet einiges der altmodischen Auffassung, wonach die jungen, reiferen und alten Stufen einer Kultur voneinander unterschieden werden können. Die »Zwischenzeiten« füllen die Zeiträume zwischen den Reichen, während die »frühdynastische« Phase eine Art Vorstufe und die »Spätzeit« einen Ausklang bezeichnet. Ein altägyptischer Schreiber würde die Reichseinteilung als die Zusammenfassung der Regierungszeiten von einigen der berühmtesten Könige verstehen, aber die Gliederung der Geschichte in größere Perioden war ihm unbekannt und wäre von ihm auch nicht verstanden worden.

OBEN: Kopf einer Granitstatue des Taharqa (690 – 664 v. Chr.). Der König trägt eine ursprünglich vergoldete »Kappe«, die für die kuschitischen Herrscher charakteristisch ist. Der Kronenaufsatz ist jetzt abgebrochen. Egyptian Museum, Kairo/John G. Ross

Die allgemein verwendete Einteilung in Dynastien stammt vom ptolemäischen Historiker Manetho, einem Hohenpriester des 3. Jahrhunderts aus Heliopolis. Die Ägypter gruppierten ihre Herrscher der Vergangenheit eher nach dem Ort ihrer königlichen Residenz als nach Verwandtschaft oder nach chronologischen Gesichtspunkten, denn zwei oder mehr Könige konnten durchaus gleichzeitig regiert haben. Wenn die Residenz wechselte, begann man eine neue Reihe in den Königslisten: zum Beispiel die Könige von Ineb-hedj (bei Manetho: Erste bis Fünfte Dynastie), von Memphis (Sechste bis Achte), von Herakleopolis (Neunte und Zehnte), Theben (Elfte), Itj-taui (Zwölfte) etc. Da Manetho auf ägyptische Quellen zurückgriff, bewährt sich das System in manchen Fällen durchaus, und auch die Definition der Dynastien ist historisch gerechtfertigt. In anderen Fällen, besonders für die Frühzeit, sind Manethos Einteilungen willkürlich und manchmal irreführend. Offensichtlich hielt Manetho zum Beispiel Zusätze, die bei den Namen der frühen Könige von Ineb-hedj dazugeschrieben waren, und die formelle Anordnung der Listen fälschlich für eine dynastische Linie. Deshalb ist zweifelhaft, ob seine Einteilung zwischen der Ersten und Fünften Dynastie (und ebenso die moderne Einteilung zwischen der frühdynastischen Periode und dem Alten Reich) gerechtfertigt ist. Dieselben Zweifel sind für die Sechste bis Achte und für die Neunte und Zehnte Dynastie angebracht.

OBEN: König Nektanebos I. (380 – 362 v. Chr.), dargestellt auf einer Schranke aus Basalt, die einst den Platz zwischen zwei Säulen ausfüllte. British Museum, London

Manethos dynastische Einteilung ist der leichten Handhabung wegen allgemein gebräuchlich. Sie liefert einen chronologischen Rahmen, der auf genaue Jahreszahlen verzichtet. Exakte Daten sind immer noch umstritten, und die Zeittafeln gaukeln nur eine scheinbare Genauigkeit vor. Es darf nicht vergessen werden, daß Manethos Dynastieneinteilung nicht ohne Fehler und ihr Gebrauch als signifikantes Gliederungssystem in der ägyptischen Geschichte, Wirtschaft oder Kunst nicht immer korrekt ist.

LINKS UND LINKS AUSSEN: Der Tempel, den Sethos I. (1294 – 1279 v. Chr.) in Abydos errichten ließ, wurde mit einer Liste der ägyptischen Könige versehen, die mit dem legendären König Menes beginnt. Sie ist das vollständigste Exemplar dieser Art, das je in einem ägyptischen Tempel entdeckt wurde. Insgesamt sind 76 Namen in Kartuschen (ovalen Namensringen) aufgeführt, die einen Zeitraum von 1700 Jahren abdecken. Herrscher aus weniger erinnerungswürdigen Zeiten wurden ausgelassen. Sethos I. und sein Sohn, der künftige König Ramses II., sind links außen abgebildet. Griffith Institute, Ashmolean Museum, Oxford

OBEN: Die Bildhauer arbeiteten in allen Materialien nach denselben künstlerischen Konventionen, aber Holz erlaubte es dem Künstler, Arme und Beine aus der Materialmasse zu befreien und dem modellierten Körper größere Leichtigkeit zu verleihen. Diese Statue wurde in Sedment, Mittelägypten, gefunden und datiert um 2250 v. Chr. British Museum, London/Werner Forman Archive

OBEN: Männer pflücken Trauben. Wandmalerei aus dem Grab des Nacht in Scheich Abd el-Qurna (Theben-West). Nacht war ein »Stundenbeobachter« (Astronom) vom Amun-Tempel und lebte wahrscheinlich unter Thutmosis IV. und Amenophis III. (zwischen 1401 und 1353 v. Chr.). Werner Forman Archive

Die beiden unmittelbaren Nachfolger des Königs Mentuhotep II. regierten weiterhin von Theben aus, aber Amenemhet I. (1980–1951 v. Chr.) gründete eine neue Residenz mit dem Namen Itj-taui (el-Lischt), die in der Nähe der ökonomisch wichtigen Fajjum-Oase lag. Die größte Leistung der ersten Gruppe von Königen aus Itj-taui (alle Amenemhet oder Sesostris genannt), zwischen 1980 und 1801 v. Chr., war die strikte Reorganisation der Landesverwaltung. Diese Neuorganisation wurde gebraucht, um die Mißstände auszuräumen, die in der vorausgegangenen Epoche, als die lokalen Fürsten ein beträchtliches Maß an Autonomie erlangt hatten, entstanden waren. Diese neuen Maßnahmen führten zu einem wirkungsvollen System, in dem die lokalen Verwaltungsbeamten von der Zentrale ernannt wurden. Der Wohlstand des Landes wuchs, und Koregenzien (gemeinsame Regierung des Königs und seines Nachfolgers) sicherten politische Stabilität. Der Kult des Gottes Amun von Theben gewann mehr und mehr an Einfluß, während dem Gott Osiris die vollständige Vorherrschaft im Bereich des Totenglaubens eingeräumt wurde. Sein Kultzentrum Abydos wurde ein berühmter Pilgerort.

Im späten Mittleren Reich setzte eine Phase geringeren Wohlstands ein. Es kam aber zu keinem spektakulären Kollaps, und die Könige regierten weiterhin von Itj-taui aus. In den Provinzen lockerte sich der feste Griff der Zentralgewalt. Eine besondere Herausforderung erwuchs den Herrschern von Itj-taui dann im Nordosten. Dort, im Ostdelta hatten schon immer Gruppen von Nichtägyptern gelebt, die in der Vergangenheit geduldet und in die ägyptische Bevölkerung integriert wurden. Während des späten Mittleren Reiches wuchs aber die Zahl der Einwanderer aus dem palästinensischen Raum stetig an. Diese Immigranten wurden im Laufe der Zeit so mächtig, daß um 1648 v. Chr. die Oberhoheit ihrer Führer, der Hyksos (der ägyptische Ausdruck bedeutet »Herrscher der Fremdländer«), im ganzen Land anerkannt wurde.

Zwar wurden später die sechs Hyksoskönige (um 1648–1540 v. Chr.) von ihren ägyptischen Nachfolgern verunglimpft, doch war ihre Regierung das logische Ergebnis eines Prozesses, der im späten Mittleren Reich begonnen hatte. Sie residierten in Auaris (nahe Tell el-Daba) im Nordostdelta und übernahmen die äußere Pracht des ägyptischen Königtums. Die Hyksos regierten das Land – vielleicht aus Verbundenheit mit ihren Stammestraditionen – als Koalition von selbstverwalteten Provinzen, die ihre Führung anerkannten; Steuern wurden offenbar von ägyptischen Beamten im Dienste der Herrscher eingetrieben. Die wirtschaftlichen, technologischen und kulturellen Kontakte mit dem syro-palästinensischen Raum wurden verstärkt.

Der Vorteil einer weit vom Machtzentrum entfernten Lage zeigte sich, als von Theben aus eine Befreiungsbewegung gegen die Oberherrschaft der Hyksos eingeleitet wurde. Obwohl sie später in nationalistisch akzentuierten Begriffen geschildert wurde, besaß diese Reaktion eines ehrgeizigen Gaufürsten einen eindeutig expansionistischen (oder, nach ägyptischer Terminologie, einheitsstiftenden) Charakter. Die Angriffe gegen die Herrschaft der Hyksos wurden unter Seqenenre Tao II. und Kamose in die Wege geleitet und von König Ahmose erfolgreich beendet, als er um 1540 v. Chr. Auaris eroberte.

Die Regierung des Ahmose (1550–1525 v. Chr.) führte zu einer neuen Epoche der zentral gesteuerten Macht: dem Neuen Reich. Das Land wurde weiterhin traditionell in Provinzen (Gaue) eingeteilt, doch berücksichtigte man die verwaltungstechnische Vielschichtigkeit und schuf ein duales Verwaltungssystem mit jeweils einem Wesir an der Spitze. Während der Regierung Thutmosis' I. (1504–1493 v. Chr.) führten mehrere Feldzüge nach Palästina und Syrien, vielleicht als unmittelbare Folge der Hyksos-Kriege, die ägyptischen Soldaten bis an das Ufer des Euphrat. Das Bestreben Ägyptens, die Macht über das syro-palästinensische Gebiet mit seinem Gewirr an Stadtstaaten gegen die Opposition des syromesopotamischen Königreiches der Mitanni und später des anatolischen Reiches der Hethiter zu erhalten oder immer wieder zurückzuerobern, bildete einen guten Teil der Militärgeschichte der nächsten dreihundert Jahre.

Wegen der im Inneren herrschenden wirtschaftlichen und kulturellen Blüte und einem außenpolitisch selbstbewußten Auftreten unter der Führung von energischen und sachkundigen Königen (die zumeist Amenophis oder Thutmosis hießen) kann das Ägypten des 15. und 14. Jahrhunderts v. Chr. nur mit größter Hochachtung betrachtet und können seine Leistungen nur auf das höchste bewundert werden. Gleichwohl kamen, von heutiger Warte aus gesehen, die folgenden Krisenzeiten nicht völlig überraschend. Die ägyptische Religion und Herrschaftsideologie waren schon immer eine sehr vielschichtige und facettenreiche Ange-

LINKS: Der feine Faltenwurf des Frauengewandes, das wahrscheinlich Nofretete gehörte, der Gemahlin des Echnaton (1353 - 1337 v. Chr.), und die sinnlich modellierten Körperformen sind Kennzeichen der Amarna-Kunst.
Louvre, Paris

legenheit gewesen. Die Hyksos-Episode und tiefgreifende Veränderungen der ägyptischen Gesellschaft, wie der nie dagewesene Reichtum, der Einfluß von Institutionen und Individuen und der Aufstieg des Landes zur Weltmacht - all dies führte zu Spannungen, Brüchen und Ansprüchen, welche die ideologische Tradition nicht mehr ausgleichen oder befriedigen konnte. Die Tendenz zu einer Universalgottheit, deren Rolle wohl dem Sonnengott Re (bzw. Re-Harachte) zugedacht war, konnte seit langem beobachtet werden, aber erst in der Regierungszeit des Königs Amenophis IV. (1353 - 1337 v. Chr.) beschleunigte sich dieser Prozeß dramatisch.

Der König förderte die Verehrung des Aton (»Sonnenscheibe«), eines unpersönlichen Aspekts des Sonnengottes. Die traditionellen Götter und deren Tempelkulte wurden zunächst toleriert, dann vernachlässigt oder geächtet und schließlich sogar verfolgt. Amenophis IV. änderte seinen Namen in Echnaton (»Glanz des Aton«). Er zog mit der Regierung in die neue Hauptstadt Achet-Aton (»Horizont des Aton«) in Mittelägypten (nahe dem heutigen el-Amarna, daher die Bezeichnung »Amarnazeit« für diese Epoche). Niemals zuvor hatte das Land eine religiöse Umwälzung in einem solchen Ausmaß erlebt. Die Reformen, so tiefgreifend sie waren, verliefen nach dem Tod des Königs und seiner Hauptgemahlin, der Königin Nofretete, im Sande. Die alten Sitten und Gebräuche setzten sich wieder durch. Echnatons zweiter Nachfolger Tutanchaton verließ Achet-Aton; das Element Aton in seinem Namen änderte er in Amun, den Namen des alten Reichsgottes, und daher wurde er bekannt als Tutanchamun (1336 - 1327 v. Chr.).

Die kurzlebige Amarnazeit untergrub tatsächlich die Fundamente der ägyptischen Wirtschaft und Verwaltung; und so mußten konkrete Maßnahmen getroffen werden, um die schädlichen Auswirkungen einzudämmen. Die verworrene Thronfolgerfrage wurde gelöst, als Ramses I. im Jahre 1295 v. Chr. den Thron bestieg. Sein Sohn Sethos I. (1294 - 1279 v. Chr.) konnte seine Aufmerksamkeit auf das Ausland richten und unternahm erfolgreiche Feldzüge nach Libyen, Palästina und Syrien. Darin folgte ihm auch sein Sohn Ramses II. (1279 - 1213 v. Chr.). Eine neue Hauptstadt, Pi-Ramses, wurde im Nordostdelta (nahe dem heutigen Quantir) gegründet. Der Pharao war ein begeisterter Baumeister, und beinahe jeder Tempel im Land profitierte von seinen Zuwendungen. Die Erinnerung an die Amarnazeit wurde nachhaltig ausgelöscht. Der Gott Amun

UNTEN: Das Ramesseum ist der traditionelle Name des Totentempels Ramses' II. (1279 - 1213 v. Chr.), der am Westufer des Nil liegt, gegenüber von Theben. Eine der dort liegenden, zerbrochenen Kolossalstatuen ist der Ozymandias (eine verderbte Lesung für Usimare, dem Thronnamen Ramses' II.) in einem Gedicht des englischen Lyrikers Percy Bysshe Shelley.
The Image Bank/Guido Alberto Rossi

Sprache und Schrift

Das Ägyptische gehört zur afroasiatischen (oder »hamito-semitischen«) Sprachfamilie und ist u.a. mit dem Akkadischen, Hebräischen und Arabischen verwandt. Es wird normalerweise in das Archaische (vor 2600 v. Chr., wenig bekannt), das Altägyptische (um 2600–2100 v. Chr.), das Mittelägyptische (oder »Klassisches Ägyptisch«, das um 2100–1500 v. Chr. gesprochen wurde und auch später auf Denkmälern oder im religiösen Bereich benutzt wurde), das Neuägyptische (gesprochen um 1500–700 v. Chr.), das Demotische (ab 700 v. Chr.) und das Koptische (geschrieben ab dem 2. Jahrhundert n. Chr., starb im 16. Jahrhundert aus) unterteilt. Die Hieroglyphenschrift wurde auf Denkmälern verwendet, das Hieratische (Kursivschrift) für Dokumente und religiöse Texte. Das Demotische und das Koptische besaßen eigene Schriften.

RECHTS: Hieroglyphen werden von rechts nach links oder von links nach rechts, horizontal oder vertikal geschrieben. Hieratisch und Demotisch schrieb man nur von rechts nach links und Koptisch nur von links nach rechts. Dieser in Kolumnen von links nach rechts laufende altägyptische Hieroglyphentext stammt aus dem Grab des Udjahateti in Saqqara, um 2300 v. Chr.
Jaromir Malek

UNTEN: Das »Alphabetzeichen« für den Konsonanten Aleph. Im Deutschen ist dies kein eigenes Zeichen; es findet sich aber als kleine »Atempause« vor deutschen Wörtern, die mit Vokal anfangen, z. B. »'ein 'Ei«. Abgebildet ist der Schmutzgeier (Neophron percnopterus), er ist mit dem richtigen Vogel unten zu vergleichen. Gezeichnet von Howard Carter.
Griffith Institute, Ashmolean Museum, Oxford

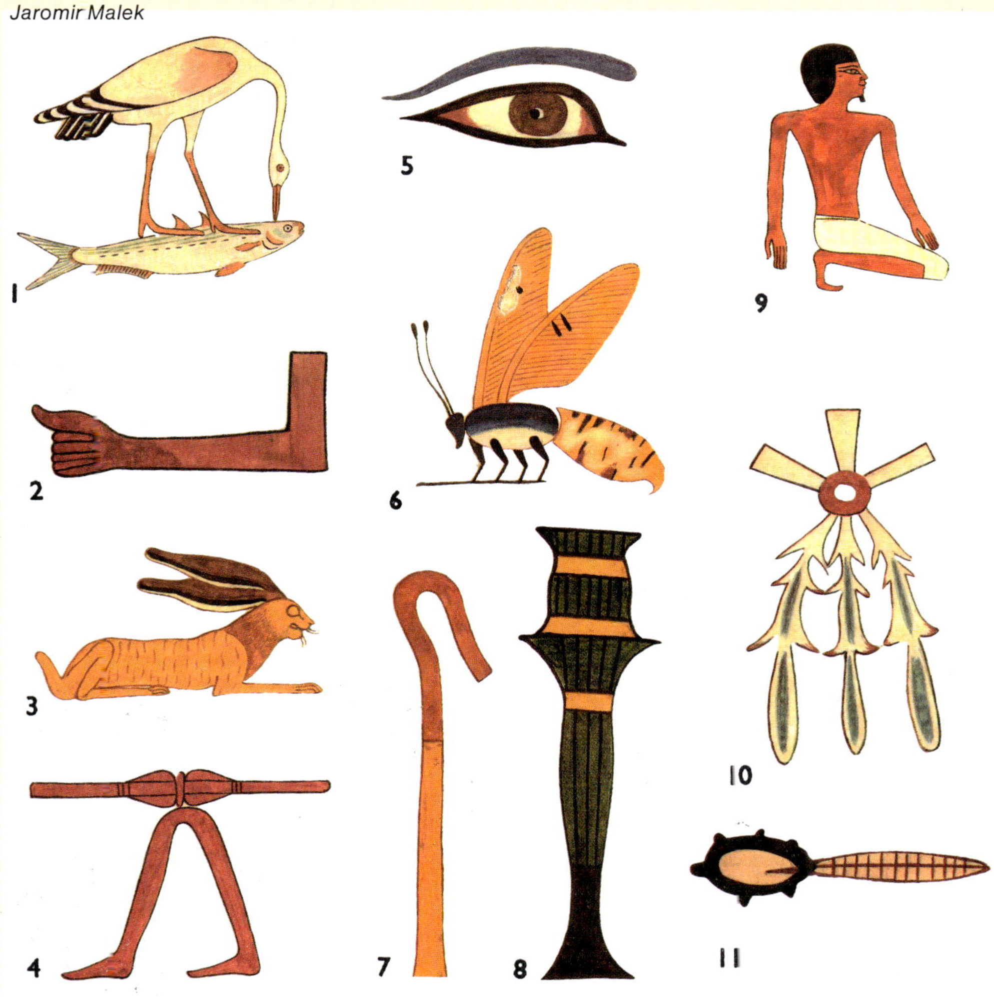

LINKS: Ägyptische Hieroglyphen sind keine Bilderschrift, sondern ein System, das auf einer Kombination aus Lautzeichen, Logogrammen und Determinativen basiert. Lautzeichen können »alphabetisch« (einkonsonantig) sein, wie z. B. [2], wo der Arm den Laut »Ayin« (im Deutschen unbekannt) wiedergibt, oder [11], wo der »Bauch eines langschwänzigen Tieres« das »ch« (wie in »ich«) repräsentiert. Die Hieroglyphen [1], [3], [8] und [10] stellen mehrkonsonantige Lautzeichen dar. Logogramme hingegen sind »Sinnzeichen«, die das reale Objekt abbilden, zum Beispiel die »Biene« [6] und der »Herrscherstab« [7]. Schließlich geben Determinative die Kategorie wieder, in die ein Wort gehört; zum Beispiel wird [5], das Auge, an alle Wörter angefügt, die etwas mit »sehen« zu tun haben, und [9] an jene, die den Ritenvollzug beschreiben. Die Hieroglyphe [4] kombiniert das Determinativ für »gehen« (die Beine) mit dem Zeichen »s« (dem Türriegel). Aus Beni Hassan, um 1980–1850 v. Chr. Griffith Institute, Ashmolean Museum, Oxford

(oder Amun-Re) von Karnak besaß jetzt Kultzentren im ganzen Lande und herrschte uneingeschränkt.

Die Nachfolger von Ramses II., Merenptah (1213 - 1203 v. Chr.) und Ramses III. (1184 - 1153 v. Chr.), mußten sich der Bedrohung der eindringenden »Seevölker« stellen. Diese Raubzüge, vom ägyptischen Standpunkt aus höchst bedrohlich, waren aber nur einzelne Episoden in den dramatischen Völkerwanderungen, die das östliche Mittelmeer um 1200 v. Chr. erschütterten. Für Ägypten bedeutete dies, daß es in Zukunft viel enger mit den benachbarten Ländern in Kontakt treten mußte. Auch das Land selbst erlebte eine vollständig veränderte politische Situation. Ramses XI. (1099 - 1069 v. Chr.) war der letzte Herrscher der Ramessiden, und damit (aus unserer heutigen Sicht) auch des Neuen Reiches. Nach seinem Tod übernahm Smendes (1069 - 1043 v. Chr.) die Zügel der Macht. Er und seine Nachfolger regierten in Tanis (San el-Hagar) im Nordostdelta, wenngleich im Süden eine weitgehend unabhängige Herrschaft mit Sitz am thebanischen Tempel (Karnak) des Amun geduldet wurde. Seit der Mitte des 10. Jahrhunderts v. Chr. übten Herrscher die entscheidende politische Macht aus, deren Namen Schoschenq, Osorkon und Takelot, ihre libysche Herkunft bestätigten.

Zweihundert Jahre später begannen sich grundlegende Veränderungen abzuzeichnen, die das Territorium des politisch, ökonomisch und militärisch schwachen Ägypten in eine Bühne verwandelten, auf der die Supermächte der damaligen Zeit aufeinander trafen. Kaschta, der Herrscher des nubischen Reiches von Kusch, eroberte das südliche Ägypten. Seine Nachfolger Pije (747 - 716 v. Chr.) und Schabako (716 - 702 v. Chr.) erlangten schließlich die Kontrolle über das Land und errichteten ein riesiges afrikanisches Imperium, das vom Zusammenfluß des Weißen und Blauen Nils im Sudan bis zur Mittelmeerküste reichte. Die Hauptstadt war Napata, nahe dem vierten Katarakt; ihre Herrscher übernahmen begierig das kultische Zubehör des pharaonischen Königtums und pflegten bewußt die ägyptische Religion und Kultur. Unglücklicherweise war es für Ägypten zu spät, um von dieser Entwicklung zu profitieren. König Schebitko (702 - 690 v. Chr.) trat in Palästina der Militärmacht Assyrien entgegen, und sein nachfolger Taharqa (690 - 664 v. Chr.) mußte dessen Herrschern Assarhaddon und Assurbanipal auf ägyptischem Boden die Stirn bieten. Doch konnte niemand den Assyrern auf dem Höhepunkt ihrer Macht widerstehen,

und die besiegten Kuschiten zogen sich in ihr fernes Heimatland zurück. Schließlich erlangte Psammetich, der lokale Herrscher von Sais im Westdelta, durch geschickte Diplomatie und günstige Entwicklungen im Ausland ermutigt, zunächst die nominelle und später die reale Macht über Ägypten (als Psammetich I., 664 - 610 v. Chr.).

Unter den saitischen Königen, die von Memphis aus regierten, erholte sich Ägyptens Wirtschaft eindrucksvoll. Ein Kanal durch das Wadi Tumilat, von Necho II. (610 - 595 v. Chr.) begonnen, sollte es den Schiffen ermöglichen, vom Nil bis zum Roten Meer zu segeln. Amasis (570 - 526 v. Chr.) regelte den wichtigen Handelsverkehr mit der Ägäis und die griechischen Händler durften nur noch in Naukratis im Westdelta siedeln. Die Beziehungen zum Ausland waren von überragender Bedeutung. Die Saiten kämpften erfolgreich in Palästina und Syrien, sogar als Alliierte in Assyrien, doch hing das Schicksal Ägyptens jetzt hauptsächlich vom Aufstieg und Niedergang der ausländischen Supermächte ab. 525 v. Chr. erlag Ägypten dem Angriff der Perser unter Kambyses und wurde eine Satrapie (Provinz) des persischen Imperiums.

Die letzte Phase der Unabhängigkeit während des 4. Jahrhunderts v. Chr. verdankt Ägypten zweitweiligen internen Schwierigkeiten im persischen Weltreich und dessen Inanspruchnahme durch die Probleme mit der Ägäis. 342 v. Chr. eroberte Artaxerxes III. Ägypten zurück. Die Perser hielten das Land ein Jahrzehnt fest im Griff, bis sie ihrerseits dem unbezwingbaren militärischen Genie Alexanders des Großen weichen mußten (332 v. Chr.).

OBEN: Ein kleiner Schrein, erbaut von Taharqa (690 - 644 v. Chr.), in der Hypostylen-Halle (Säulenhalle) des Amuntempels in Kawa, südlich des dritten Nilkatarakts, tief im sudanesischen Nubien.
Ashmolean Museum, Oxford

OBEN: Die Figur des Königs oder – wie hier – einer Privatperson, »geschützt« von einer zoomorphen Gottheit, war ein Lieblingsthema der ägyptischen Kunst. Psammetich (in gräzisierter Form Psammetichos) war ein »Oberdämonenverwalter«, der wahrscheinlich unter König Amasis (570 - 526 v. Chr.) lebte. Seine Statue aus Grauwacke stammt aus seinem Grab in Saqqara.
Egyptian Museum, Kairo/ Jürgen Liepe

Die Wiederentdeckung Ägyptens

M. L. Bierbrier

In der Rue Mazarine zu Paris hatte Jean-François Champollion am Morgen des 14. September 1822 einen genialen Geistesblitz: Plötzlich konnte er die hieroglyphisch geschriebenen Namen der ägyptischen Pharaonen Thutmosis und Ramses lesen. Fieberhaft raffte er seine Notizen zusammen, eilte zur Bibliothek des Institut de France, wo sein Bruder Jacques-Joseph arbeitete, warf das Material vor ihn auf den Tisch und rief: »Je tiens l'affaire« (Ich hab's!). Dann brach er zusammen. – Diese dramatischen Ereignisse können als Geburtsstunde der modernen Ägyptologie betrachtet werden; denn Champollion hatte das Prinzip der altägyptischen Hieroglyphenschrift wiederentdeckt.

Unter der einheimischen Bevölkerung schwand die Kenntnis von der Geschichte und der Sprache des alten Ägypten durch den Druck der neuen Religionen des Christentums und des Islam. Die Fähigkeit, Hieroglyphenschrift zu lesen, von der Priesterschaft der griechisch-römischen Epoche noch gepflegt, ging rasch verloren. So datiert die letzte hieroglyphische Inschrift aus dem Jahre 394 n. Chr. Tempel und Grabbauten wurden zerstört und als Ruinen zurückgelassen. Sogar das Koptische, die letzte Stufe der alten Sprache der Ägypter, wurde allmählich durch das Arabische ersetzt und starb als gesprochene Sprache aus.

Im Mittelalter reisten einige europäische Pilger auf ihrem Weg ins Heilige Land auch durch Ägypten, bewunderten die alten Ruinenstätten bei Alexandria und Kairo und brachten sie mit Ereignissen aus der Bibel in Verbindung. Die Einheimischen hingegen beuteten die Ruinen aus: Sie suchten meist vergeblich nach Schätzen oder zerrieben die erhaltenen menschlichen Überreste zur Droge *mummia*, der man bestimmte Heilkräfte zuschrieb.

Während der Renaissance entdeckten europäische Gelehrte in den Texten der klassischen Autoren Griechenlands und Roms mancherlei Berichte über das Alte Ägypten. Ebenso fanden sich beim Wiederaufbau Roms eine Anzahl ägyptischer Monumente, die von den römischen Herrschern ins Land gebracht worden waren. Diese Entdeckungen belebten das Interesse an den ägyptischen Hieroglyphen, die als Zeugnis einer fortschrittlichen Kultur verstanden wurden. Fehlgeleitet durch die klassischen Autoren, kamen Gelehrte wie Athanasius Kircher (1602–1680), der das Studium des Koptischen vorantrieb, zu dem Schluß, daß die Hieroglyphen rein symbolische und dem Wesen nach mystische Zeichen seien. Zur selben Zeit bereisten europäische Reisende in geringer Zahl erstmalig Ägypten; als seltsame Raritäten brachten sie von dort Antiquitäten aus dem ägyptischen Altertum mit. Während des 17. und 18. Jahrhunderts gelang es dann, weiter den Nil flußaufwärts vorzudringen und nach und nach jene Stätten zu identifizieren, die von den klassi-

GANZ OBEN: Portrait von Jean-Francois Champollion »dem Jüngeren« (1790–1832), dem Entzifferer der ägyptischen Hieroglyphen; gemalt von L. Cogniet.
Louvre, Paris/Austral/Sygma

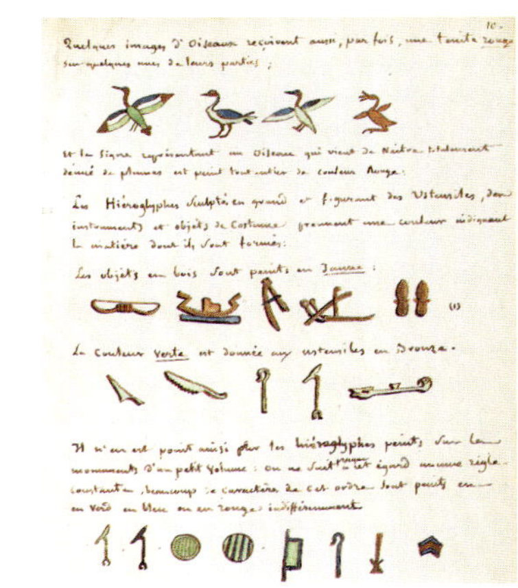

OBEN: Das Manuskript von Champollions Grammaire égyptienne. *Es wurde 1836 von Champollions älterem Bruder Jaques-Joseph Champollion-Figeac herausgegeben.*
Bibliothèque Nationale, Paris

LINKS: Die beiden »Nadeln der Kleopatra«, als sie sich noch in Alexandria befanden; gemalt 1798 von Dominique Vivant Denon.
Victoria & Albert Museum, London/ Searight Collection

RECHTS: In der Nähe des Dorfes Mitrahine, südlich von Kairo, fanden die französischen Gelehrten aus Napoleons Expeditionscorps eine Faust, die zu einer aus rötlichem Granit bestehenden Kolossalstatue Ramses' II. (1279 - 1213 v. Chr.) gehörte. Dieses Stück wurde bei der Kapitulation den Briten ebenfalls ausgeliefert und kann heute im British Museum, London, besichtigt werden. Stich aus der Description de l'Egypte. *Ashmolean Library, Oxford*

UNTEN: Die Heiligtümer auf der Insel Philae, die von dem großen Isis-Tempel dominiert werden, waren wahrscheinlich die letzten, in denen ägyptische und nubische Götter auf ägyptischem Boden verehrt wurden. Der letzte Hieroglyphentext, in Philae gefunden, datiert vom Jahre 394 n. Chr., der letzte Text in demotisch vom Jahre 452 n. Chr. Hector Horeaus Bild zeigt den Tempelkomplex um 1839, noch vor den Aufräumarbeiten am Ende des 19. Jahrhunderts. Griffith Institute, Ashmolean Museum, Oxford

schen Autoren erwähnt wurden. Pater Claude Sicard (1677 - 1726), ein in Ägypten lebender französischer Jesuit, unternahm seit 1712 ausgedehnte Reisen ins Landesinnere. Er kam südlich bis nach Assuan und war der erste, der Luxor als das alte Theben wiedererkannte. Seine Entdeckungen wurden aber damals nicht publiziert. Reisende, wie Richard Pococke (1704 - 1765) und Frederik Norden (1708 - 1742), die etwas später, nämlich um 1730 in Ägypten waren, schilderten detailreich ihre Beobachtungen; aber das Eindringen ins Landesinnere blieb dennoch ein gefährliches Unternehmen.

Die napoleonische Invasion Ägyptens 1798 sollte von Anfang an nicht nur die politische Kontrolle Frankreichs über das Land gewährleisten, sondern auch das allgemeine Wissen über das neu eroberte, weitgehend unbekannte Territorium erweitern.

In seinem Expeditionscorps befand sich eine Gruppe französischer Gelehrter aus allen Fachrichtungen, die bald eifrig das Land erkundeten, Altertümer sammelten und genaue, detaillierte Zeichnungen der Monumente und Ruinenstätten anfertigten. Weil ihre Aktivitäten der Armee durchaus bekannt waren, wurden sie sofort benachrichtigt, als man während Schanzarbeiten bei Rosette im Westdelta eine Stele fand, die drei unterschiedliche Schriften trug. Ein Text war in Griechisch gehalten und natürlich leicht lesbar, während die beiden anderen in zwei verschiedenen Schriften der alten Ägypter verfaßt waren. Berechtigterweise nahm man an, daß diese drei Schriften ein- und denselben Inhalt aufwiesen. Der Stein von Rosette sollte der Schlüssel zur Entzifferung der ägyptischen Sprache werden. Als die französischen Streitkräfte 1801 Ägypten wieder verlassen mußten, wurden die Altertümer, unter ihnen auch der Stein von Rosette, den Briten überlassen und gelangten so in das Britische Museum; man hatte jedoch zuvor Kopien der Steleninschriften angefertigt. Die Zeichnungen der französischen wissenschaftlichen Kommission wurden schließlich in den Bänden der *Description de l'Egypte* publiziert und steigerten das Interesse der Öffentlichkeit an den Altertümern Ägyptens.

Das Ende der Napoleonischen Kriege in Europa im Jahr 1815 erleichterte es unerschrockenen Reisenden, die Monumente Ägyptens zu besichtigen. Die gesteigerte Nachfrage nach Aegyptiaca wurde von den europäischen Botschaftern in Ägypten alsbald erkannt, und sie begannen, mit Erlaubnis der gleichgültigen ägyptischen Behörden, ganze Sammlungen zusammenzustellen. Der französische Konsul Bernardino Drovetti (1776 - 1852) war der erste auf diesem Gebiet, dem der englische Konsul Henry Salt (1780 - 1827) bald nachfolgte. Salt beschäftigte den früheren Zirkusartisten Giovanni Battista Belzoni (1778 - 1827) als seinen Agenten. Belzoni entdeckte das Königsgrab von Sethos I. in Theben und machte den Tempel von Abu Simbel in Nubien zugänglich. Als er sich von Salt trennte, kehrte er nach London zurück, wo er eine ägyptische Ausstellung im Piccadilly zusammenstellte, die das allgemeine Interesse am Alten Ägypten, an seinen Antiquitäten und seiner Geschichte weckte.

Versuche, die alte ägyptische Schrift zu entziffern, wurden seit der Entdeckung des Rosette-Steines unternommen. Die Gelehrten sahen sich vor allem von der allgemein akzeptierten Ansicht behindert, die Hieroglyphenschrift sei ein rein symbolisches Zeichensystem und nicht alphabetisch strukturiert. Thomas Young (1773 - 1829) identifizierte die Königsnamen im Hieroglyphentext, aber es war schließlich Jean-François Champollion, der die wahre Natur der Hieroglyphenschrift erkannte. Schon seit seiner Kindheit hatte ihn das Studium des alten Ägypten interessiert und schließlich bestand sein ganzer Ehrgeiz darin, die alte Sprache zu entziffern. Als Vorbereitung dafür lernte er die koptische Sprache und Schrift, die sich als letzte Stufe des Ägyptischen herausstellen sollte. Sein Studium der Königsnamen, erkennbar an den Namensringen (Kartuschen), überzeugte ihn von dem weitgehend alphabetischen Charakter der Hieroglyphenschrift. 1822 verkündete er seine Entdeckung in seinem *Lettre à M. Dacier.* Er war zunächst in der Lage, durch das Studium dieser Königsnamen das zugrundeliegende Alphabet zu bestimmen und dann, mit Hilfe des Rosette-Steines und seiner Kenntnis des Koptischen, ganze Texte zu lesen. In der Schrift *Précis du système hiéroglyphique des anciens égyptiens* skizzierte er seine Entdeckungen und machte die Schriften des Alten Ägypten der heutigen Welt zugänglich. Seine Kenntnis der ägyptischen Denkmäler vergrößerte er durch Besuche der Sammlungen in Italien. Und er trug dazu bei, daß man Salts zweite Sammlung für den Louvre erwarb, wo er 1827 Kurator der ägyptischen Abteilung wurde. 1831 ernannte man Champollion zum Professor für Ägyptologie am Collège de France; dies war der erste Lehrstuhl in dieser Wissenschaft.

Die Entzifferung der Hieroglyphenschrift ebnete den Weg zu einem intensiveren Studium der Texte aus dem Alten Ägypten. Der Bedarf an genauen Kopien der ägyptischen Texte wurde erkannt, und eine Reihe von epigraphischen Missionen zog nach Ägypten, um Monumente aufzunehmen

OBEN: Giovanni Battista Belzoni wurde vom britischen Generalkonsul Henry Salt angestellt, um verschiedene Unternehmungen durchzuführen, die eine außergewöhnliche Findigkeit verlangten. Eine dieser Aktivitäten bestand im Jahre 1816 darin, das Fragment einer Kolossalstatue Ramses' II. (1279 - 1213 v. Chr.) aus dem Ramesseum (dem thebanischen Totentempel dieses Königs) abzutransportieren. Die Skulptur befindet sich jetzt im British Museum, London. Belzonis eigene Zeichnung. E. T. Archive

LINKS: Der erste Europäer, der die Tempel von Abu Simbel sah, war der Schweizer Entdeckungsreisende Johann Ludwig Burckhardt am 22. März 1813. Der italienische Ausgräber Goivanni Battista Belzoni aber gelangte 1817 in das Innere des großen Tempels. Belzonis eigene Zeichnung. Peter Clayton

Auguste Mariette, Begründer der modernen Archäologie in Ägypten

OBEN: Der Vorhof des ptolemäischen (3.–1. Jahrhundert v. Chr.), im Jahre 1839 immer noch durch Sand verschütteten Horus-Tempels in Edfu. Die zweite Hälfte des 19. Jahrhunderts erlebte die gründlichen Aufräumarbeiten an den wichtigsten oberägyptischen Tempeln, ehe es systematische Berichte gab. So liefern die beiläufigen Skizzen und frühen Fotos oft unschätzbar wertvolle Informationen zum ursprünglichen Aussehen der Monumente. Aquarell von Hector Horeau. Griffith Institute, Ashmolean Museum, Oxford

Auguste Mariette (1821–1881), eine der Größen der Ägyptologie im 19. Jahrhundert, stammte aus Boulogne. Er war eine Zeitlang Lehrer für Französisch und Zeichnen in England, kehrte dann aber nach Frankreich zurück, wo er den Lehrberuf wieder aufnahm und auch die Lokalzeitung seiner Heimatstadt herausgab. Sein Interesse am Alten Ägypten wurde 1842 geweckt, als er gebeten wurde, die Manuskripte von Nestor l'Hôte zu prüfen, einem verstorbenen Verwandten, der einer der Zeichner bei Champollion gewesen war. Mariette wurde zu weiteren ägyptologischen Studien durch die Sammlung der Aegyptiaca in Boulogne inspiriert, die aus der napoleonischen Expedition stammten. Er bekam 1849 eine untergeordnete Stelle im Louvre, wo er seine Forschungen weiter betreiben konnte; allerdings strich man diese Stelle bald wieder. 1850 erhielt er von der Académie des Inscriptions den Auftrag, nach Ägypten zu reisen, um von dort koptische Manuskripte für die französische Nationalsammlung zu erwerben. Nachträglich wurde er ermächtigt, bei seiner Suche nach Altertümern auch Ausgrabungen durchzuführen.

Als Mariette in Ägypten eintraf, mußte er erfahren, daß koptische Manuskripte nicht mehr zu haben waren. Er beabsichtigte statt dessen, nun bei Saqquara in der Nähe Kairos zu graben, wo ihn die Entdeckung von Sphingen durch die Antikenhändler auf den Gedanken brachte, hier das Serapeum zu lokalisieren, jenen Begräbnisplatz der heiligen Apis-Stiere, den ein römischer Autor einst beschrieben hatte. Obwohl seine finanziellen Mittel begrenzt waren und er Geld von dem ihm gewogenen französischen Konsul leihen mußte, hielt er durch, weil er auf griechische Statuen und ägyptische Altertümer gestoßen war. Im November 1851 konnte er endlich die unterirdischen Grabkammern entdecken. Sie enthielten die Sarkophage der Stiere und zahlreiche Stelen (Steininschriften), die von den Handwerkern und Priestern aufgestellt worden waren. Diese Stelen erlaubten es, den chronologischen Rahmen der letzten Phase der altägyptischen Geschichte mit einer gewissen Sicherheit festzulegen. Mariettes erfolgreiche Ausgrabung führte dazu, daß er eine dauerhafte Anstellung im Louvre – und einen Orden – erhielt, sowie ausreichende Finanzmittel, um seine Arbeit fortzusetzen. Meinungsverschiedenheiten mit den ägyptischen Behörden wurden beiseite geräumt, so daß der Louvre einen großen Teil der entdeckten Altertümer erhalten konnte. Mariette kehrte 1854 nach Frankreich zurück, trachtete aber danach, seine Ausgrabungen in Ägypten so bald wie möglich wieder aufzunehmen. 1857 nahm er die Gelegenheit wahr, anläßlich eines geplanten Besuches von Prinz Napoleon sich vorab ins Land zu begeben, um als dessen Führer zu dienen. Zuvor hatte er bereits mit dem früheren Konsul Ferdinand de Lesseps, der großen Einfluß beim Pascha hatte, die Möglichkeit diskutiert, die ägyptischen Altertümer vor den ungezügelten und unkontrollierten Ausgrabungen zu schützen. Daraus resultierte die Ernennung Mariettes im Juni 1858 zum Direktor der Altertümer Ägyptens mit der Vollmacht, als einziger die alten Stätten auszugraben und ein Museum zu errichten.

Mariette begann dann eine ausgedehnte Ausgrabungskampagne im ganzen Lande; das gipfelte 1861 in der Arbeit an 35 Ausgrabungsstätten. Er legte Gräber des Alten Reiches in Gisa und Saqqara frei und entdeckte dort die wichtige Königsliste von Saqqara. Dieser Fund wurde 1864 während der Räumungsarbeiten im Tempel Sethos' I. in Abydos noch übertroffen, wo eine längere Königsliste gefunden werden konnte. In Edfu und Dendera wurden von ihm die griechisch-römischen Tempelanlagen freigelegt. In Karnak befreite er den großen Amun-Tempel von gewaltigen Schuttmassen und stieß dabei auf die Annalen von Thutmosis III., die an den Tempelwänden verzeichnet waren. Im thebanischen Gebiet grub seine Mannschaft die Heiligtümer von Medinet Habu und Deir el-Bahari aus.

Mariette eröffnete 1863 ein provisorisches Museum in Bulaq, einem Stadtteil Kairos, obzwar sein speziell entworfenes Gebäude niemals gebaut wurde. Er glaubte fest daran, daß die von ihm entdeckten Altertümer unbedingt in Ägypten belassen werden sollten und ging sogar so weit, die französische Regierung zu verärgern. Sein Monopol auf alle Ausgrabungen verhinderte die Massenplünderung der Stätten und lieferte wichtiges Material für die Rekonstruktion der ägyptischen Geschichte und Kunst.

Mariette bahnte den Weg von der unsystematischen Ausgraberei zur modernen Archäologie. Und dafür schuldet ihm die heutige Ägyptologie großen Dank.

OBEN: Auguste Mariette bei seinen Ausgrabungen der Gräber aus dem Alten Reich (2647–2124 v. Chr.) in Saqqara. Sogar jetzt noch, 130 Jahre später, wird das Verständnis dieser Monumente stark von dem Wissen gefärbt, das in den frühen Tagen der ägyptischen Archäologie zusammengetragen wurde. Das Foto zeigt gut die damaligen Ausgrabungstechniken; den legendären Raijs Roubi, der Mariettes Arbeitern vorstand, erkennt man links. Ashmolean Museum, Oxford

LINKS: Ägyptologie bzw. das Studium des Alten Ägypten begann mit dieser Inschrift. Der Rosette-Stein wurde von französischen Pionieren unter dem Kommando von P. F. X. Bouchard, im Juli 1799, gefunden. Er wurde unter Waffengewalt von den Briten 1801 beansprucht, aber mit den Waffen des Geistes von den Franzosen »wiedergewonnen«, da es 1822 Jean-François Champollion gelang, an diesem Stein den Schlüssel für die Entzifferung der Hieroglyphen zu finden. Die drei Schriften, von oben nach unten: hieroglyphisch, demotisch und griechisch. British Museum, London

und um Antiqitäten für die Geldgeber ausfindig zu machen.

Champollion besuchte 1828/29 Ägypten in Begleitung des italienischen Ägyptologen Ippolito Rossellini (1800 - 1843) und des französischen Künstlers Nestor L'Hôte (1804 - 1842). Viele ihrer Zeichnungen wurden zwischen 1830 und 1850 publiziert. Robert Hay (1779 - 1863) stellte ein Team von Künstlern zusammen, die in den zwanziger Jahren des vorigen Jahrhunderts in Ägypten arbeiteten, doch ihre Arbeit wurde nicht veröffentlicht. Der französische Gelehrte Emile Prisse d'Avennes (1807 - 1879) lebte viele Jahre in Ägypten und publizierte *Les monuments égyptiens.* Sir John Gardner Wilkinson (1797 - 1875) verbrachte die Jahre von 1821 bis 1833 in Ägypten und erarbeitete einen Gesamtüberblick über die Altertümer Ägyptens und Nubiens; seine Zeichnungen befinden sich in der Bodleian Library, Oxford. Seine *Manners and Customs of the Ancient Egyptians* ist die umfassendste Darstellung des Lebens im Alten Ägypten bis heute. Die epigraphische Forschung erreichte ihren Höhepunkt mit der preußischen Expedition unter Richard Lepsius (1810 - 1884) zwischen 1842 und 1845; daraus entstand das Werk *Denkmäler aus Ägypten und Äthiopien* in zwölf monumentalen Bänden. Lepsius brachte ebenso eine bedeutende Sammlung von ägyptischen Altertümern nach Berlin; er wurde zum Professor der Berliner Universität berufen und war auch Direktor des Berliner Ägyptischen Museums. Darüber hinaus verbesserte und setzte er die Arbeit an der ägyptischen Grammatik fort, die von Champollion begonnen worden war.

Die Ausgrabung altägyptischer Stätten Mitte des 19. Jahrhunderts war bestenfalls wahllos zu nennen und lag größtenteils in den Händen von Antiquitätenhändlern und deren Agenten, sowie einheimischen »Goldgräbern«. Aus diesen Quellen bezogen die ortsansässigen Europäer in Ägypten Altertümer für ihre gewaltigen Sammlungen, wie jene von Henry Abbott (1812 - 1859), jetzt im Brooklyn Museum, und jene von Anthony Harris (1790 - 1869), jetzt im British Museum. Die Ankunft von Auguste Mariette veränderte diese Situation grundlegend. Als er 1881 starb, hatte er eine gesunde Basis für die Ägyptologie in Ägypten geschaffen, auf die seine Nachfolger aufbauen konnten.

Gaston Maspero (1846 - 1916), vormals Professor für Ägyptologie am Collège de France in Paris, wurde 1880 nach Ägypten gesandt, um das neue französiche Institut in Kairo zu leiten, das dem Studium der Epigraphik und Archäologie gewidmet war. Seine Amtszeit dort war kurz, denn er übernahm 1881 das Amt von Mariette als Direktor des Antikendienstes. Maspero war weniger besitzergreifend den archäologischen Stätten gegenüber und war geneigt, angesehenen Institutionen und Privatleuten die Ausgrabungstätigkeit zu erlauben. Das französische Institut konzentrierte sich zunächst

OBEN: Die Manuskripte von Sir John Gardner Wilkinson (1797 - 1875) enthalten buchstäblich mehrere tausend Seiten mit Kopien und Zeichnungen, die er in Ägypten von 1821 bis 1856 anfertigte. Viele der von ihm abgebildeten Originale sind seither beschädigt, zerstört oder verlorengegangen, und diese Kopien bilden häufig den einzigen Anhaltspunkt. Hier überliefert Wilkinson den jetzt verlorenen Sarg der Königin Mentuhotep, der Gemahlin von König Djehuti (um 1620 v. Chr.). Bodleian Library, Oxford

LINKS: Der Pylon (Monumentaltor) vom Tempel Ramses' II. (1279 - 1213 v. Chr.) in Luxor. Diese Ansicht wurde von Hector Horeau 1839 gemalt, kurz nach dem Abtransport des westlichen Obelisken zur Place de la Concorde in Paris. Griffith Institute, Ashmolean Museum, Oxford

RECHTS: Die Hypostyle Hall (Säulensaal), hauptsächlich von Sethos I. (1294 - 1279 v. Chr.) und Ramses II. (1279 - 1213 v. Chr.) dekoriert, liegt zwischen dem zweiten und dritten Pylon (Monumentaltor) im Amun-Tempel von Karnak. Dieses Aquarell stammt von Hector Horeau aus dem Jahre 1839, noch vor den größeren Aufräumarbeiten und Restaurationen. Griffith Institute, Ashmolean Museum, Oxford

auf Epigraphik und begann erst 1898 mit den eigentlichen Grabungen.

In Großbritannien wurde im Jahr 1882, initiiert durch den persönlichen Enthusiasmus der Schriftstellerin Amelia Edwards (1831 - 1892), der Egypt Exploration Fund (später: Egypt Exploration Society) gegründet, hauptsächlich um in Ägypten auszugraben. Im Jahr 1883 wurde der Schweizer Eduard Naville (1844 - 1926) nach Ägypten geschickt, um im Delta zu arbeiten. Der Exploration Fund unterstützte die epigraphische Arbeit von Francis Llewellyn Griffith (1862 - 1934), Percy Newberry (1869 - 1949), der Gräber in Mittelägypten aufzeichnete, und eine griechisch-römische Abteilung, die nach Papyri grub.

Nicht zuletzt engagierte der Exploration Fund den jungen Flinders Petrie (1853 - 1942), dessen Arbeit die ägyptologische Archäologie revolutionierte. Im Gegensatz zu früheren Ausgräbern, die nur an großen, in der Hauptsache beschriebenen Steinobjekten interessiert waren, glaubte Petrie, daß alle Artefakte, selbst die kleinsten, von wirklichem Wert wären, um die Lebensumstände der ägyptischen Gesellschaft zu erhellen. Seine Studien zur Keramik waren die Basis für ein chronologisches System der prädynastischen und frühdynastischen Zeit. Schließlich trennte er sich vom Egypt Exploration Fund und begründete seine eigene British School of Archeology in Ägypten. Petrie war der erste Lehrstuhlinhaber für ägyptische Archäologie am University College, London; diese Professur war von Amelia Edwards gestiftet worden.

Der ägyptische Antikendienst unter Maspero und seinen Nachfolgern blieb verantwortlich für die wichtigsten archäologischen Entdeckungen. Die Pyramiden und zugehörigen Inschriften des Alten Reiches wurden erforscht. 1881 wurde das Versteck der Königsmumien bei Deir el-Bahari in Theben-West freigelegt, das den heimlich tätigen, einheimischen Ausgräbern schon mindestens ein Jahrzehnt früher bekannt war. Ein zweites Versteck mit Priestermumien wurde 1891 gefunden und 1898 wurden weitere Königsmumien im Grab von Amenophis II. im Tal der Könige ans Licht gebracht. Das Ägyptische Museum zog 1891 von Bulaq nach Gisa um, und 1902 eröffnete man schließlich ein neues Museum im Zentrum von Kairo. Der Egypt Exploration Fund grub mit Naville in Deir el-Bahari und in Abydos mit Petrie, der den wichtigsten frühdynastischen Königsfriedhof freilegte und somit Ägyptens Frühgeschichte aufdeckte. Eine italienische Expedition unter Ernesto Schiaparelli (1856 - 1928) arbeitete auf dem Westufer von Theben in dem ramessidischen Arbeiterdorf von Deir el-Medineh und im Grab der Königin Nefertari im Tal der Königinnen. Auch amerikanische Expeditionen betraten jetzt die Ausgrabungsstätten. Eine Mission vom Boston Museum of Fine Arts wurde von George Reisner (1867 - 1942) geleitet, der sich auf Gisa konzentrierte und die Geschichte und Kunst des Alten Reiches aufarbeitete.

Eine andere Mission, entsandt vom Metropolitan Museum of Art, New York, wurde zunächst von Albert Lythgoe (1868 - 1934) und später von Herbert Winlock (1884 - 1950) an den Stätten des Mittleren

UNTEN: Der Große Sphinx von Gisa, datiert in die Zeit um 2500 v. Chr., mußte vom Sand befreit werden, der ihn schon einmal um 1400 v. Chr., zu Zeiten des Königs Thutmosis' IV., eingehüllt hatte. Im 19. Jahrhundert gab es neuerliche Versuche, die Situation zu verbessern (das Foto wurde um 1880 aufgenommen), aber erst in den späten dreißiger Jahren unseres Jahrhunderts wurde die gesamte Statue vom Sande befreit. Griffith Institute, Ashmolean Museum, Oxford

LINKS: Obwohl es seit kurzem Mode geworden ist, Howard Carters Methoden, die er während seiner Ausgrabung des Grabes von König Tutanchamun anwandte, kritisch zu durchleuchten und im nachhinein zu verurteilen, können seine Ergebnisse, die er angesichts enormer Schwierigkeiten erreichte, nur mit Bewunderung betrachtet werden. Hier arbeitet er an Tutanchamuns innerstem Goldsarg. Griffith Institute, Ashmolean Museum, Oxford

Reiches von el-Lischt und in Deir el-Bahari geleitet.

Ein deutsches Institut wurde 1907 in Kairo durch Ludwig Borchardt (1863 - 1938) gegründet, um archäologische Arbeiten durchzuführen. Ausgrabungen wurden ebenfalls von reichen Geldgebern unterstützt: so von Theodore Davis (1837 - 1915), dessen Ausgrabungen im Tal der Könige zur Räumung der Königsgräber und zur Entdeckung des beinahe intakten Grabes von Yuya und Tuya führte, und vom Earl of Carnarvon (1866 - 1923), der später die Konzession von Davis übernahm.

Die Tätigkeiten in Ägypten kamen während des Ersten Weltkriegs zum Stillstand, wurden aber kurz danach wieder aufgenommen. Die Egypt Exploration Society begann mit ihren Kampagnen in el-Amarna, der Hauptstadt des Königs Echnaton. Das Französische Institut setzte seine Grabungen in Deir el-Medineh fort, die wegen der großen Informationsfülle über das Leben der einfachen ägyptischen Arbeiter sehr bedeutsam wurden. Howard Carter (1874 - 1939) nahm unter der Patronage des Earl of Carnarvon die Arbeiten im Tal der Könige wieder auf und fand 1922 das fast unberührte Grab des Tutanchamun. Das Bekanntwerden dieser Entdeckung steigerte die öffentliche Aufmerksamkeit enorm und führte zu jenem hohen Ansehen der Ägyptologie, das diese Wissenschaft bis heute genießt. Die Funde im Tal der Könige fanden eine Parallele in dem von Reisner in Gisa gefundenen Begräbnis der Königin Hetepheres, der Mutter des Königs Cheops, und den Königsgräbern in Tanis, die von dem französischen Ägyptologen Pierre Montet (1885 - 1966) ausgegraben wurden.

Ägyptologische Institute wurden jetzt an beinahe allen Universitäten und Museen in Europa und Amerika eingerichtet. In Berlin gelang Adolf Erman (1854 - 1937) die überzeugende Einteilung der ägyptischen Sprache in das Alt-, Mittel- und Neuägyptische. Seine dauerhafteste Leistung ist das bis heute maßgebende *Wörterbuch der ägyptischen Sprache*; es erschien von 1926 bis 1963 und wurde nach Ermans Tod von H. Grapow fortgeführt (7 Bände und 5 Supplementbände). Der britische Ägyptologe Sir Alan Gardiner (1879 - 1963) publizierte zahlreiche hieroglyphische und hieratische Texte, die über

UNTEN: Das Team der Archäologen, das sich an der Ausgrabung des Grabes von König Tutanchamun beteiligte, war nach heutigen Gesichtspunkten sehr klein. Das Bild zeigt Howard Carter, Arthur R. Callender und einen ägyptischen Assistenten; sie bereiten den Abtransport einer der »Wächterstatuen« vor. Die exzellente fotografische Dokumentation stammt von Harry Burton. Griffith Institute, Ashmolean Museum, Oxford

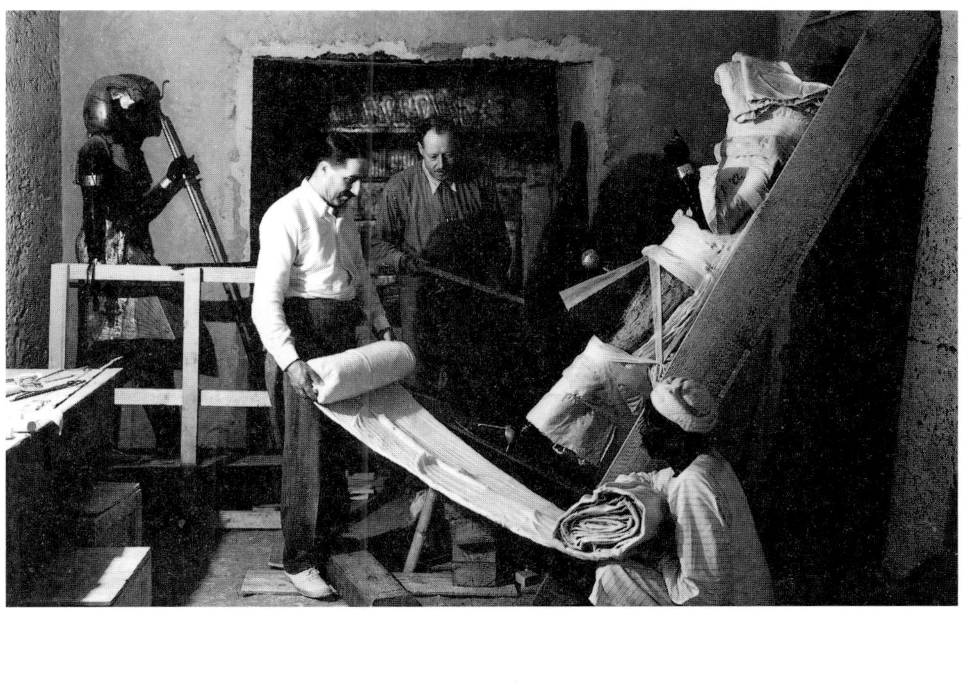

Die Obelisken von Alexandria

RECHTS: Der aufgerichtete Obelisk von Alexandria im Jahre 1850, nach einem Aquarell von E. Hawker. Beide alexandrinischen Obelisken waren ursprünglich, in der Regierungszeit von Thutmosis III. (1479 – 1425 v. Chr.), für den Tempel des Sonnengottes Re in Heliopolis (jetzt ein Vorort Kairos) bestimmt. Später fügte Ramses II. (1279 – 1213 v. Chr.) seine Namen und Titel den Inschriften hinzu. Die Obelisken wurden von Kaiser Augustus in seinem achtzehnten Regierungsjahr (um 10 v. Chr.) nach Alexandria geschafft und dort wieder errichtet. Einer von ihnen verlor 1301 seinen Halt und stürzte um, der andere stand bis zu seinem Transport nach New York (1879 – 1881) aufrecht.
Griffith Institute, Ashmolean Museum, Oxford

LINKS: Die ins Ausland gebrachten ägyptischen Monumente sind hervorragende Botschafter ihres Heimatlandes. Die Beweggründe für den Abtransport der Obelisken nach Rom oder Istanbul in der Antike und nach Paris, London und New York in der Moderne waren kaum etwas anderes als Versuche, die jeweiligen Städte zu verschönern. Großbritannien konnte wenigstens eine sentimentale Bindung an die »Nadeln der Kleopatra« beanspruchen: Eine blutige Schlacht zwischen den Briten (ihr Führer, General Sir Ralph Abercromby, wurde während der Kämpfe tödlich verwundet) und den verteidigenden französischen Streitkräften fand in ihrer Nähe am 21. März 1801 statt. Im Januar 1877 wurde John Dixon, ein erfolgreicher Ingenieur, vertraglich dazu verpflichtet, den gefallenen Obelisken nach London zu bringen. Die Arbeit begann ein paar Monate später.
Griffith Institute, Ashmolean Museum, Oxford

RECHTS: Der einfallsreiche Plan von John Dixon für den Abtransport des umgestürzten Obelisken sah einen Metallzylinder um den Obelisken vor, der dann ins Meer gerollt wurde. Dort wurde der Zylinder in eine Art Barke (namens Cleopatra) verwandelt und nach Großbritannien gezogen. Im Bild sieht man den verkleideten Obelisken, wie er zum Wasser gezogen wird (die andere »Nadel« erkennt man im Hintergrund). Der Obelisk wurde 1878 am Themse-Ufer in London wieder aufgestellt.
Griffith Institute, Ashmolean Museum, Oxford/ Borgiotti Photograph

die ägyptische Verwaltung Auskunft geben. Jaroslav Černy (1898 - 1970), Professor in Oxford, enträtselte die Dokumente, die in Deir el-Medineh gefunden wurden, während sein französischer Kollege Georges Posener (1906 - 1988), ein Spezialist für ägyptische Literatur, die wissenschaftliche Kenntnis vieler literarischer Texte verbessern konnte.

Der Linguist Hans Jacob Polotsky (1905 - 1991) ermöglichte ein neues Verständnis der koptischen und ägyptischen Grammatik. Spezialisten für das Demotische wie Stephen Glanville (1900 - 1956) machten die Dokumente aus dieser Phase der ägyptischen Kultur den interessierten Gelehrten zugänglich. In Oxford begründeten Bertha Porter (1852 - 1941) und Rosalind Moss (1890 - 1990) die *Topographical Bibliography*, worin alle hieroglyphischen Texte, Reliefs und Malereien dokumentiert wurden.

Die Zeit nach dem Zweiten Weltkrieg wurde trotz der Instabilität der Region durch verstärkte archäologische Arbeit - gefördert vom Ägyptischen Antikendienst und von zahlreichen ausländischen Missionen - bestimmt. Ägyptische Archäologen, wie Labib Habachi (1906 - 1984) auf Elephantine, in Karnak und el-Qantir, wie Ahmed Fakhry (1905 - 1973) in Dahschur und wie Zakaria Goneim (1905 - 1973) in Saqqara, machten bedeutende Entdeckungen in ihrem Bereich. Der Bau des neuen Assuan-Staudammes in dem zum Nasser-See aufgestauten Nil setzte in den sechziger Jahren dieses Jahrhunderts eine Rettungsaktion in Nubien in Gang, die neue Fortschritte im Verständnis der Geschichte und Kultur dieser Region erbrachte. Zahlreiche Tempel, im besonderen die beiden von Ramses II. errichteten Tempelanlagen von Abu Simbel, wurden in den sechziger Jahren versetzt und an einem erhöhten Ort wieder aufgebaut; diese spektakuläre internationale Aktion verhinderte den unwiederbringlichen Verlust zweier Bauwerke, die zu den großartigsten Kulturmonumenten Nubiens gehören.

Die Archäologie der jüngsten Zeit tendiert dazu, sich auf die Ausgrabungen von ägyptischen Städten, besonders des Deltagebietes, zu konzentrieren; eine Arbeit, die früher vernachlässigt wurde. Viele Forschungsergebnisse haben das Verständnis der politischen und sozialen Geschichte, der Kunst und der Kultur des Alten Ägypten vertieft. Und doch bleiben viele Probleme, die durch unermüdliche Arbeit im Feld, in den Museen und Universitäten zu lösen sind.

LINKS: Der ägyptische Archäologe Zakaria Goneim entdeckte und legte die unfertige Stufenpyramide des Königs Sechemchet (2609 - 2603 v. Chr.) in Saqqara in den Jahren 1952 - 1956 frei. Archäologie kann jedoch auch schreckliche Enttäuschungen bereithalten: Der versiegelte Sarkophag in der Sargkammer der Pyramide war mysteriöserweise leer.
Ashmolean Library, Oxford

OBEN: Bedroht durch das Wasser des Nasser-Stausees wurden die Felstempel von Abu Simbel in große Blöcke geschnitten und an einem sicheren Platz in der Nähe wieder zusammengesetzt.
Macquitty International Collection

LINKS: Der Erste Nilkatarakt war die südliche Grenze Ägyptens für die meisten Reisenden im 19. Jahrhundert, aber einige wagten sich nach Nubien bis zum Zweiten Nilkatarakt vor. Das Bild von Hector Horeau aus dem Jahre 1839 zeigt den Zugang und äußeren Vorhof des von Ramses II. (1279 - 1213 v. Chr.) errichteten Tempels in Wadi es-Sebua.
Griffith Institute, Ashmolean Museum, Oxford

Leben am Nil

Janine Bourriau

Die Alten Ägypter erscheinen uns heute sehr vertraut, und das nicht nur, weil sie uns Bilder ihres täglichen Lebens auf zahlreichen Grab- und Tempelwänden hinterlassen haben, sondern auch weil diese Bilder eine Inspiration boten für die Alltagskultur von heute – Werbeslogans, Mode, Inneneinrichtung und vieles andere. Wenn wir solche irreführenden Assoziationen einmal zurückdrängen, die Szenen allein betrachten, ohne andere, zusätzliche Informationen, sehen wir Ägypten wie in einem Vexierspiegel – ähnlich als würde man ein modernes Land zum ersten Mal durch Fotos aus einer alten Illustrierten kennenlernen.

Die Grabszenen präsentieren ein idealisiertes Lebensbild, das für die Ewigkeit zum Nutzen des Grabbesitzers und seiner Familie aufgezeichnet wurde; deshalb betonte man besonders dessen Status und Karriere. Die meisten Szenen des täglichen Lebens zeigen Ausschnitte aus der Nahrungsmittelherstellung und als Höhepunkt die Prozession der Opferträger, die sich dem Grabbesitzer nähert. Es fehlt jeder Hinweis auf Leiden, Krankheit oder Altersbeschwerden. Unter den Angestellten kann schon mal ein mißgestalteter Körper oder ein geprügelter Feldarbeiter erscheinen, aber die Hauptpersonen bleiben von den Spuren der Zeit und von allen Widerwärtigkeiten des Lebens verschont. Einige Lebensbereiche sind, wenn überhaupt, selten dargestellt: intimes Familienleben, religiöse Handlungen ohne Bezug zum Totenkult, Krieg (außer den formalisierten Kriegsszenen auf den königlichen Reliefs), Expeditionen außerhalb des Niltals. Einige Örtlichkeiten erscheinen selten oder nie: Häfen, Königspaläste, Straßen, Marktplätze, öffentliche Brunnen.

Da ein magischer Zweck die Grabszenen bestimmt, müssen sie die Regeln eines Ritus erfüllen und nicht der Lebenswirklichkeit entsprechen. Deshalb ist der Grabbesitzer, wie seine Gestalt in Wirklichkeit auch immer gewesen sein mochte, stets größer abgebildet, außer im Vergleich zum König. Das Repertoire schließt anachronistische Szenen ein, so zum Beispiel die Nilpferdjagd in den Papyrussümpfen, denn wilde Nilpferde waren in Ägypten bereits im Neuen Reich (1540–1069 v. Chr.) ausgestorben. Da die Ägypter uns zeigen, wie sie im Jenseits zu leben wünschten, können wir ihre Prioritäten aufzählen: Kontinuität der gesellschaftlichen Institutionen, hoher Lebensstandard, körperliches Wohlbehagen, Akzeptanz der Verpflichtungen und ebenso der Vorteile, die Familie und gesellschaftlicher Rang mit sich bringen. Vor allem Besitzer der großartigen Gräber, die Angehörigen der Elite mit ihren Familien also, sind es, die wir betrachten. Um das Leben der Handwerker und Bauern zu entdecken, die ohne Grabmal nur mit einem Trinkbecher im Munde begraben wurden, müssen wir anderwärts suchen: In den kleinen Figuren der Grabszenen, in den Berichten, die von einer Armee von Schreibern aufgezeichnet wurden, in den Ausgrabungen der Städte

OBEN: »Paddelpuppe« oder weibliche Figur, die auf eine abstrakte Form reduziert ist; aus einem Grab im Asasif (Theben), um 2000 v. Chr. Solch eine Puppe aus Holz und Lehm war eher eine Garantie für Fruchtbarkeit und Fortpflanzung als ein Spielzeug; oder gar die schwache Garantie für sexuelle Vergnügungen im Jenseits. Egyptian Museum, Kairo/Jürgen Liepe

OBEN: Männer fischen mit Handnetzen vom Papyrusboot aus. Aus dem Grab des Wesirs (des höchsten Beamten des Landes) Mereruka in Saqqara, um 2300 v. Chr. James H. Morris

LINKE SEITE: Szenen aus dem täglichen Leben des »Polizeichefs« Nebamun, aus seinem Grabe im Sheich Abd el-Qurna, um 1390 v. Chr. Kopiert von N. de Garis Davies. Metropolitan Museum of Art, New York

OBEN: Wandzeichnung mit der Abbildung eines Teiches in der Mitte des Gartens mit Gänsen, Enten und Fischen. Unter den verschiedenen Arten von Fruchtbäumen sind Dattelpalme und Maulbeerfeigenbaum zu erkennen. Aus einem Grab in Theben-West, um 1375 v. Chr.
British Museum, London

und Dörfer, in denen sie lebten. Was wir aus verschiedenen Quellen am besten kennen, ist das Leben auf dem Landbesitz der reichen Beamten während des Neuen Reiches; das ergänzende Bild vom Stadtleben verdanken wir hauptsächlich der Archäologie.

Das Familienhaus im Zentrum des Landbesitzes war aus sonnengetrockneten Lehmziegeln erbaut, weiß getüncht und es lag in einem Garten, der von hohen Mauern umgeben war. Wie die ägyptischen Häuser heutzutage sollte es eher Schutz vor starker Sonneneinstrahlung bieten als vor Kälte oder Wind. Zwei oder drei Stockwerke hoch, wies es eine zum Garten hin offene Terrasse und eine außen angebrachte Treppe auf, die zum Dach führte. Nacht, ein Wesir, dessen Villa in el-Amarna ausgegraben wurde, verfügte über 28 Räume. Für Besucher zugänglich blieben nur die nahe am Eingang gelegenen Räume, die um eine große Säulenhalle herum gruppiert waren. Dort konnten Gäste empfangen und die offiziellen und staatlichen Geschäfte abgewickelt werden. Die Wohnzimmer der Familie lagen im Zentrum; dahinter die Privaträume, einschließlich der Schlaf- und Badezimmer, die man nur erreichen konnte, wenn man die vorn gelegenen Räume durchschritt. In den oberen und unteren Etagen befanden sich Arbeitszimmer, Büros, Lagerräume und das Dienerquartier. Das Innere bot eine angenehm kühle Atmosphäre mit einer brillanten Farbigkeit der hölzernen Säulen, Decken und Türeingänge; Matten hingen von den kleinen hochangebrachten Fenstern und offenen Türen herab, und Blumengirlanden zeichneten sich gegen die weiß getünchten Wände ab. Außerhalb des Hauses lagen Ställe, Getreidesilos, Küchen, die Bäckerei, die Brauerei, das Schlachthaus und Werkstätten für die schmutzigeren Arbeiten wie Töpferei und Tischlerei.

Man erfreute sich am Garten um seiner selbst willen, obschon er auch Fische, Geflügel, Wein, Obst und Gemüse für die Tafel lieferte. Wasser, schattige Bäume und farbige Blumen waren am wichtigsten. Die Ägypter legten Gärten nicht nur bei den Privathäusern an, sondern auch bei den Gräbern und Tempeln, selbst in der unwirtlichen Wüste. Zu den Pflanzenarten, die man in den vertrockneten Girlanden und Sträußen fand, gehören blauer und weißer Lotus, Mohn, Mandragora, Kornblume, Gänseblümchen, Rittersporn, Efeu, Wein, Tamariske, Weide, Akazie, Feigenbaum, Sykomore, Persea, Johannisbrotbaum, Granatapfel,

RECHTS: Große Holzfigur einer Frau (etwa 123 cm), die Verpflegung bringt. Die Objekte in dem Korb auf dem Kopfe sind Weinkrüge mit konischen Lehmverschlüssen. In der rechten Hand hält die Frau eine Ente. Aus dem Grabe des Meketre, um 1990 v. Chr.
Egyptian Museum, Kairo/
Jürgen Liepe

LINKS: Großes »magisches Messer« aus Elfenbein (auch »Zauberstab« genannt) mit einer Reihe von eingeritzten Schutzwesen, Tieren und Symbolen. Unter diesen sind besonders zu erwähnen: Thoeris, eine komplexe Tiergottheit mit dem Kopf und dem Körper eines weiblichen Nilpferds, schwingt ein Messer und stützt sich auf ein Schutzsymbol; sowie die Figur eines Dämonen, die dem Gott Bes ähnelt. Um 1850 v. Chr. British Museum, London

Olive, Moringe, Dattel- und Dumpalme. Die weinbewachsene Laube gehörte zu den beliebtesten Garteneinrichtungen, ebenso wie ein Schrein, der einer der vielen lokalen Schlangengottheiten geweiht war.

An der Spitze der Gemeinschaft stand der Gutsbesitzer. Das Landgut konnte dem Amt, das er vielleicht von seinem Vater »geerbt« hatte, beigegeben sein. Es war kein Privateigentum im strengen Sinne. Der Status der Frau des Gutsbesitzers war geringer. Sie konnte kein Amt bekleiden, aber sie konnte ihren eigenen Besitz erwerben oder veräußern und erwarten, auf gleicher Stufe den Lebensstil des Ehegatten und seine jenseitige Versorgung zu teilen. Im allgemeinen hatte ein Mann nur eine Ehefrau zur gleichen Zeit, obwohl Konkubinen in reichen Haushalten anzutreffen waren.

Die Lebensqualität der Frau wurde unweigerlich durch ihre Fähigkeit bestimmt, gesunde Kinder zu gebären und aufzuziehen. Wie noch in jüngster Zeit bürdete man ihr in erster Linie die Verantwortung für die Fruchtbarkeit auf. Die üblichen Fruchtbarkeitszauber stellen nackte Frauenfiguren dar, manchmal mit grotesk vergrößerten Genitalien. Das Großziehen der Kinder war ein gewagtes Unternehmen, zu dem sowohl natürliche als auch übernatürliche Mächte angerufen wurden. Die medizinischen Papyri belegen durch die Zahl der Rezepte gegen Unfruchtbarkeit, gegen Schwierigkeiten der Schwangerschaft und Geburt und gegen Kinderkrankheiten, wie sehr diese Sorgen das Leben dominierten. Die Zahl der Kleinkindbestattungen ist ein schreckliches Zeugnis dafür, wie groß die Schwierigkeiten der Frauen waren, ihre Kinder aufzuziehen. Die Bestattungen waren so zahlreich, daß den Babys nur selten eine vollständige Beerdigung gegeben werden konnte; sie wurden vielmehr unter den Fußböden in Kisten und Krügen beigesetzt.

Die am weitesten verbreiteten Amulette stellen Götter dar, deren besonderes Anliegen der Schutz der Frauen und Kinder sein sollte: Hathor, Göttin der Liebe und der Fruchtbarkeit (denn eine Trennung gab es zwischen den beiden Begriffen nicht); Bes, der Löwenmann, der Fresser der Schlangen

LINKS: Kleine grobe Figürchen, manchmal zu einfachen Platten stilisiert, stellen gebundene Gefangene dar, zum ersten Mal um 2200 v. Chr. belegt. Sie sind mit »Ächtungstexten« beschrieben, die die Namen von ausländischen Örtlichkeiten und ihren Anführern tragen. Sie dienten einem magischen Zweck: sie sollten Unglück über die Feinde Ägyptens bringen. Ähnliche Statuetten, wie die hier abgebildete, auf der nur ägyptische Namen aufgeführt wurden, sind ebenfalls bekannt; sie beweisen, daß man dieselbe Methode auch gegen unerwünschte oder gefürchtete Landsleute einsetzte. Louvre, Paris

Schmuck

Wie in den meisten hierarchischen Gesellschaften war die Kleidung ein genaues Rangmerkmal. Reines weißes, sorgfältig gefältetes Leinen, schwere Perücken aus Menschenhaar mit einem Kranz aus Blumen oder Geschmeide, Ohrringe, Perlencolliers, Armbänder, Fußbänder und Sandalen aus Leder oder Flechtwerk gehörten zur Festkleidung der Reichen beiderlei Geschlechts. Die Kleidung war nicht so eng anliegend wie sie erscheint – die künstlerische Konvention forderte, daß sich die Konturen des Körpers abzeichneten. Für die oberen Klassen war die Reinigung und das Make up des Gesichts und des Körpers eine der Prioritäten im Leben und nach dem Tode, wenn die Mumifizierung angewandt wurde, um den physischen Verfall aufzuhalten. Parfümduft war ein wesentliches Element der Schönheit und wurde durch Auflegen von parfümierten Ölen und Cremes erreicht.

OBEN: Perlenhalsketten und Anhänger aus Gold, Karneol, Jaspis und Fayence. Aus Theben, um 1300 – 700 v. Chr. Ashmolean Museum, Oxford

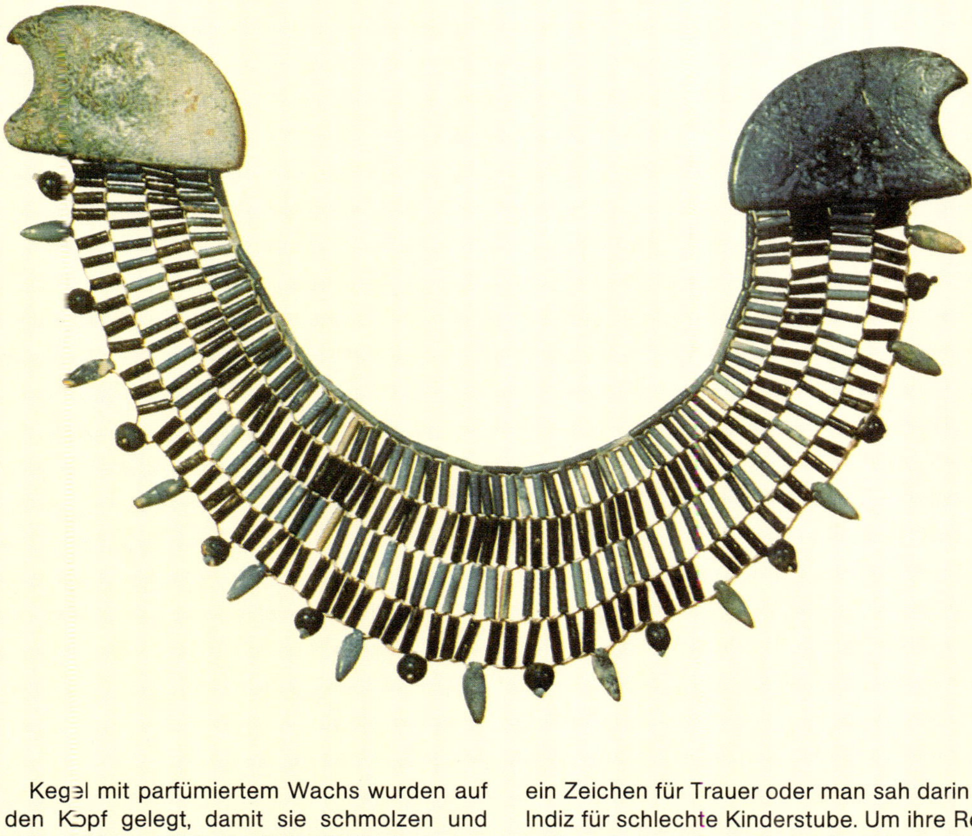

LINKS: »Breiter Halskragen« (wesech) aus Fayence mit Zylinderperlen, rhomboiden Anhängern und Verschlüssen. Aus Beni Hassan in Mitteläypten, um 2050 v. Chr. Ashmolean Museum, Oxford

Kegel mit parfümiertem Wachs wurden auf den Kopf gelegt, damit sie schmolzen und eine süßliche, kühlende Flüssigkeit absonderten, die sich auf den Kopf und die Schultern verteilte. Das Körperhaar wurde bei beiden Geschlechtern abrasiert. Das Kopfhaar trug man kurz, doch legte man Perücken bei festlichen Anlässen an. Während des Alten (2647 – 2124 v. Chr.) und Mittleren Reiches (2040 – 1648 v. Chr.) war es für kurze Zeit Mode, einen sorgfältig geschnittenen Schnurrbart mit oder ohne Kinnbart zu tragen. Zu allen Zeiten galten ungekämmtes Haar und Stoppelbart als ein Zeichen für Trauer oder man sah darin ein Indiz für schlechte Kinderstube. Um ihre Reinheit zu betonen, rasierten die Priester ihren Kopf kahl.

Beide Geschlechter trugen Make up. Die beliebtesten Substanzen waren das Kupferkarbonat Malachit, das ein grünes Pigment hervorbrachte, und das Bleierz Galenit, das graue oder schwarze Farbe lieferte. Es gibt Hinweise auf den Gebrauch von Rouge; außerdem färbten die Frauen ihre Finger- und Fußnägel und verwendeten Henna für die Fußsohlen und Haare.

OBEN: Kette aus kugelförmigen Perlen mit Goldkappen und einem goldenen Schen-Zeichen (runde »Kartusche«, verwandt mit dem Oval, das die Königsnamen umgibt) Amulett, eingelegt mit Fayence und Karneol. Aus Abydos, um 1850 v. Chr. Ashmolean Museum, Oxford

LINKS: Kosmetische Luxusartikel der Sit-Hathor-junet; sie war eine der Töchter Senwosrets II. (1886–1878 v. Chr.); aus ihrem Grabe in el-Lahun, Fajjum. The Metropolitan Museum of Art, New York

und Bekämpfer der Dämonen; und Thoeris (Taweret, »die Große«), eine monsterhafte Mischung der wildesten, den Ägyptern bekannten Tiere, wie Nilpferd, Löwe und Krokodil.

Bilder von Hathor, von Bes und Thoeris gab es überall im Haus, aber hauptsächlich in den Privaträumen: an den Möbelstücken, besonders am Bett, auf Wänden, auf Vorrats- und Kosmetikbehältern, auf Löffeln, Kisten und Spiegeln. Sie schufen einen magischen Schutzwall gegen die Dämonen der Nacht, der Wüste und gegen die Geister der Verstorbenen.

Die gleiche Konstellation von Göttern findet sich auf Amuletten in den Gräbern, womit bestätigt wird, daß es ein Glaube war, der für die beiden Parallelwelten - die Welt der Lebenden und die der Toten - Gültigkeit hatte und daß der erst vor kurzem Verstorbene denselben böswilligen Mächten ausgesetzt war wie der Neugeborene.

Nichts von diesen Gefahren erkennt man in den würdevollen Gesichtern der Männer und Frauen, die in den Darstellungen auf ihren Grabwänden gefeiert werden. Sie erscheinen in ihrem besten Staat und jung für ewig, der Mann vielleicht ein wenig plump (Fettringe sind ein Zeichen für Reichtum und Macht).

Mit dem Gutsbesitzer und seiner Frau lebte die Großfamilie zusammen, die nach Schätzungen aufgrund der Lebenserwartung aus wenigstens drei Generationen bestand. Der Ältere wurde respektiert und die älteren Beamten wurden vom »Stab des Alters« unterstützt, einem jungen Mann, oft der Sohn, der die Pflichten übernahm, die der Ältere nicht mehr wahrnehmen konnte. Der Familie am nächsten kamen die persönlichen Bediensteten: Ammen, Barbiere, Friseure und Mundschenke. Danach kamen die Gutsbeamten, die Haushofmeister, die Verwalter der Getreidescheunen und der Lagerräume sowie die Aufseher der meist männlichen Handwerker, Feldarbeiter und Hirten. Alle waren entweder Schreiber oder hatten Schreiber, die für sie arbeiteten. Es wurde jede Tätigkeit schriftlich festgehalten, wie wir auf den Grabbildern erkennen können. Die komplexe Verwaltung der modernen Staaten läßt uns das Ausmaß der Kontrolle verständlich werden, das im Alten Ägypten benötigt wurde, um die Ressourcen zu nut-

UNTEN: Speichermodell aus gebranntem Ton, um 2000 v. Chr. Die gemalten Szenen stellen eine interessante Variante zu den Figuren dar, die man in solchen Holzmodellen normalerweise findet. Der Speicher enthält zehn Kammern und zwei Stockwerke; die Dächer der oberen Räume sind gewölbt. Castle Museum, Norwich/J. Bourriau

RECHTS: Holzmodell von Booten mit Fischern, gefunden im Grabe des Kanzlers Meketre bei Deir el-Bahari, um 1990 v. Chr. Sie sind von dem Typ, der traditionell aus Papyrus, mit erhöhtem Bug und Heck, hergestellt worden ist. Aber möglicherweise wurde auch Holz für Boote dieser Größe verwendet. Egyptian Museum, Kairo/Jürgen Liepe

UNTEN: Das Senet-Spiel (»Dame«) wird gewöhnlich mit fünf oder mehr Steinen pro Spieler und mit vier Wurfstäben (unseren Würfeln im Gebrauch ähnlich) auf einem Brett mit 30 Feldern (10 x 3) gespielt. Dies war das weitaus populärste Spiel. Das Bild zeigt ein kleines Set aus Holz und Fayence, mit einer Schublade, die die Steine aufnahm. Metropolitan Museum of Art, New York

zen, Herden zu zählen, Felder auszumessen, Listen der Waren und der ausgegebenen Rationen zu erstellen. Diese strikte Kontrolle war zum Teil eine Folge der geldlosen Wirtschaft, wo Arbeitskraft gegen Waren getauscht wurde, die man in Einheiten der Hauptnahrungsmittel Brot und Bier maß. Und sie entstand zum Teil daraus, daß die Kontrolle der Lebensmittelverteilung in Jahren einer niedrigen, unfruchtbaren oder einer gefährlich hohen Nilüberschwemmung eine Notwendigkeit war.

Die Lehrzeit des Schreibers war lang und anstrengend, aber der Lohn dafür ließ die Mühe vergessen. Ein Schultext vermerkt zynisch: »Er kann Freunde unter den Höhergestellten finden.« Wie ein klerikales Amt im europäischen Mittelalter war der Schreiberberuf eine Garantie, sich von der Plackerei der körperlichen Arbeit zu befreien: »Du rufst nach einem, und es antworten dir Tausende. Du gehst frei auf der Straße. Du wirst kein Mietochse sein.« Der Schreiber führte seine Schreibpalette und Stifte bei sich, die oft ins Grab gelegt wurden, damit die Götter der Unterwelt den Status des Besitzers erkennen konnten. Die Binse diente als Schreibgerät und pulverisierter, mit Wasser vermischter Ruß als Tinte. Als Schreibmaterial konnte ein Ostrakon, also eine herumliegende Topf- oder Kalksteinscherbe, aber auch eine Holztafel oder ein Papyrus für wichtigere Dokumente genommen werden. Eine Ironie der Geschichte ist die Tatsache zu nennen, daß die Ostraka, die nach kurzfristigem Gebrauch weggeworfen wurden, im Vergleich mit den Papyri bei weitem zahlreicher erhalten sind. Man schätzt, daß eines der kleinen Tempelarchive im Alten Reich einmal 10 000 Papyrusrollen besaß, doch sind nur dreizehn Fragmente übrig geblieben. Das Siegel des Schreibers oder seines Chefs, auf einen Klumpen von nassem Lehm gedrückt, identifizierte oder sicherte die Dokumente und andere Wertsachen.

Ähnlich wie ein mittelalterliches Herrschaftshaus war das Gut eine Selbstversorgungseinrichtung mit Brauern, Bäckern,

OBEN: Töpfer im Grab des Kenamun in Sheich Abd el-Qurna, um 1420 v. Chr.
Nach einer Kopie von N. de Garis Davies.

Winzern, Töpfern, Webern, Korbmachern, Färbern und Schlachtern, die mit dem Rohmaterial arbeiteten, das die Feldarbeiter, Hirten und Fischer brachten.

Über ein Handwerk, die Töpferei, wissen wir recht gut Bescheid, da wir Texte, Grabszenen, Modelle und die Töpfe selbst als kombiniertes Beweismaterial zur Verfügung haben. Der Töpfer wurde vom Schreiber verachtet, weil »er mit Erde beschmiert ist, wie einer, dem ein Verwandter gestorben ist.« Und »seine Hände und Füße sind voller Lehm, wie bei einem, der im Morast wohnt.« Die Bandbreite der Keramikformen war im Neuen Reich (1540 - 1069 v. Chr.) am größten, und die Stile wechselten rasch (innerhalb von 50 Jahren). Meist verarbeitete man alluvialen Ton vom Fluß oder Kanal oder Lehm, der von den weicheren Schichten der Berge abgebaut wurde. Nachdem seine Formbarkeit verbessert und seine Porosität, wenn benötigt, durch andere Materialien entweder vergrößert oder verkleinert wurde, verarbeitete man ihn auf der Töpferscheibe, die von dem Töpferlehrling gedreht wurde, um die Zentrifugalkraft zu erhalten. Töpfern mit der Hand oder in Formen war auf die Herstellung bestimmter Topftypen beschränkt. Vor dem Brand wurden die Töpfe geglättet oder poliert, doch war eine aufwendige Bemalung oder figürliche Dekoration selten. Vorratskrüge verschloß man mit Lehmpfropfen, die das Namenszeichen des Besitzers trugen, oder mit Leinenstücken, die, mit einer Schnur fest um die Öffnung gebunden, auch mit Lehm versiegelt wurden.

Es gibt Beweise genug, daß sich alle Gesellschaftsschichten der Muße hingaben, angefangen vom gemütlichen Sitzen im Schatten bis zu den sorgfältig organisierten Jagden in der Wüste oder in den Papyrussümpfen. Die Familie und ein Dienergefolge nahm man mit, selbst Schoßhunde, Kätzchen und Äffchen vergaß man nicht. Andere Vergnügungen schlossen das »Sitzen am Ufer der Trunkenheit« mit Bier und Wein und das Spielen verschiedener Brettspiele ein. Musik, Tanz und Geschichtenerzählen waren professionelle Künste. Musiker, besonders die Harfenspieler, erfreuten sich eines hohen Ansehens, und viele von ihnen besaßen ein dekoriertes Grab. Die Rolle des Geschichtenerzählers muß der Rolle eines Schulmeisters oder eines Priesters in einer ländlichen Gemeinschaft vor der allgemeinen Schulpflicht ähnlich gewesen sein. Zumindest der eine, der uns bekannt geworden ist, war zugleich Arzt und Magier.

Die Trennung von Magie und Wissenschaft in unserer Kultur hatte in Ägypten keine Bedeutung. Medizinische Papyri belegen, daß ein- und derselbe Mann sowohl »wissenschaftliche«, durch Erfahrung und Beobachtung gewonnene Methoden als auch »magische«, auf die Manipulation der übernatürlichen Kräfte ausgerichtete Praktiken anwandte. Geschichten, die er erzählte, wie die Abenteuer des Edelmannes Sinuhe oder das Schicksal des Schiffbrüchigen, sind in vielen Kopien bis in unsere Zeit überliefert worden. Illustrationen zu einer anderen Art von Geschichten - satirische und lästerliche Fabeln, in denen Tiere die Stelle der Menschen einnehmen - sind ebenfalls erhalten. Sie bestätigen, daß diese kontrollierte, hierarchische Gesellschaft durchaus den Zeitvertreib für jedermann erlaubte.

OBEN: Skizzen auf Ostraka (Kalksteinscherben) reflektieren oft die unwirkliche, auf den Kopf gestellte Welt der Geschichten und Fabeln, in denen die Menschen und Tiere sich fremdartig verwandelt haben. Hier bewacht ein Fuchs als guter Hirte ein Zicklein. Um 1300 - 1100 v. Chr.
Fitzwilliam Museum, University of Cambridge

Ein Handwerkerhaus in Memphis zur Regierungszeit des Tutanchamun

Memphis, auf dem Westufer des Nils südlich des heutigen Kairo gelegen, war eine der größten Städte des Altertums, vergleichbar mit Rom oder Niniveh. Athen oder Jerusalem hätten in einen der kleineren Vororte hineingepaßt. Die Stadt war ein Wunder, selbst für die Ägypter: »Etwas Ähnliches wurde niemals gesehen . . . seine Scheunen sind mit Gerste und Emmer gefüllt; seine Hügel sind pflanzengrün und seine Seen voller Lotusblüten.« Heutige Besucher registrieren schockiert, wie wenig von der einstigen Grandeur übriggeblieben ist; denn die Monumente der Stadt waren seit der römischen Zeit ein Steinbruch für Baumaterial. Archäologen haben dort ein Jahrhundert lang gegraben, doch wurde erst ab 1981 eine systematische Untersuchung in Angriff genommen, als die Egypt Exploration Society aus London ihre Arbeit begann. Seither ist eine Ecke der Stadt bereits ausgegraben und dokumentiert worden. In enge Gassen zusammengedrängte Lehmziegelhäuser aus dem Neuen Reich wurden freigelegt – genau die Art von Gebäuden, die die Archäologen zu finden hofften.

Ein Familienhaus in diesem Stadtteil aus der Zeit des Königs Tutanchamun war ein vergleichsweise bescheidenes Heim. Es bestand aus einem Außenraum für die Arbeit, einem innen gelegenen Wohnzimmer mit Herd, zwei rückwärtig gelegenen Magazinen oder Schlafräumen und einer Treppe zum Dach, wo zusätzlicher Schlaf- und Magazinraum zur Verfügung stand und wo man die Gelegenheit fand, »den süßen Hauch des Nordwindes« in dieser dichtbevölkerten Stadt zu genießen. Die Außenmauern des Hauses waren alt, ein Jahrhundert und mehr, aber die Innenwände beweisen, daß sie immer wieder den wechselnden Bedürfnissen der Familie angepaßt wurden. Schutt und Abfall, für den Archäologen von großem Wert, lag überall herum. Viele Objekte steckten im Boden, wo sie im Stroh verschwanden, das sich langsam auflöste. Hin und wieder wurde der Abfall mit Erde bedeckt, und ein sauberer Boden wurde gelegt. Abfallgruben wurden gegraben, wo immer man Platz fand, und Müllhaufen türmten sich in den engen Gassen.

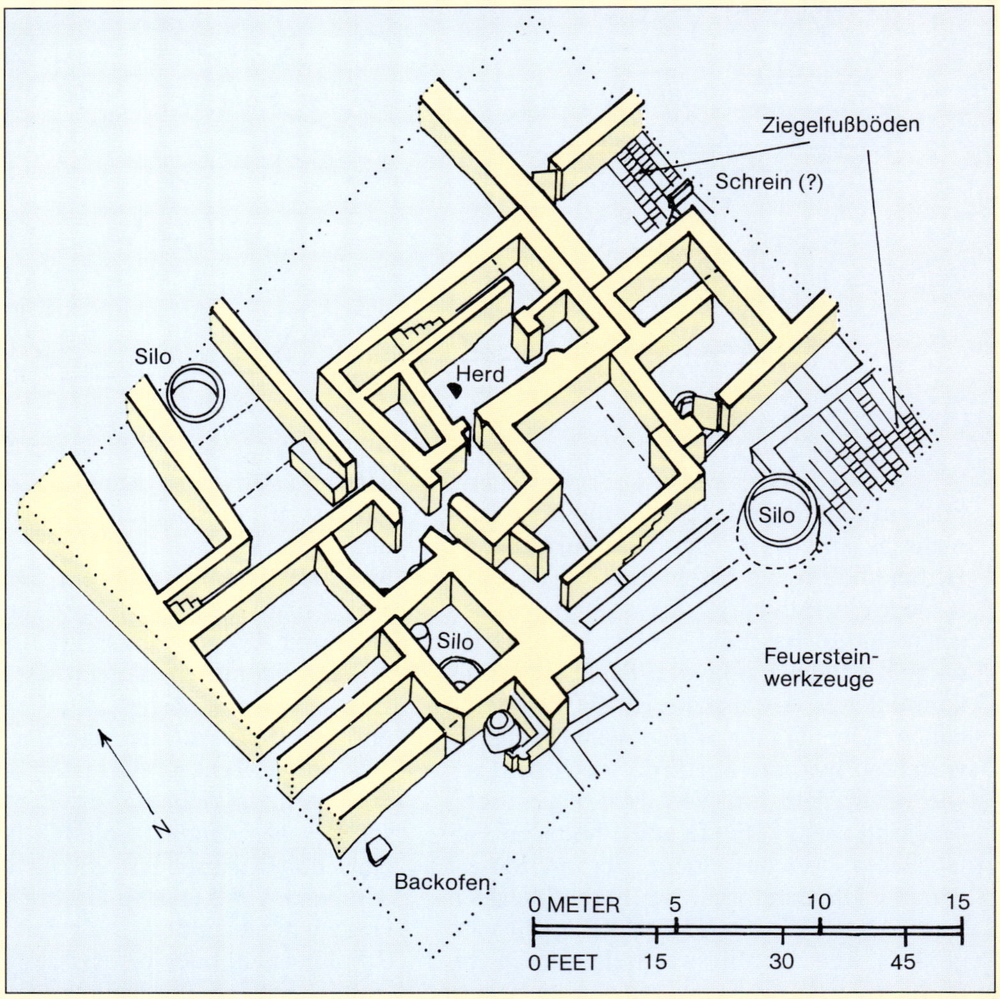

OBEN: Axonometrischer Blick auf die Reste des Lehmziegelhauses, das von der Expedition der Egypt Exploration Society unter der Leitung von David Jeffreys und Lisa Giddy bei Kom el-Rabia (Mitrahine, das alte Memphis) ausgegraben wurde. Er basiert auf einer Zeichnung von D. G. Jeffreys. Egypt Exploration Society, London

LINKS: Rekonstruktion eines großen Bes-Kruges. Egypt Exploration Society, London/W. Schenk

Der Boden des Arbeitsraumes war mit vielen Objekten übersät: granitenen Hämmern, Ahlen aus Knochen, Feuersteinmessern und -schabern, Poliersteinen und einer basaltenen Handmühle, um Korn zu mahlen. Eine Schale, an der man den Spinnfaden befestigte, fand man im benachbarten Hof. Organisches Material – Holz, Leder, Textilien und Korbwaren – hatte sich aufgelöst, da der Grund feucht war. Die versteckten archäologischen »Schätze« waren jahrtausendelang den jährlichen Nilüberschwemmungen ausgesetzt; was aber erhalten blieb, bezeugte das Leben der damaligen Zeit. Die zahlreichen Schaber und Messer lassen vermuten, daß die Familie in der Leder-

OBEN LINKS: Schmuck und Amulette aus Fayence, Karneol, Glas und Knochen. Egypt Exploration Society, London/Norbert Böer

OBEN RECHTS: Armband mit Scheibenperlen aus feiner Fayence, Ohrringe aus Knochen, Fingerringplatte mit dem Namen des Tutanchamun, skarabäusförmiges Amulett, beschriftet mit dem Namen Ramses II. Egypt Exploration Society, London/Norbert Böer

LINKS AUSSEN: Fruchtbarkeitsfigürchen in nackter Frauengestalt mit aufwendigen Perücken. Egypt Exploration Society, London/Norbert Böer

LINKS: Hathorkopf-Plättchen aus bemaltem Ton. Egypt Exploration Society, London/Norbert Böer

verarbeitung und im Korbhandwerk beschäftigt war.

In der Nähe gab es Beweise für Metallbearbeitung und Perlenschmuckherstellung. Die Familie bezog ihr Getreide von einem riesigen gemeinschaftlichen Getreidesilo am Ende der benachbarten Gasse; sie mahlten es selbst, buken ihr Brot aber in der gemeinschaftlichen Bäckerei gegenüber.

Die Familie war keine Selbstversorgungseinrichtung, sondern handelte Güter für Nahrungsmittel ein. Sie fischte und hielt wahrscheinlich Schweine, die entweder von den herumliegenden Abfällen oder sogar auf dem Dach leben mußten (Ziegen auf den Dächern gehören noch heute in den ärmeren Stadtteilen Kairos zum alltäglichen Bild). Tierknochen, manchmal noch mit Schlachtbeilkerben, beweisen, daß das Rindvieh der vorrangige Fleischlieferant war, gefolgt von Schweinen, Vögeln (möglicherweise Gänsen), Schafen und Ziegen. Gräten gab es zuhauf, die von Fischarten stammen, die heute noch im Nil, im Mittelmeer oder im Roten Meer leben. Hunde- und Katzenknochen, selbst die von Ratten und Mäusen finden sich. Pflanzenreste bestätigen eine abwechslungsreiche Kost: Gerste und Emmer, Linsen, Oliven, Erbsen, Datteln, Weintrauben und Perseafrüchte. Unter den Pflanzen, die sich im Brennmaterial, im Stall oder im Boden fanden, sind Raygras (Lolch), Kanariengras, Gänseblümchen, Mohn und Gipskraut zu nennen.

Der religiöse Glaube der Gemeinschaft wird durch Amulette und Votivfigürchen enthüllt. Sie waren für die universellen Probleme gedacht: kleine nackte weibliche Figuren für die Fruchtbarkeit; Figürchen der Toeris, des Ptah (Hauptgott von Memphis), einer Schlangengottheit sowie große, mit dem schrecklichen Bes-Gesicht dekorierte Krüge zum Schutz; und auf den Tod wies eine kleine Büste eines Ahnen. Ihr Zeitvertreib war, deutlich erkennbar, das Trinken (wenn man der großen Zahl von Trinkgefäßen Glauben schenkt) und das Spielen. Eine Unzahl von Spielsteinen wurden gefunden, die aus zerbrochenen Töpfen herausgeschnitten waren.

Wie stark verändern diese Beweismittel das Bild der Welt, wie es von den Ägyptern selbst dargestellt wird? Es zeigt uns einen übervölkerten, lauten, verräucherten und schmutzigen Stadtteil: mit kleinen Häusern, die gelegentlich einen Innenhof aufweisen, mit engen Gassen, aber ohne Bäume und Gärten. Vielleicht am meisten überrascht, daß das technische Niveau des Handwerks, nach den Werkzeugen zu urteilen, recht einfach war. Dennoch waren diese Handwerker Zeitgenossen jener, die die wundervollen Schätze des Tutanchamun herstellten.

Formen der Wirtschaft

Jac. J. Janssen

Die Kultur Altägyptens unterscheidet sich von unserer eigenen in vieler Hinsicht: angefangen von der Religion und Kunst bis hin zum Verständnis der Natur, der Geschichte, des Todes und des Lebens im Jenseits; auch das Wirtschaftsleben im Alten Ägypten kann mit unserem heutigen kaum verglichen werden. Es gab zum Beispiel kein Geld, keine Fabriken und keine anderen Transportmittel als Schiffe und Esel. Den größten Kontrast bildet jedoch die unterschiedliche Mentalität. In einem gewissen Sinne ähnelte das Leben im Alten Ägypten mehr dem im mittelalterlichen Europa zur Zeit von Karl dem Großen (742 - 814 n. Chr.) als dem des späten 20. Jahrhunderts. Wenn wir die ägyptische Wirtschaft wirklich verstehen wollen, dann müssen wir alle vorgefertigten Meinungen hintanstellen und die erhaltenen Belege ohne kulturelles Vorurteil bewerten.

Natürlich bedeutet das nicht, daß die Menschen der Alten Welt sich von uns in allen Aspekten fundamental unterschieden hätten. Sie hatten zum Beispiel nichts dagegen, reich zu werden, aber sie bewerteten gesellschaftliches Prestige höher als materielle Besitztümer. Sie tendierten mehr als die meisten von uns zum verschwenderischen Konsum und waren weniger an Fragen der Güterproduktion interessiert. Güter waren ihnen wichtiger als deren Preis. Der Lebensstil war auch weniger individualistisch. Man lebte und arbeitete eher in der Großfamilie oder in Nachbarschaftsgruppen als allein oder in der Kernfamilie. Obwohl kein einziger dieser Faktoren für sich allein genommen wie ein starker Gegensatz zu unserer eigenen Lebensweise wirkt, führt doch ihre Kombination zu einer Form des wirtschaftlichen Lebens, die von der unsrigen gänzlich verschieden ist.

Erst seit kurzem wurden die ökonomischen Aspekte der ägyptischen Kultur zu einem besonderen Forschungsgegenstand. Verständlicherweise erregen andere charakteristische kulturelle Aspekte zunächst die größere Aufmerksamkeit der Nachwelt: Denkmäler, Tempel und Pyramiden; Statuen, Reliefs und Malereien; schließlich die Religion und insbesondere der Totenglaube und seine Riten. Diese Gegebenheiten werden immer das Bild des Alten Ägypten prägen und das öffentliche Interesse erregen. Gleichwohl: auch die Menschen, die jene Pyramiden erbauten, mußten essen.

Viele Zeugnisse, die etwas über das Leben im Alten Ägypten aussagen, stammen aus den Gräbern in der Wüste - sicherlich nicht der Ort, wo man Dokumente erwarten kann, die Informationen über ökonomische Verhältnisse enthalten. Derartige Dokumente wurden üblicherweise in Städten und Dörfern oder in den Gutshäusern des Adels aufbewahrt, die alle mehr oder weniger im Überschwemmungsgebiet lagen. Sollten die Papyri weggeworfen worden sein, lösten sie sich wegen der jährlichen Überschwemmungen im Boden auf. Nur falls ein Text zufällig in ein Grab gelegt worden war, konnte er die Zeiten überdauern. Tontafeln, wie sie in Mesopotamien benutzt wurden,

GANZ OBEN: Holzstatuette eines Brauers, der die fermentierte Maische von durchweichtem, grobem Brot (ein wesentlicher Bestandteil in der Herstellung des altägyptischen Bieres) durch ein Sieb preßt. Aus Assiut in Mittelägypten, um 2550 v. Chr. British Museum, London/ Macquitty International Collection

OBEN: Ein Mann treibt Vieh herbei; aus einer Szene, die Episoden aus dem Hirtenleben darstellt. Aus dem Grab des Mereruka in Saqqara, um 2300 v. Chr. H. Champollion

LINKS: Ernteszenen im Grab des Menna bei Sheich Abd el-Qurna (Theben), um 1390 v. Chr. Gezeigt wird auch das Dreschen des Korns auf einer Tenne, über die man die Tiere treibt. Macquitty International Collection

RECHTS: Männer führen Rinder, Kraniche, Gänse und Enten vor. Aus einer Szene, die die Inspektion des Viehbestandes eines der Güter des Wesirs (des höchsten Staatsbeamter) Ptahhotep zeigt. Aus seinem Grab in Saqqara, um 2340 v. Chr. Macquitty International Collection

sind weniger von Zerstörung bedroht. Daher besitzen wir aus dieser Region zahllose Dokumente, sogar vollständige Archive; aus Ägypten hingegen ist vergleichsweise wenig überkommen.

So stellt sich die Frage, ob sich beispielsweise aus den berühmten Darstellungen des täglichen Lebens an den Wänden der Grabstätten irgendwelche Aufschlüsse über die ökonomischen Verhältnisse ergeben. Die Antwort lautet – unglücklicherweise: nein. Wirtschaft ist ein Bereich, der mehr oder weniger in Zahlen ausdrückbar ist und Zahlen lassen sich in diesen schönen Szenen nicht finden. Wenn wir zum Beispiel eine Herde Esel sehen, die dabei sind, die Ernte vom Feld zur Tenne zu tragen, dann wissen wir immer noch nicht, wie groß die Ernte tatsächlich gewesen ist. Ebenso wenig ist bekannt, welchen Anteil davon die Obrigkeit als Steuern und Pacht einbehielt und wieviel die Bauern behalten durften. Auch können wir nicht erkennen, welche Durchschnittsgröße ein bearbeitetes Ackerstück hatte und ob die dargestellten Arbeiter Sklaven oder freie Bürger waren. All dies sind ökonomische Fragen, die nur aus schriftlichen Quellen beantwortet werden können. Die Grabszenen präsentieren uns einige Fakten zur Technologie jener Zeit, aber dieser Bereich muß von den ökonomischen Verhältnissen getrennt werden. Selbst wenn wir genau wüßten, wie Schiffe gebaut worden sind, würden wir damit noch gar nichts über die ökonomischen Aspekte des Schiffstransports wissen. Die Belege aus Ägypten zur Beantwortung ökonomischer Fragen sind weniger zahlreich, als man erwarten würde.

Der ägyptische Staat verlangte Dienst und Arbeit von seinen Untertanen und beanspruchte einen bestimmten Prozentsatz der Ernte aus landwirtschaftlicher Produktion. Dieses »staatliche Einkommen« wurde an andere, besonders definierte Bevölkerungsgruppen weiterverteilt. Zusätzlich zu den üblichen, regelmäßigen Lebensmittelzuwendungen wurden bei besonderen Anlässen wertvollere Waren als Geschenke verteilt. Diese Art des Güterverteilungssystems, wie man es jetzt nennt, ist auch in unserer Welt nicht ganz unbekannt, obwohl es davon insofern abweicht, als unsere Behörden Geld als Steuern erhalten und Extrazuteilungen des Staates eher in immaterieller Form erfolgen: beispielsweise in Gestalt von Ehrentiteln und Orden. Gegenwärtig wird alles, was der Staat einzieht, beinahe vollständig weiterverteilt; und verglichen mit dem Altertum, bleibt proportional weniger für die

*UNTEN: Arbeitsabfolgen in der Herstellung von Schmuck sind dargestellt im Grabe des Mereruka in Saqqara, um 2300 v. Chr. Kurzleibige Zwerge stellen verschiedene Arten von Halsbändern und Halsketten her; das Thema wird während des dritten Jahrtausends v. Chr. in ägyptischen Gräbern oft aufgegriffen.
Werner Forman Archive*

Deir el-Medineh – ein Dorf der Handwerker

Das Dorf der Handwerker, von denen die Königsgräber des Neuen Reiches (1540–1069 v. Chr.) erbaut und dekoriert wurden, stellt eine bemerkenswerte Ausnahme dar, wenn man die relative Geringfügigkeit verwertbarer Quellen zur altägyptischen Wirtschaft bedenkt. Es wurde in der Wüste, auf dem Westufer Thebens, angelegt. Da es sich bei den Dorfbewohnern um eine Gruppe von Menschen handelte, von denen die meisten lesen und schreiben konnten, haben sie uns Tausende von Texten hinterlassen; einige auf Papyrus geschrieben, die meisten jedoch auf Ostraka, den Topf- oder Kalksteinscherben. Aus diesen Texten gewinnen wir ein fast vollständiges Bild aller Aspekte des täglichen Lebens, einschließlich einer Fülle von Informationen über die Art, wie die Nekropolenarbeiter ihren Lebensunterhalt verdienten. Wir dürfen dennoch nicht vergessen, daß dies ein Ausnahmedorf war, das einzige, welches sich erhalten hat.

Die Siedlung wird Deir el-Medineh genannt, nach der modernen arabischen Bezeichnung für das Wüstental, in welchem das Dorf liegt. Die Arbeiter selbst nannten es schlicht »das Dorf«. Die Einwohner standen im Dienst des Staates oder, nach ägyptischer Terminologie, im Dienst des Pharaos. Sie waren weder Sklaven noch Leibeigene, sondern freie, vom Staat bezahlte Handwerker. Als ihr Lohn nicht eintraf, wie es häufig während der 20. Dynastie (1186–1069 v. Chr.) geschah, streikten sie, verließen die Nekropole und setzten sich bei einem Tempel auf dem Westufer Thebens nieder. Ob sie wirklich Hunger hatten, wie sie behaupteten, ist nicht sicher. Im allgemeinen wurden sie gut bezahlt, und sie hatten viel freie Zeit zur Verfügung – mindestens regelmäßige lange Wochenenden –, so daß sie sich ein erhebliches Zubrot verdienen konnten, wenn sie für die oberen Schichten in Theben Särge und andere Teile der Grabausstattung herstellten oder bemalten. Dank ihrer vielfältigen Beschäftigungen konnten sie sogar ausreichende Reserven ansammeln, um eine gewisse Periode der Desorganisation ihrer Versorgung zu überbrücken.

Da es kein Geld gab, wurden sie in Naturalien bezahlt: Getreide um Brot zu backen und Bier zu brauen – die Hauptgüter der Ägypter; Gemüse und Obst, Fisch, Öl, Salz und so weiter, aber auch handwerklich angefertigte Waren wie Kleider und Sandalen. Der Staat sammelte das von den Bauern als Steuern erhobene Getreide in seinen Getreidekammern, während Gemüse und Fisch in regelmäßigen Zeitabständen von dem bei der Gemeinde angestellten, aber vom Staat ernannten und bezahlten Hilfspersonal ins Dorf gebracht wurde. Andere Produkte wurden den Haushalten als willkommene Zugabe zu festlichen Anlässen zugeteilt.

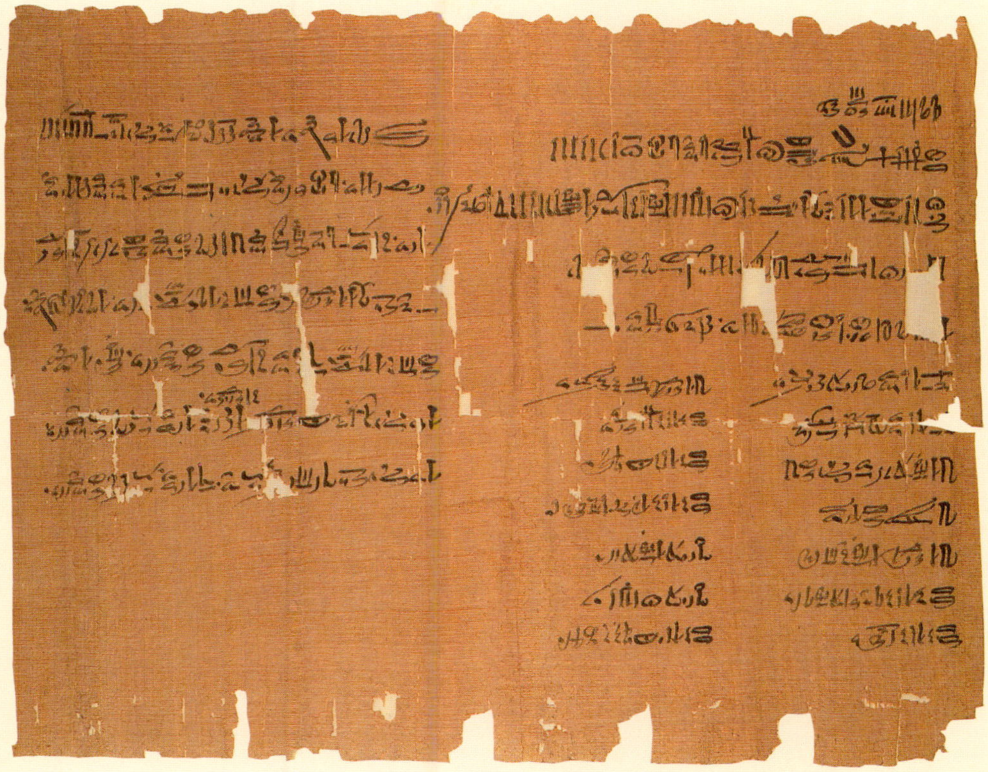

OBEN: Eines der vielen Dokumente aus Deir el-Medineh, die Eigentumsverhältnisse betreffen. Dieser Papyrus, in hieratischer Schrift geschrieben, betrifft die letzte Verfügung der Dame Naunachte und ist auf das dritte Jahr von Ramses V. (1147–1143 v. Chr.) datiert.
Ashmolean Museum, Oxford

UNTEN LINKS: Ein hieratischer Text auf einem Kalkstein-Ostrakon aus Deir el-Medineh. Es überliefert den »Geldwert« (in Silber) verschiedener Güter (ein Bett, zwei Holzkästen, Öl und Gerste), die der Wüstenpolizist Pasedet dem Arbeiter Penne schuldet.
Griffith Institute, Ashmolean Museum, Oxford

UNTEN RECHTS: Derselbe Text, von Cerny und Gardiner in Hieroglyphen transkribiert. Einige hieratische Zeichen sind hieroglyphischen Formen ähnlich, andere jedoch erheblich verschieden.

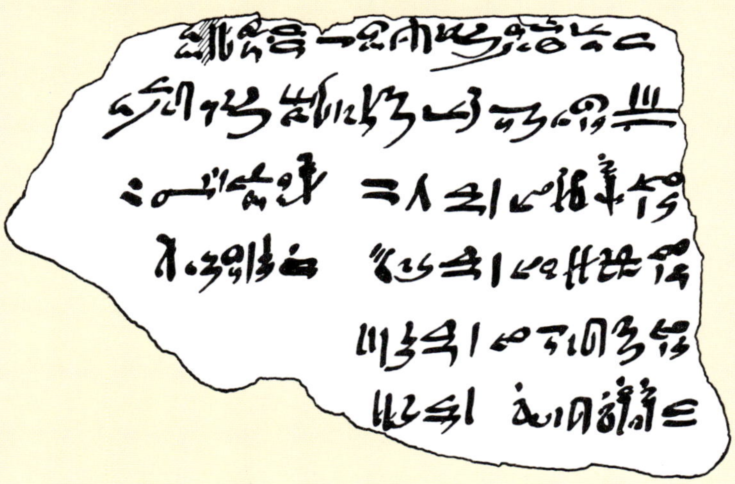

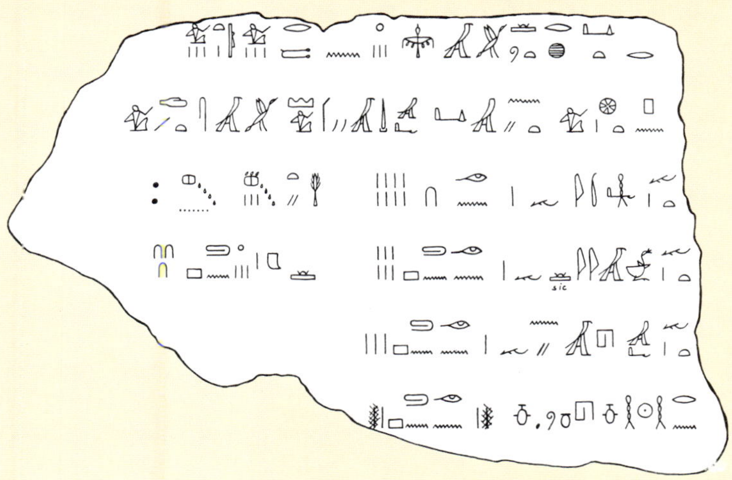

OBEN: Das Reich des Gottes Osiris, in welchem die Ägypter nach ihrem Tode zu leben wünschten, ähnelte in mancher Hinsicht dem diesseitigen, vom Pharao regierten Reich. Hier ist in seinem Grab in Deir el-Medineh Sennedjem dargestellt, wie er auf den mythischen Jaru-Feldern arbeitet. Die Umgebung mag zwar fiktiv sein, aber die landwirtschaftlichen Techniken sind mit den diesseitigen identisch, wie durch die Funde von zeitgenössischen Werkzeugen bezeugt wird. Deir el-Medineh (Theben-West), um 1280 v. Chr. Macquitty International Collection

Spitzen der Gesellschaft. Die Arten der Güterverteilung waren im Altertum weniger zahlreich: Es gab keine vom Staat garantierte Bildung, kein Arbeitslosengeld und keine Gesundheitsfürsorge. Die Wirklichkeit in jenen vergangenen Tagen war offensichtlich sehr von unserer verschieden, die Prinzipien jedoch ähnelten einander. Und die verschiedenen Formen privaten Unternehmertums, von der Einmannfirma bis zum multinationalen Konzern, fehlen vollständig, während sie in unseren Zeiten das Herz des Wirtschaftslebens bilden.

Nicht ein einziges Beispiel eines privaten Betriebes ist bekannt, der im Transport, im Handel, in der Erzeugung oder im Bergbau tätig gewesen wäre. Die großen Werkstätten gehörten entweder dem Staat oder den Tempeln. Expeditionen, um Gold, Kupfer, Halbedelsteine oder wertvolle Baumaterialien zu fördern, wurden unter die Aufsicht eines hohen Beamten des Pharaos gestellt und das nötige Personal wurde im Auftrag der Regierung rekrutiert. Sollte es jemals eine Art privaten Unternehmertums gegeben haben, so ist dies bisher unserer Aufmerksamkeit entgangen. Auffällig ist, daß kein Grabbesitzer jemals behauptet hat, Kaufmann oder Besitzer einer Werkstätte gewesen zu sein. In dieser Hinsicht unterscheidet sich Ägypten erheblich vom mittelalterlichen Europa, wo die Handelsunternehmen zur Keimzelle des späteren Dritten Standes, des Bürgertums, wurden. Wenn in ägyptischen Texten jemand »Händler« oder »Kaufmann« genannt wird – dies ist erst seit dem Neuen Reich der Fall –, scheint er immer im Dienste einer Organisation, meist eines Tempels, zu stehen.

Die Tempelbezirke enthielten Werkstätten verschiedener Art, vor allem Textilmanufakturen. Ihre Produkte wurden mit Schiffen transportiert, die diesen Institutionen gehörten, und gegen anderweitig nicht

OBEN LINKS: Die alten Ägypter versuchten – wahrscheinlich erfolglos – Tiere wie die langgehörnte Oryx-Antilope und die Hyäne zu domestizieren. Böse blickende, zwangsgefütterte Hyänen werden in dem Grab des Mereruka in Saqqara gezeigt. Um 2300 v. Chr. H. Champollion

OBEN RECHTS: Verschiedene Arten von wilden Wüstentieren (hier eine Gazelle und ein Steinbock) werden neben Vieh im Grab des Wesirs (des höchsten Staatsbeamten) Mereruka gezeigt. Saqqara, um 2300 v. Chr. H. Champollion

UNTEN LINKS: Kleine Papyrusboote wurden neben technisch aufwendigeren Holzbooten verwendet. Die leichten Papyrusboote waren besonders geeignet für Hirten, die die Kanäle zu überqueren hatten, und für Jäger, die ihr Wild bis in die Nilsümpfe verfolgten. Aus dem Grab des Ptahhotep in Saqqara, um 2340 v. Chr. Ancient Art and Architecture Collection/Mary Jelliffe

UNTEN RECHTS: Die Nilsümpfe waren von zahlreichen Tieren bevölkert. Viele Vogelarten wurden von versteckt wartenden Vogelfängern in Klappnetzen gefangen, die sich über den Vögeln schlossen, wenn sie sich zum Futterpicken niedersetzten. Aus dem Grab des Ptahhotep. Ancient Art and Architecture Collection/Mary Jelliffe

beschaffbare Handelswaren getauscht, wobei der Händler als Mittelsmann des Tempels diente. Die ägyptischen Tempel waren keineswegs Kirchen; etwas den christlichen Kirchen Vergleichbares gab es nicht. Tempel gehörten dem Staat, dem Pharao; ausschließlich er wird an den Tempelwänden als Opfernder und Mittler zur Welt der Götter dargestellt. Wenn er, wie es üblich war, einen Teil der Kriegsbeute oder große Ackerflächen einer bestimmten Gottheit schenkte, so waren diese für den Staat keineswegs verloren. Zu jedem Zeitpunkt konnte der Staat sie wieder zurückverlangen und sie anderen religiösen oder säkularen Institutionen zuweisen.

Der Staat mit all seinen Einrichtungen, die Tempel eingeschlossen, war der größte Landbesitzer. Es ist nicht eindeutig erkennbar, in welchem Grad Landgüter, die den Beamten an Stelle von Bezahlung zur Nutzung überlassen wurden, tatsächlich als Privateigentum gelten können. Ganz allgemein muß festgestellt werden, daß im Zusammenhang der altägyptischen Wirtschaft das Ausmaß des privaten Landbesitzes eine der großen Unbekannten ist. Gewiß gab es Privateigentum. Wir hören davon, daß Felder selbst über Generationen hinweg vererbt wurden und daß man sie verkaufte. Aber auch wenn die landwirtschaftlichen Flächen Eigentum des Staates waren, wurden sie

LINKS: Hirten mit einer Viehherde beim Überqueren eines Kanals. Dies war sicherlich ein alltägliches Ereignis, besonders in den sumpfigeren Gebieten des Deltas. Die lebendigen Gesten der Männer, die an dieser schwierigen Tätigkeit beteiligt waren, die visuelle Wirkung des sich aus der Wasseroberfläche erhebenden Hörnerwalds, die lauernden Krokodile und Nilpferde und die vielen Fischarten im Wasser bilden zusammen eine der gelungensten Kompositionen der Grabkunst der Alten Ägypter. Aus dem Grabe der Prinzessin Seschseschet Idut in Saqqara, um 2300 v. Chr. Werner Forman Archive

Die häusliche Versorgung

Wie versorgte sich ein Haushalt mit allem, was man benötigte? Die Antwort lautet: in erster Linie durch eigene Produktion. Die alten Ägypter waren vielfach Teilzeitbauern, die ihre eigenen kleinen Felder bestellten. Obgleich die Landeigner – namentlich der Pharao, seine Beamten und die Tempel – einen Anteil von der Ernte forderten, war im allgemeinen eine Mindestversorgung für die Produzenten selbst gesichert.

Die unumgänglich notwendigen Lebensmittel waren auch durch das Güterverteilungssystem gesichert. Für einige gesellschaftliche Gruppen, wie beispielsweise die Soldaten und die Nekropolenarbeiter, war dies die einzige Einkommensquelle. Andere, zum Beispiel die hohen Beamten, die sich aus ihren Landgütern selbst versorgen konnten, waren weniger abhängig vom Staat. Die meisten Arbeiter brauchten Kupfer für ihre Werkzeuge, obzwar selbst während des Neuen Reiches (1540 – 1069 v. Chr.) noch Feuerstein benutzt wurde. Kupfer wurde entweder von staatlich veranlaßten Expeditionen in Gebieten östlich des Niltals abgebaut oder von der Regierung aus dem Ausland importiert und dann auf unterschiedlichem Wege verteilt. Grabdarstellungen zeigen, daß der Pharao bei festlichen Anlässen Goldobjekte, die er von einem Balkon hinunterwarf, an seine treuen Gefolgsleute verteilte. Danach schenkten die Empfänger einige dieser Stücke ihren Dienstleuten; so fanden sich kleine goldene Objekte, zum Beispiel Ringe, auch bei den untersten Schichten der Bevölkerung. Auf ähnliche Weise wurden von den Behörden wertvolle Materialien, wie Edelsteine, Salz oder Kupfer, verteilt.

Eine dritte Methode, um etwas zu erlangen, das man benötigte, war recht simpel: Man fragte danach in der Erwartung, es als Geschenk zu erhalten. In Ägypten, wie in anderen Gesellschaften eines vergleichbaren Entwicklungsstadiums, war das Schenken eine Verpflichtung. In unserer westlichen Welt wird das Schenken nicht als ökonomische Handlung verstanden – ausgenommen die Tatsache, daß die Geschenke üblicherweise in einem Laden gekauft werden. Der Brauch ist ein Element des sozialen Lebens unserer Gesellschaft, und das Motiv sollte Liebe oder Freundschaft sein – obwohl natürlich auch Eigeninteresse eine Rolle spielen mag. In alten Zeiten war soziales Prestige innerhalb der Gemeinschaft ein wichtiger Aspekt des Lebens, und die Menschen waren gewissermaßen zur Großzügigkeit verpflichtet. Überdies verleiht der Akt der Schenkung auch einige Macht über den Beschenkten, und in dieser Hinsicht sind materielle Objekte und Dienstleistungen als gleichrangig anzusehen.

OBEN: Holzmodell einer Tischlerei aus dem Grab des Meketre in Theben, um 1990 v. Chr. Ein Mann sägt ein an einem aufrechtstehenden Pfosten befestigtes Holzstück. Andere zimmern einen Balken mit Beilen, glätten Bretter und schneiden Schlitze für die Zapfen.
Egyptian Museum, Kairo/Jürgen Liepe

OBEN: Kein schmeichelhaftes Porträt eines unrasierten, kahlen Zimmermannes, der in der einen Hand einen Meißel trägt und in der anderen einen Holzhammer. Dies ist eine schnell gefertigte Skizze auf einem Kalkstein-Ostrakon, die nicht durch die Konventionen der »höfischen« Kunst beeinträchtigt ist. Der Zeichner war vielleicht der Arbeitskollege, und diese Skizze vielleicht als Scherz gedacht. Sie stammt vom Westufer Thebens, wahrscheinlich aus Deir el-Medineh oder vom Tal der Könige. Um 1300 – 1100 v. Chr.
Fitzwilliam Museum, University of Cambridge

OBEN: Ein Relieffragment, dick stuckiert und bemalt. Es zeigt zwei Zimmerleute bei der Arbeit. Bei solchen wenig formalen Themen, Kompositionen und Körperhaltungen konnten die ägyptischen Handwerker bzw. Künstler ihre Fähigkeit unter Beweis stellen, zu beobachten, zu zeichnen und zu karikieren. Wahrscheinlich um 1400 – 1350 v. Chr.
Fitzwilliam Museum, University of Cambridge

Ein besonderer Fall des Schenkens war die Sitte, Lebensmittel zu einem Fest mitzubringen. Dies ist auch in unserer Gesellschaft eine häufig vorkommende Geste, aber damals war es ein üblicher und notwendiger Brauch. Nur die Schwerreichen konnten es sich leisten, ein großes Fest zu veranstalten, das sie ganz aus ihren eigenen Vorräten bestritten. Normalerweise steuerte jeder Gast etwas bei, wie es heute noch geschieht. Diese Geschenke wurden sorgfältig aufgeschrieben, denn bei passender Gelegenheit mußte der Gastgeber wiederum ein gleichwertiges Geschenk darbringen.

Eine ähnliche Art der Gegenseitigkeit bestand in dem, was wir Kaufen und Verkaufen nennen. Diese Handlung war weniger ein Mechanismus zur Gewinnerzielung; der einzige Zweck dieses Austausches lag vielmehr in der Versorgung des einzelnen mit einem mehr oder weniger gesuchten Objekt. Viele Texte aus Deir el-Medineh belegen dies. Sobald ein Mann zum Beispiel einen Ochsen kaufen wollte, mußte er verschiedene Güter, wie Kleider, Möbelstücke, Korbwaren oder kleine Tiere zusammentragen, bis der vollständige Gegenwert des Tieres erreicht war. Überdies mußten all diese Dinge dem Verkäufer gefallen. Ein Bett – ein relativ luxuriöser Gegenstand, da die meisten Menschen auf Matten auf dem Boden schliefen – war ein häufig vorkommendes Handelsobjekt. Daß der Käufer in all diesen Beispielen ein Bett übrig hatte und daß der Verkäufer immer eines besitzen wollte, erscheint kaum wahrscheinlich.

Offensichtlich fragte der Käufer des Ochsen unter seinen Verwandten und Nachbarn nach einem Bett, wobei er auf schon geleistete Dienste hinwies oder zukünftige Hilfe versprach. Der Verkäufer des Ochsen würde das Bett akzeptiert haben, wenn er jemanden gekannt hätte, der es wollte; dann konnte er damit eine Schuld tilgen oder er hätte sich bei jemandem ein Guthaben erworben. Es war ein »System offener Schuldverhältnisse«, in dem jedes Mitglied der Gemeinschaft gleichzeitig Schuldner und Gläubiger bei vielen Personen war. Schulden wurden niemals vollständig abgetragen, denn sonst hätte man sich der Möglichkeit beraubt, weiter Hilfsdienste oder Geschenke einzufordern. Das System war kompliziert, mit zahlreichen, sich überschneidenden Schuldverhältnissen. Es ermöglichte den privaten Haushalten, Waren zu erwerben, die anders nicht erstanden werden konnten.

nicht unbedingt von den Beamten selbst bewirtschaftet. Diese Tätigkeiten waren meist traditionell festgelegt, und die Entscheidung darüber lag in der Verantwortung der lokalen Gemeinschaft. Eine ähnliche Situatuion existierte bei den Bewässerungsarbeiten. Der Staat mag bis zu einem gewissen Grad die Erhaltung der Deiche, Dämme und Kanäle beaufsichtigt haben, aber für ihre Instandhaltung mußten die lokalen Behörden sorgen. Eine spezielle staatliche Behörde für die Bewässerungsarbeiten existierte nie.

Trotz der dominierenden Rolle des Staates im ägyptischen Leben, ähnelte die ägyptische Gesellschaft keineswegs dem System einer modernen Diktatur. Es gab keine zureichenden Methoden, um die Bevölkerung wirksam zu kontrollieren. Überdies waren die Distanzen sehr groß, wenn man die Möglichkeiten, sie zu überwinden, in Betracht zieht. Die schnellste Art zu reisen war das Segeln auf dem Nil. Man brauchte vierzehn Tage, um flußaufwärts von Memphis nach Theben zu gelangen, eine Strecke von etwa 650 km. Die Regierung besaß auch keine Mittel, um die Wirtschaft zu beeinflussen, obwohl ihr höchster Beamter, der Wesir, regelmäßig Berichte aus allen Regionen des Landes erhalten sollte. Theoretische Einsichten in die Mechanismen der Ökonomie fehlten noch. Während der 19. Dynastie (1295 - 1186 v. Chr.) scheint Silber gegenüber dem Kupfer im Wert gesunken zu sein; das Verhältnis beider, das früher 1 : 100 gewesen war, wurde jetzt auf 1 : 60 umbewertet. Es ist weder bekannt, durch welches Ereignis diese Silberentwertung hervorgerufen wurde, noch ob es zu einer positiven Neubewertung des Kupfers kam. Jedoch ist die Wahrscheinlichkeit gering, daß die Regierung durch eine bestimmte Gesetzgebung über diesen bedeutungsvollen ökonomischen Eingriff entschieden hat.

Daß es kaum Spielraum für private Unternehmungen gab, war nicht die Folge einer wohlüberlegten Regierungspolitik, sondern ein fundamentales Merkmal der ägyptischen Gesellschaft. Der einzige Weg zum individuellen Wohlstand führte über den Stufenbau des hierarchischen Systems: Zunächst mußte man Amtsträger in der Staatsverwaltung, im Tempel oder in der Armee werden; erst dann konnte man in die höchsten Ränge der Gesellschaft aufsteigen. Aber diese Chancen gab es nur für Menschen, die lesen

OBEN: Ein Angler beobachtet aufmerksam die Angelschnur, seine linke Hand ist bereit, den Fisch zu erschlagen. Dies ist nur eine kleine »Neben-Szene« aus einer größeren Komposition, in der der Grabbesitzer in einem Papyrusboot in den Sümpfen fährt. Saqqara, Grab der Prinzessin Seschseschet Idut, um 2300 v. Chr.
James H. Morris

LINKS: Holzmodell einer Rinderinspektion auf dem Gut des Kanzlers Meketre, um 1990 v. Chr. Vierundzwanzig Modelle, die ähnliche Aktivitäten zeigen, wurden in Meketres Grab gelegt, das im Talbereich von Deir el-Bahari (Theben-West) lag. Ihre Funktion ist der einer Wanddekoration ähnlich: Sie sichert den Wohlstand des Grabbesitzers, indem sie ihn mit Bildern von Tätigkeiten versorgt, die für die jenseitige Existenz einer Person seines Ranges unabdingbar waren. Egyptian Museum, Kairo/
John G. Ross

Hof und Staat der Pharaonen

J. D. Ray

Das moderne Ägypten liegt im Zentrum der islamischen Welt. Geographisch betrachtet ist dies eine leicht nachvollziehbare Feststellung; aber gleichzeitig spielt das Land auch die Rolle des kulturellen Zentrums der gesamten Region. Für das mittelalterliche Ägypten war damit die Lage der Dinge zutreffend definiert, aber auch für die pharaonische Zeit scheint dieser Sachverhalt zu gelten. Im Nahen Osten des Altertums hatte Ägypten in kultureller Hinsicht mit Mesopotamien zu konkurrieren. Anders als in islamischen Zeiten unterschied es sich sprachlich und kulturell von seinen Nachbarn, aber sein landwirtschaftlicher Reichtum, die Größe seiner Bevölkerung und die hervorragende Qualität seiner bildenden Künste waren die Ursachen dafür, daß das Land einen starken Einfluß auf die gesamte damals bekannte Welt ausübte.

In mancher Hinsicht kann die Rolle, die Ägypten im Nahen Osten spielte, mit der Frankreichs während der Entwicklung Europas verglichen werden. Es besaß relativ sichere Grenzen und war – trotz starker regionaler Unterschiede – in der Lage, einen wirklich zentralistischen Staat zu schaffen. Tatsächlich stellte die Errichtung des pharaonischen Staatswesens am Ende des 4. Jahrtausends v. Chr. eine bewunderungswürdige Großtat dar, die auch in der Geschichtswissenschaft eine weit größere Beachtung verdient als sie bisher fand. Die Kultur des Landes war in weiten Teilen höfisch geprägt, einheitlich und von oben her bestimmt; so entstand in kürzester Zeit ein aristokratisch verfeinerter Lebensstil, ohne Parallele in der antiken Welt. Ähnlich wie später Frankreich, war Ägypten von großer Anziehungskraft für begabte Einwanderer, von denen sich die meisten bemühten, so rasch wie möglich »ägyptischer« als ihre Gastgeber zu werden. Der Preis, den Ägypten für seine Fortschrittlichkeit zu zahlen hatte, war seine Sonderstellung, die nahezu zu einem Überlegenheitskomplex gegenüber dem Rest der Welt führte und dadurch manchmal das geistige Leben behindern konnte. So wurden die meisten technischen Errungenschaften des Nahen Ostens außerhalb des Landes entwickelt, doch sobald sie in die Praxis umgesetzt waren, wurden sie unverzüglich von den Ägyptern übernommen und perfektioniert.

Seit dem Beginn der ägyptischen Geschichte gab es einen Pharao. Als Theorie, die in hervorragender Weise zur Lösung eines gesellschaftlichen Problems benutzt werden konnte, war die Pharaonenherrschaft neben der Erfindung des 365-tägigen Kalenders wohl die bedeutendste Entwicklung der frühen Ägypter. Eines der wesentlichsten Merkmale altägyptischen Denkens war die Bevorzugung dualistischer Schemata und die Verknüpfung von Gegensätzen, deshalb ist es um so erstaunlicher, daß es nur *einen* Pharao gab. Nichtsdestoweniger spiegelt sich die Vorliebe für das dualistische Denken in dem seit der 1. Dynastie einem König verliehenen Titel wider: *nsw bjtj.*

GANZ OBEN: Fragmentarische Statue des Königs Raneferef (2418 – 2408 v. Chr.), der vom Gott Horus in Gestalt eines Falken geschützt wird. Die Figur wurde im Pyramidentempel des Königs in Abusir gefunden. Egyptian Museum, Kairo/J. Liepe

OBEN: Wandfragment aus dem Pyramidentempel des Königs Unas in Saqqara (2341 – 2311 v. Chr.). Die Szene zeigte den Herrscher, der von einer Göttin gesäugt wird. Egyptian Museum, Kairo/Werner Forman Archive

LINKS GEGENÜBER: Thronsessel des Königs Tutanchamun (1336 – 1327 v. Chr.). Eines der spektakulärsten Objekte, die in seinem Grab gefunden wurden. Egyptian Museum, Kairo/John G. Ross

OBEN: Dieser Sphinx aus schwarzem Granit wurde wohl ursprünglich für Amenemhet III. (1859 – 1814 v. Chr.) geschaffen, jedoch hinterließen mehrere spätere Könige ihre Namen auf der Statue. Das Denkmal wurde später nach San el-Hagar (Tanis) im nordöstlichen Delta verbracht, um die Tempel der dort nach 1069 v. Chr. residierenden Könige zu schmücken. Egyptian Museum, Kairo/John G. Ross

Diese Bezeichnung bezog sich in historischer Zeit auf eine Binse und eine Biene, die heraldischen Symbole von Ober- und Unterägypten, die beiden Gebiete, in die sich das Land gliederte. Die griechische Übersetzung auf dem Stein von Rosette bestätigt diese Interpretation, und deren moderne Entsprechung als »König von Ober- und Unterägypten« ist heute unter Ägyptologen üblich. Trotzdem ist diese Deutung höchstwahrscheinlich als sekundär zu betrachten. Eher scheint *nsw* die göttliche, unvergängliche Wesenheit, die den König Ägyptens zu allen Zeiten charakterisiert hat, bezeichnet zu haben, während *bjtj* auf die menschlichen oder untergeordneten und vergänglichen Seiten des Herrschers verweist. So rühmt sich zum Beispiel ein Pharao in einer historischen Inschrift, daß seine Leistungen die aller seiner Vorgänger überträfen; der Begriff, der in diesem und ähnlichen Fällen benutzt wird, ist normalerweise *bjtj*. Hier lediglich einen Vergleich mit den Königen von Unterägypten zu sehen, wäre unzureichend, denn der König bezieht sich ausschließlich auf die physischen und historischen Aspekte seiner Vorgänger. Dagegen ist es auch kein Zufall, daß – nach dem Tod – ein vergöttlichter Pharao als »Osiris *nsw*« (mit dem nachgesetzten Thronnamen) bezeichnet wird. Dies weist ihn mit Sicherheit als einen Aspekt des Gottes Osiris aus, der die Unterwelt regiert und der Prototyp des Königtums auf Erden ist. Ebenso ist bezeichnend, daß das Wort für »Königtum« im Ägyptischen von *nsw* und nicht von *bjtj* abgeleitet wird. Die Verbindung *nsw* mit dem königlichen Thronnamen, der ihm beim Regierungsantritt und nicht bei der Geburt verliehen wurde, mag auf den ersten Blick darauf hindeuten, daß die Göttlichkeit des Pharao etwas außerordentliches für ihn war, und sich nur in einem bestimmten Stadium seiner Amtsführung entwickeln konnte. (Auf christologischer Ebene entspräche dies der Position der Nestorianer, der Anhänger des Nestorius, des Bischofs von Konstantinopel in der ersten Hälfte des 5. Jahrhunderts.) Trotzdem ist – nach allem, was wir von der altägyptischen Religion wissen – diese Spezifizierung unwahrscheinlich. Auch der menschliche Aspekt des Pharao war bedeutend (wenn dem nicht so wäre, hätte die Mumifizierung seines Körpers und der Wunsch, ihn mit den persönlichen Gegenständen seines Lebens auch nach dem Tode zu umgeben, wenig Sinn gehabt), und so ist anzunehmen, daß die menschliche und die göttliche Natur des Königs als eine eng verschmolzene Dualität betrachtet werden muß. Um noch einmal zum Christentum zurückzukehren: Der Gedanke der miteinander verbundenen dualistischen Aspekte spiegelt sich im theologischen Ansatz der christlichen Monophysiten wider und es wird verständlich, warum Ägypten, als es das Christentum übernahm, die monophysitische Richtung bevorzugte.

Für diese Dualität im Titel des Königs, wie er üblicherweise in offiziellen Texten auftritt, gibt es eine Reihe von Bestätigungen. Die Bezeichnung *ḥm.f*, was konventionell mit »seine Majestät« übersetzt wird, ist eigentlich fast unübersetzbar, doch besteht die Übereinkunft, daß sie die Gestalt bezeichnet, in der sich ein bestimmter Herrscher manifestiert. Möglicherweise leitet es sich von der Verbalwurzel *wḥm* ab, was »wiederholen« bedeutet. Ein ähnlicher Ausdruck bezieht sich auf den Apis-Stier, den König aller heiligen Tiere, in seinem Aspekt als Vertreter oder Inkarnation eines einzelnen Gottes. In diesem Falle wird der König als wirksame Verkörperung des Königtums an sich, zu einer bestimmten Zeit und an

RECHTS: Die »Neun Bögen« und die »Kiebitze« symbolisieren ethnische Gruppen, die der ägyptische König beherrschen mußte, um die mythische »Weltenordnung« (ägyptisch Maat*) zu bewahren. Ihre Unterwerfung wird hier dadurch verdeutlicht, daß sie unter den nackten Füßen einer Statue des Königs Netjerichet Djoser (2628 – 2601 v. Chr.), dargestellt werden. Das Fragment wurde in der Nähe seiner Pyramide in Saqqara gefunden. Egyptian Museum, Kairo/Werner Forman Archive*

einem bestimmten Ort, definiert. Diese Rekonstruktion erinnert an die Formenlehre Platons, ein System geistiger Vollkommenheit, hinter dem wohl ein erheblicher ägyptischer Einfluß steht.

Die Trennung in die beiden Aspekte der Doppelnatur des Königs war eine besonders nützliche Idee. In den drei Jahrtausenden seiner Geschichte mußte Ägypten auch Könige hervorbringen, die inkompetent, pervers, geistig unbeweglich oder verrückt waren, trotzdem blieb die Konzeption eines »idealen Königs« weiterhin bestehen. Folglich können wir lesen, daß Cheops (2549-2526 v. Chr.), der Erbauer der Großen Pyramide von Gisa, ein Tyrann mit zynischer Gleichgültigkeit gegenüber dem menschlichen Leben war oder daß Pepi II. (2236-2143 v. Chr.) das Recht verdrehte und eine Affäre mit einem seiner Generale hatte. Zugegebenermaßen sind das postume Überlieferungen, die einen Gegensatz zur Vollkommenheit einer späteren Regierung verdeutlichen sollten; aber die Tatsache selbst, daß solche Fehltritte eines Königs möglich waren, wurde vermutlich hingenommen. In einer spätzeitlichen Geschichte wird geschildert, daß ein Herrscher krank ist und die gleiche Krankheit schon König Asosi, der fast 2 000 Jahre zuvor gestorben war, befallen hatte. Gleichermaßen kennen wir auch die Geburtsorte einiger Pharaonen, wie zum Beispiel den des Merenptah (1213 - 1203 v. Chr.) oder des Amasis (570 - 526 v. Chr.), und von anderen können wir etwas darüber erfahren, womit sie sich in der Freizeit am liebsten beschäftigen. Dem König war es demzufolge nicht bestimmt, lediglich eine gesichtslose und unnahbare Verkörperung der Göttlichkeit zu sein.

Der König Ägyptens war der Gott Horus, Sohn des göttlichen Osiris, und er war deshalb König, weil auch sein Vater es gewesen war. Die oft geäußerte Ansicht, daß der Herrscher stets seiner Mutter den Thron verdanke, erscheint unbegründet. Könige, deren Mütter von nichtköniglicher Geburt waren, wie Echnaton (1353 - 1337 v. Chr.), wurden trotzdem von ihren Zeitgenossen akzeptiert. Weibliche Herrscher waren zwar möglich, aber sie wurden nur als schwache Ersatzlösung angesehen. Eine von ihnen, Hatschepsut (1479 - 1457 v. Chr.) legte deshalb auf die Herausstellung ihres Vaters, Thutmosis I., größten Wert. Die physische Vaterschaft konnte nach ägyptischem Denken mit der Vorstellung zusammenhängen, daß der König von einem meist mit dem Sonnenmythos verbundenen Gott mit einer menschlichen Mutter gezeugt werde. Auch hier drängt sich die christliche Parallele geradezu auf.

Der Pharao war von einem Hofstaat umgeben und Hoftitel gab es in einer verwirrenden Vielfalt, besonders in den frühen Perioden. Die meisten Körperschaften dieser Art haben genug Zeit, um sich dem Protokoll, dem Ritualwesen und den Intrigen zu

OBEN: König Amenophis III. als Eroberer mit gefesselten afrikanischen und asiatischen Feinden, die in seinem Streitwagen im Triumphzug nach Ägypten gebracht oder von den Rädern des Wagens zermalmt werden. Diese Darstellung befindet sich auf einer großen Stele (über 2 m hoch, jetzt aber sehr fragmentarisch), die im Tempel eines späteren Königs in Theben wieder verwendet und dort gefunden wurde.
Egyptian Museum, Kairo/ Jürgen Liepe

LINKS: Kalzit (»Alabaster«)-Platte von einer Brüstung im großen Palast von Achetaton (el-Amarna). Echnaton (1353 - 1337 v. Chr.) und Königin Nofretete opfern Gefäße mit einer Wasserspende dem Gott Aton (dargestellt als Sonnenscheibe mit Strahlen, deren Enden als Hände gestaltet sind), während die Prinzessin Neferneferuaton ein Sistrum (Zeremonialrassel) schüttelt.
Egyptian Museum, Kairo/ Jürgen Liepe

Das Grab des Königs Tutanchamun

Die sehr häufig geäußerte, aber oberflächliche Meinung, der Anspruch des Tutanchamun auf einen Platz in der Weltgeschichte beruhe lediglich darauf, daß sein Grab fast unbeschädigt bis ins 20. Jahrhundert hinein überdauert habe, darf keinesfalls aufrechterhalten werden. Tutanchamun regierte während einer der ungewöhnlichsten geschichtlichen Epochen überhaupt. Angesichts der gescheiterten religiösen Revolution seines Vaters Echnaton mußte der junge König persönlich an den schwierigen Restaurations- und Schlichtungsbemühungen beteiligt gewesen sein, die zu dieser Zeit stattfanden. Tragischerweise starb mit ihm die thutmosidische Herrscherlinie aus, als sein kurzes Leben (er wurde nur 18 Jahre alt) 1327 v. Chr. ein plötzliches Ende fand. Die ersten zum Grab des Tutanchamun im Tal der Könige herabführenden Stufen wurden am 4. November 1922 von Howard Carter entdeckt; und am nächsten Tag fand man die Siegelabdrücke an der Eingangstür.

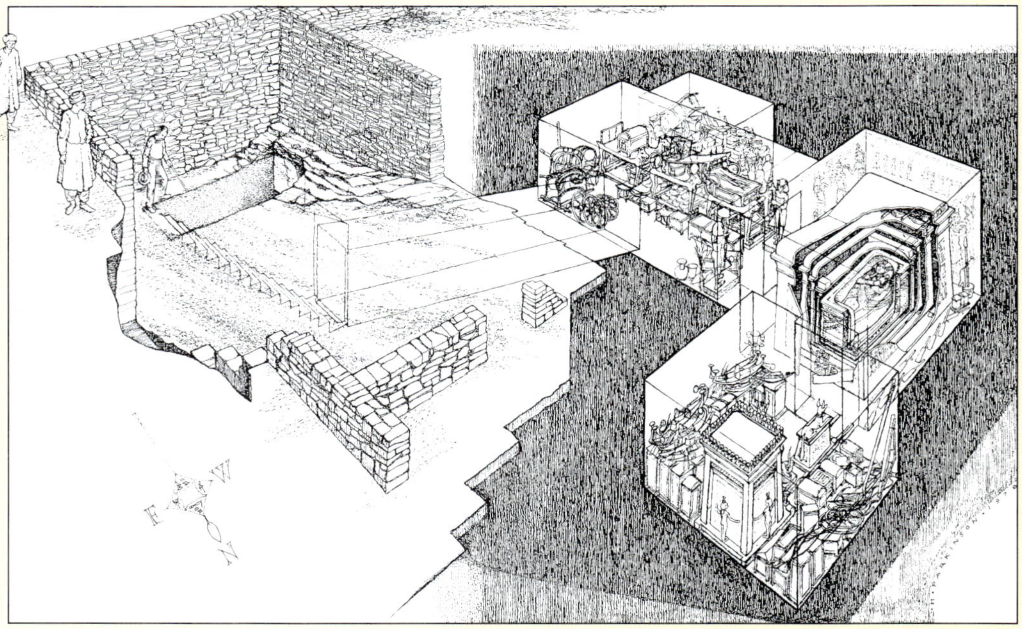

OBEN: Ein axonometrischer Blick auf das Grab des Tutanchamun. Der Tod des Königs muß so unerwartet eingetreten sein, daß sein eigenes Grab noch nicht fertiggestellt war. So wurde ein anderes, nichtkönigliches Grab in Eile für die Bestattung hergerichtet. Sechzehn Stufen führen abwärts zu einem leicht abschüssigen Korridor, der in eine Anzahl von Räumen mündet: die Vorkammer mit einem Nebenraum, die Sargkammer und eine sogenannte Schatzkammer. H. Parkinson

LINKS: Blick in den Vorraum, wie er sich damals den Besuchern bot. Teile von Streitwagen, Bahren, Stühlen, Kästen und Lebensmittelbehälter waren in ziemlicher Unordnung aufgestapelt. Alle Räume waren angefüllt mit den Gegenständen der königlichen Grabausstattung. Einzige Ausnahme war die Sargkammer, die von den Schreinen ausgefüllt wurde, die den Sarkophag umschlossen. Griffith Institute, Oxford

OBEN: Diese Malerei auf der Nordwand der Sargkammer zeigt Tutanchamuns Nachfolger König Eje (1327 – 1323 v. Chr.), der als Sem-Priester das Pantherfell trägt und das »Mund-Öffnungs-Ritual« vollzieht. Der verstorbene Tutanchamun erscheint in Gestalt des mumienförmigen Gottes Osiris. Das Ritualgerät, das Eje in seinen Händen hält, ist ein kleiner, stilisierter Dechsel (Querbeil). Austral/Camera Press

LINKS: Unter den zahlreichen Schmuckstücken, die in dem Grab gefunden wurden, befand sich auch dieses Pektoral aus Gold in durchbrochener Arbeit mit Einlagen aus Lapislazuli, Türkis, Karneol und Kalzit. Die Szene in der Sonnenbarke bezieht sich auf die Geburt des Sonnengottes und zeigt einen Skarabäus (Mistkäfer), der die aufgehende Sonnenscheibe vor sich hält. Das Ereignis wird von zwei Pavianen begrüßt (da diese Tiere bekanntlich bei Sonnenaufgang kreischen). Egyptian Museum, Kairo/Austral/Camera Press

OBEN: Vier Schreine umschlossen den Quarzitsarkophag des Tutanchamun. An seinen vier Ecken sind die Göttinnen Isis, Nephtys, Neith und Selket dargestellt, die mit ihren ausgestreckten Flügeln den Körper des verstorbenen Königs schützen sollten. Der Sarkophag und der erste (äußerste) anthropoide (menschengestaltige) Sarg befinden sich noch bis heute im Grab im Tal der Könige.
Ancient Art and Architecture Collection/Ronald Sheridan

OBEN: Drei anthropoide Särge befanden sich im Sarkophag des Tutanchamun, der dritte (innerste) war vollständig aus gehämmertem Gold hergestellt worden und besaß eine Stärke von bis zu 3 mm. Der ganze Sarg wiegt 110,4 kg. Der Herrscher trägt das königliche Nemes-Kopftuch, und die beiden Göttinnen Wadjt (Kobra) und Nechbet (Geier) ruhen wachsam über seiner Stirn.
Egyptian Museum, Kairo/Jürgen Liepe

OBEN: Eine Maske aus massivem Gold bedeckte Kopf und Schultern des mumifizierten Königs. Das Kopftuch ist mit blauem Glasfluß eingelegt, mit dem auch Augenbrauen und Lidränder nachgebildet sind. Darüber hinaus wurden weißer Kalzit, Quarz, Karneol, grüner Feldspat, Obsidian und Lapislazuli verwendet.
Egyptian Museum, Kairo/D. Berwin.

LINKS: Kopf einer Löwin von einer der drei Bahren, die in der Vorkammer gefunden wurden. Sie wurden aus Holz gearbeitet und mit einem Überzug aus Stuck und Gold versehen. Nase, Tränenkanäle und die Ränder der Augenlider sind mit blauem Glas eingelegt, die Augen selbst sind aus Bergkristall, durch den die darunter aufgemalten Details hindurchscheinen.
Egyptian Museum, Kairo/Camera Press

RECHTS: Kleine Figurenpuppe (Höhe 23 cm) des Echnaton (1353–1337 v. Chr.) und der Königin Nofretete. Der König trägt die sogenannte Blaue Krone, Nofretete einen Kopfputz, der speziell für sie charakteristisch ist; beide Kronen besitzen einen Stirn-Uräus (Kobraschlange). Die Herkunft des Stükkes ist unbekannt.
Louvre, Paris/John G. Ross

OBEN: Bronzefigur des Taharqua (690–664 v. Chr.). Der König opfert zwei Gefäße dem eher unbedeutenden oberägyptischen Gott Hemen. Dargestellt ist die Gottheit als Falke mit einer Schlange zwischen den Krallen. Sie besteht aus Schist und war mit einem Überzug aus Goldfolie versehen. Möglicherweise handelt es sich um ein Kultobjekt, das an eine wundersame Überschwemmung erinnerte, durch die eine Hungersnot abgewendet werden konnte.

RECHTS: König Ramses III. (1184–1153 v. Chr.) als Jäger an der rückwärtigen Außenwand des ersten Pylons (monumentaler Torbau) seines Totentempels in Medinet Habu. Ein starker Symbolgehalt verbirgt sich hier hinter dem scheinbaren Realismus der Darstellung: Der König dokumentiert seine Rechte und Pflichten zur Sicherung der Weltenordnung (Maat).

widmen. Am ägyptischen Hof müssen die Verantwortlichkeiten aufgeteilt gewesen sein; die Beamten machten Karriere, heirateten untereinander und fielen wieder in Ungnade auf eine Art und Weise, die für uns meist nicht mehr rekonstruierbar ist. Die politische Macht war am Hof angesiedelt, obwohl sie dort, wie bei fast allen Regierungen, auf einen kleinen Kreis beschränkt war, und solche Gruppen müssen Ägypten während der meisten Zeit regiert haben – unter Berücksichtigung des Ausgleichs hofinterner Interessen. Die wirtschaftliche Macht brauchte dagegen nicht immer mit dem Hof abgestimmt zu werden; so gab es ganze Dynastien von Landbesitzern in der Provinz, die daneben existierten und sich unterschiedlicher Beziehungen zu ihm erfreuten. Griechisch-römische Schriftsteller haben das Bild des vom Ritual bestimmten Pharao geprägt und bis zu einem gewissen Maße wird diese Vorstellung auch von einheimischen Aufzeichnungen bestätigt. In der Praxis wäre aber eine ausschließlich auf das Ritual gestützte Regierung undenkbar gewesen. Es muß eine Kombination aus ritual- und praxisbezogener Verwaltung bestanden haben, die sich über Jahrhunderte hinweg vervollkommnet hatte und sensibel auf kleinste Veränderungen reagieren konnte. Ein König hatte die Möglichkeit, auch ohne die alteingesessenen Beamtenfamilien zu regieren, und Gefolgsleute einzusetzen, die ausschließlich von seiner Gunst abhängig waren. Hatschepsut und Echnaton verhielten sich so, und es ist bezeichnend, daß diese beiden Herrscher die Tradition auch in anderer Weise in Frage stellten.

Jeder, der die friedliche Abfolge der Dynastien in einem Geschichtsbuch betrachtet, sollte sich vor dem falschen Eindruck hüten, das System habe jeder Veränderung widerstanden. Wirkliche Kontinuität läßt sich manchmal daran erkennen, daß sich die Königsnamen innerhalb einer Dynastie nach dem Schema ABAB abwechseln, denn die Ägypter benannten ihre Söhne häufig nach deren Großvätern. Abschnitte der 12. und 18. Dynastie veranschaulichen dieses Merkmal sehr gut.

Gerade die 18. Dynastie bestand aus einer Hauptfamilie, den Thutmosiden, die mit dem kinderlosen Tutanchamun ausstarb, und unter der Herrschaft einiger nicht miteinander verwandter Könige endete, die wahrscheinlich zur Sicherung der Legitimität von der Familie adoptiert wurden. Auch die Konzeption einer Dynastie unterliegt Veränderungen. Jüngste Untersuchungen haben gezeigt, daß die sogenannte 29. Dynastie im wesentlichen von einer Reihe miteinander konkurrierender Kriegsherren gebildet wurde, die nur im Kampf gegen die Perser zusammenhielten.

Die darauffolgende Dynastie dagegen wäre eher als Militärjunta zu charakterisieren. Obwohl die äußeren Formen dieselben blieben, war die wirkliche Situation der Regie-

rungen starken Veränderungen unterworfen; und das auch in Zeiten, die als wohlhabend und stabil galten. Im alten Ägypten mögen sich weit mehr geschichtliche Ereignisse zugetragen haben, als wir wissen.

Das Regierungssystem war sicherlich autoritär und die ägyptische Gesellschaft besaß ein großes Bedürfnis nach Konformität; immerhin bemühte sich das Regime, diesen Erwartungen durch ein Konzept zu entsprechen, das von Menschlichkeit und allgemeinen Werten bestimmt wurde. Soziale »Sicherheitsventile« waren in einer so geschlossenen Gesellschaft notwendig, und einige von ihnen wurden durch das Moralkonzept der *Maat* geschaffen. Hierbei handelt es sich um einen weiteren unübersetzbaren Begriff, der die Ideen von Wahrheit, Ausgeglichenheit, gesellschaftlicher Verantwortung und Anerkennung der Wirklichkeit beinhaltet. Nach dieser Auffassung konnte ein einfacher Bauer den Bauherrn der Großen Pyramide darauf hinweisen, daß dessen Absicht, mit einem Gefangenen nur zum Vergnügen zu experimentieren, unmoralisch und gegen den Willen der Götter sei. Ein anderer Pharao konnte in seinem Testament an seinen Sohn schreiben, daß dieselben Götter, welche die menschlichen Handlungen beim Totengericht bewerten, auch über die Könige zu Gericht sitzen würden. Reue und Gewissen überkommen in solchen literarischen Episoden den König ebenso wie seine Untertanen; in der Realität aber konnte ein Herrscher wie Cheops durchaus Gefangene foltern, wenn er es wollte. Wichtig ist aber, daß in Bezug auf solche Fälle moralische Übereinstimmung existierte und diese von religiösen Gefühlen verstärkt wurde, wenn schon keine Bestrafung möglich war.

Ein anderes »Sicherheitsventil« ist weit überraschender. Wie ihre modernen Nachfahren, so besaßen auch die alten Ägypter einen Hang zur Satire, die auch vor dem Thron nicht zurückschreckte. Die obzöne Geschichte über König Amasis, die Herodot überliefert hat, steht in einer ehrenvollen Tradition. Es ist durchaus vorstellbar, daß weise Herrscher solche Auswüchse tolerierten und sie sogar unterstützten. So fällt es schwer, sich vor einem König zu fürchten und sich über ihn zu empören, dessen Flitterwochen mit einer Ausländerin durch übermäßigen Alkoholgenuß verdorben wurden, oder der Bootsfahrten mit Ruderinnen unternahm, die nur mit Netzen bekleidet waren. Ein weiterer Ausgleich für das System scheint es gewesen zu sein, daß jeder, zumindest theoretisch, das Recht besaß, sich an den Pharao zu wenden. Eine etwas zynische Regel empfiehlt dem Wesir, dem Stellvertreter des Königs, niemals einen Bittsteller zurückzuweisen, mit der Begründung, daß es besser sei, ihn anzuhören, als seiner Beschwerde nachzugehen.

Die ägyptische Geschichte überliefert auch politische Zwischenfälle wie die Amtsenthebung einiger Pharaonen, und zumindest ein Mordversuch ist bekannt, aber das System blieb in all seiner Grandeur und Menschlichkeit über fast drei Jahrtausende hinweg erhalten. Das »Frankreich des Nahen Ostens« erlebte niemals sein 1789.

OBEN: Der thronende Gott Amun-Re überreicht dem König Ramses II. die königlichen Insignien hekat *(»Krummstab« oder Szepter) und* nechacha *(»Geißel« oder Wedel) sowie ein Krummschwert. Der Gott hält außerdem einen Stab mit Symbolen in der Hand, die »eine Million königlicher Jubiläen« anzeigen. Die Göttin Mut steht hinter Amun-Re. Derartige, stark symbolisch zu verstehende Szenen sind typisch für die altägyptischen Tempeldekorationen. Ramesseum (Theben-West). C. M. Dixon*

Der Pharao: Das »Große Haus«

Die Grundlage des Wohlstands im alten Ägypten bildete das Land und theoretisch gehörte alles Land dem König. Dieses Prinzip verweist auf außerägyptische Einflüsse und spiegelt sich in den pharaonischen und ptolemäischen Texten wider. (Genaugenommen hat sich ein solches Prinzip auch im modernen England noch erhalten.) Land war den Umständen entsprechend entweder Königsland oder es konnte den Institutionen, z.B. bedeutenden Tempeln, überlassen oder gestiftet werden. Zurückgeforderte, beschlagnahmte oder neu eroberte Gebiete wurden automatisch der Krone unterstellt. Privatpersonen konnten unter diesen Voraussetzungen auch Land erhalten und konnten es praktisch kaufen, verkaufen oder vererben, als wäre es ihr Eigentum; es handelte sich um eine Art von sehr weitgehendem Nutzungsrecht.

Jeder Mensch, vielleicht aber galt dies auch für Institutionen, war verpflichtet, in einem als Frondienst zu verstehenden System der Arbeitsdienstverpflichtung für den Staat zu arbeiten. Möglicherweise war dieser Frondienst die legale Gegenleistung für die Nutznießung des Landes. Das alte Ägypten war zwar weit davon entfernt, eine Demokratie zu sein, aber die meisten Regierungen fühlten die Notwendigkeit, für ihre weitreichenden Forderungen eine legale Basis zu schaffen, damit das System als gerecht empfunden werden konnte. Frondienstpflichtige konnten aber auch davon befreit werden, einen Ersatz stellen oder andere Pflichten übernehmen; so wurden sogar für die jenseitige Welt Dienerfiguren als Ersatz mit ins Grab gegeben, die sogenannten Uschebtis, um dieser Verpflichtung zu entgehen. Darüber hinaus mußten von fast allen Ländereien Steuern an die Krone abgeführt werden. Die Felder wurden deshalb nach ihrer Größe, der Art des Getreides und der Höhe der Überflutung durch den Nil in jeder einzelnen Provinz jährlich neu bewertet. Ein ganzer Verwaltungsapparat entstand, um die Einziehung der Steuern zu sichern. Im Bereich des Landbesitzes sprach man von »Häusern« (*prw*, Singular *pr*). Dabei konnte ein *pr* ein individuelles Landgut, einen Tempel oder selbst eine Stadt meinen, obwohl königliche Stiftungen normalerweise anders bezeichnet werden. Übergeordnet war all diesen »Häusern« das *pr'3*, »das große (oder größte) Haus«, welches allein berechtigt war, die Steuern für das Land zu erheben. Diese Institution war der königliche Hof selbst und die Bezeichnung steht üblicherweise auch für den Palast und seine Verwaltung. Seit der Zeit des Echnaton (1353–1337 v. Chr.) wurde dieser Terminus mehr und mehr auch als Bezeichnung für den König übernommen, und über das Hebräische und Griechische zur modernen Form »Pharao«. Die Kontrolle über die Landwirtschaft und der Umfang der damit verbundenen steuerlichen Einnahmen bildeten die Grundlage für die königliche Machtposition, die ihre Akzeptanz dem Umstand verdankte, daß der König normalerweise über

LINKS: Fragment einer Grabdekoration aus Saqqara, Zeit des Tutanchamun (1336–1327 v. Chr.). Haremhab (der spätere König) empfängt goldene Halskragen als Belohnung für seine militärischen Leistungen. Er trägt eine offizielle, lange Perücke und einen duftenden Salbkegel auf dem Kopf. Rijksmuseum van Oudheden, Leiden/Peter Clayton

OBEN: Schwarze Granitstatue Ramses' II. (1279–1213 v. Chr.) mit zwei kleinen Figuren der Königin Nefertari und des Prinzen Amunherchopeschef neben den Beinen des Königs. Aus dem Tempel des Amun in Karnak. Museo Egizio, Turin/John G. Ross

LINKS: Gruppe von Höflingen aus der Zeit des Tutanchamun (1336–1327 v. Chr.), deren verfeinerte Gesichtszüge, feingliedrige Hände und leicht fülligen Körperformen in zarten Gewändern noch deutlich den Stil der Amarnazeit erkennen lassen; eine ausdrucksstarke Darstellung der scharfen sozialen Strukturen in der ägyptischen Gesellschaft. Grab des Haremhab in Saqqara.
Egypt Exploration Society, London

den lokalen und partikulären Interessen stand. Die Verbindung des königlichen Amtes zu den Göttern war in dieser Hinsicht zweifellos von großer Bedeutung. Die allumfassende Kraft des Wortes »Pharao« kann daran gemessen werden, daß es in einigen Zusammenhängen mit den Begriffen »Staat« oder sogar »Öffentlichkeit« übersetzt werden kann.

Das Alte Ägypten ist manchmal als Feudalstaat beschrieben worden, aber die Ähnlichkeiten zum mittelalterlichen Europa sind für einen echten Vergleich viel zu gering. Der Ausdruck »Staatskapitalismus« ist ebenfalls zur Charakterisierung verwendet worden, und korrekterweise vergab der König überschüssiges Land an Institutionen, wie die Tempel, die in der Lage waren, es zu erschließen und dafür Steuern zu entrichten. Die Idee des Überschusses, wenn nicht sogar des Profits, war sicherlich anerkannt und bewährt. Trotzdem war das System nicht in dem Sinne kapitalistisch, wie es sich im modernen Europa entwickelt hat. Großer königlicher Einfluß zeigte sich in Gestalt des Patronats: Einsetzungen in Ämter, Bestätigungen oder Verlängerungen von Privilegien (bei zumindest einer Gelegenheit war es dem Beamten gestattet, den königlichen Fuß zu küssen oder, besser gesagt, den Boden vor ihm) und vor allem die Verteilung des Wohlstandes durch großzügige Geschenke und die Gewährung von Vorrechten (z.B. durch Steuerbefreiung). Die Neuverteilung spielte eine große Rolle in der Wirtschaft, und sie muß das Gefühl der gemeinsamen Abhängigkeit vom göttlichen Monarchen verstärkt haben; sie wurde durchgeführt, um die Stabilität und Teilung der Einkommenswerte zu sichern. Der König besaß zweifelsfrei die Macht, bereits gewährte Privilegien wieder zurückzunehmen, jedoch wurde das jeweilige Maß mit Sicherheit schriftlich vermerkt.

Die Tempel waren die wichtigsten Einrichtungen und Hauptgründungen (so ist der Tempel von Karnak das größte jemals errichtete religiöse Gebäude). Es ist modern, die Tempel als Bedrohung für die Autorität des Königshauses anzusehen, aber in Wirklichkeit waren sie eher staatliche Institutionen als eigenständige Einheiten. Die Pharaonen veranlaßten regelmäßige Bestandsaufnahmen des Tempelbesitzes, weil er theoretisch ihnen gehörte. Der König hatte anscheinend die Macht, den Reichtum eines Tempels zu beschlagnahmen, was aber eine risikoreiche politische Maßnahme war, wie sich am Beispiel des Königs Teos zeigte, der im Jahre 362 v.Chr. versuchte, um einen Kriegszug zu finanzieren, auf den Tempelbesitz zurückzugreifen. Das Ergebnis war ein Aufstand der Armee, die Absetzung des Königs und die dauerhafte Verdammung jeglicher Erinnerung an ihn durch die Führungsschicht der Priester.

Uschebtis

Jaromir Malek

Ein verbreitetes Thema in der altägyptischen Kultur waren Personen von hohem sozialen Status, die sich für einfache Leute einsetzten oder ihre Aufgaben und Pflichten auf andere von niedrigerem Rang übertrugen. Uschebtis (auch Schabtis oder Schawabtis) treten erstmals während der ersten Hälfte des 2. Jahrtausends v. Chr. auf und wurden zu einem wesentlichen Bestandteil der Grabausstattung gerade auch der normalen Bevölkerung, so daß sich ihre Verwendung fast 2000 Jahre erhielt. Die meisten dieser kleinen Grabstatuetten (gewöhnlich nicht größer als 10 cm) stellten die verstorbene Person in Mumienbinden gehüllt und mit landwirtschaftlichen Geräten (Hacken und Körbe) in den Händen dar. Die Texte auf vielen von ihnen zeigen, daß sie im Auftrag der Person, für die sie hergestellt waren, Zwangsarbeit zu verrichten hatten. Somit dienten sie als Vertreter für ihren Besitzer in der jenseitigen Welt. Mehrere hundert solcher Figuren können in einem einzigen Grab auftreten.

LINKS: Kalksteinuschebti einer Dame namens Dijmjra um 1300 v. Chr., wohl aus Theben.
Ashmolean Museum, Oxford

A Beato

Aufstieg und Niedergang der Reiche

K. A. Kitchen

»Ich wende mein Gesicht nach Süden
und bewirke ein Wunder für Dich;
Ich lasse die Fürsten des elenden Kusch
zu Dir kommen mit allen ihren Gaben ...
Ich wende mein Gesicht nach Norden
und bewirke ein Wunder für Dich;
Ich bringe zu Dir die Fremdländer des weiten
Asien, mit Gaben auf ihren Rücken ... und
ihre Kinder ...
Ich wende mein Gesicht nach Westen,
und bewirke ein Wunder für Dich;
Ich lasse Dich Libyen erobern ...
sie bauen in dieser Festung ...
Ich wende mein Gesicht nach Osten
und bewirke ein Wunder für Dich;
Ich lasse die Fremdländer von Punt zu Dir
kommen mit allen Arten von süßen
Gewürzen ... um Frieden zu erbitten ...«

So sprach Ägyptens Reichsgott Amun von Theben zu König Amenophis III. (um 1380 v. Chr.) in einer Zeit, als Ägypten den Höhepunkt seiner Glanzzeit erreicht hatte. Nach allen Himmelsrichtungen führte die Gottheit den gekrönten Herrscher und übereignete ihm die dort lebende Bevölkerung mit allen ihren Besitztümern. Mit dem durch das Land sich windenden Niltal und dem breiten Delta, begrenzt von Wüsten und dem Mittelmeer, ist das Alte Ägypten oft als isoliert beschrieben worden. Diese Feststellung entspricht aber nur der halben Wahrheit: Seit den frühesten Zeiten besaß Ägypten Beziehungen in alle Himmelsrichtungen, die so verschiedenartig wie die dort lebenden Völker waren. Wir wollen nun dem Fingerzeig des Amun in jede dieser Richtungen folgen.

Richtung Süden: Nubien

Die Beziehungen zwischen Ägypten und seinem südlichen Nachbarn Nubien zerfallen in zwei große Zeitabschnitte: von etwa 3000 v. Chr. bis um 1070 v. Chr. und von etwa 650 v. Chr. bis in die römische Epoche. In den dazwischenliegenden vier Jahrhunderten (1070 – 650 v. Chr.) gab es zunächst überhaupt keine Beziehungen, dann folgte eine kurze Zeitspanne der nubischen Herrschaft über Ägypten. In der ersten jener beiden Epochen erlangte Nubien immer dann Selbständigkeit, wenn Ägypten sich schwach oder nicht angriffslustig zeigte. Doch drang Ägypten wiederholt in Nubien ein und beherrschte es, wobei in steigendem Maße, wenn auch nie vollständig, die dortige lokale Kultur verdrängt wurde. Aufstände in Nubien sind aus der Zeit des Königs Djer (um 2900 v. Chr.) bekannt, und König Snofru (um 2550 v. Chr.) rühmte sich der Verschleppung von 7000 Nubiern. Spätere Herrscher gründeten bei Buhen, in der Nähe des 2. Kataraktes, einen Vorposten zur Sicherung der dortigen Kupferverhüttung. Solcher Druck leitete den Niedergang der vorher blühenden Kultur Nubiens ein. Doch seit der 6. Dynastie erreichten nur noch

GANZ OBEN: Das Motiv zweier gefesselter Feinde, ein Asiate und ein Afrikaner, bildet hier die Krümmung eines Stockes des Königs Tutanchamun (1336 – 1327 v. Chr.). Holz mit Stuck und Gold. Egyptian Museum, Kairo/ Jürgen Liepe

OBEN: Holzmodell einer Einheit von 40 nubischen Bogenschützen. Aus Nubien, dem Land südlich des ersten Nilkataraktes, kamen während des gesamten 2. Jahrtausends Söldner für die ägyptische Armee und Polizei. Aus dem Grab des Mesehti in Assiut, um 2050 v. Chr. Egyptian Museum, Kairo/J. Liepe

LINKS GEGENÜBER: Triumphzug des Gottes Amun in den unterworfenen Städten Palästinas und Syriens. Tempelrelief in Karnak aus der Zeit Scheschonq I. (945 – 924 v. Chr.) Foto von A. Beato um 1890. Griffith Institute, Ashmolean Museum, Oxford

OBEN: Detail einer großen Szene mit nubischen Tributen für Ramses II. (1279 – 1213 v. Chr.) aus dem Felstempel von Beit el-Wali in Nubien. Die Anlage wurde abgebaut und Anfang der 60er Jahre in die Nähe des Hochdammes von Assuan versetzt. Hier werden exotische und luxuriöse Produkte gezeigt, für die Nubien berühmt war. Austral/Camera Press

OBEN: Darstellung afrikanischer Gefangener aus dem Grab des Generals Haremhab (späterer König), um 1330 v. Chr. Dieses Relief stammt aus seinem Grab in Saqqara, das 1975 wiederentdeckt wurde. Egypt Exploration Society, London

Handelsexpeditionen das Fürstentum Yam (weit südlich des 2. Kataraktes), das ein Zentrum nubischer Wiedergeburt war. Später festigten die mächtigen Pharaonen der 12. Dynastie ihre Herrschaft bis zum 2. Katarakt durch eine Kette von Festungsanlagen, um mit dem südlichen Innerafrika Handel zu treiben, jetzt aber über das Reich von Kusch, den Nachfolger des Fürstentums von Yam. Im 16. Jahrhundert v. Chr. teilten sich thebanische Kleinkönige die Macht am Nil mit dem stark expandierten Kusch im Süden und den Hyksos aus dem Nahen Osten im Norden.

In der Epoche des Neuen Reiches (1540 – 1069 v. Chr.) überrannten bedeutende Könige ganz Nubien bis zum 4. Katarakt und überzogen das Land mit ägyptischen Tempeln, Priestern, Beamten und ägyptischer Kultur. Der Goldgewinnung in der Wüste galt nun das vorrangige Interesse. Doch als die königlichen Verwaltungsbeamten in steigendem Maße die meisten zugänglichen Goldquellen erschöpft hatten, und die übermäßig mit Steuern belegten Nubier nach Süden zogen und sich damit aus der Reichweite der ägyptischen Gerichtsbarkeit absetzten, wurden die Kosten für die nubischen Gebiete eine Last für Ägypten. Die ägyptische Herrschaft endete 1070 v. Chr. mit dem Aufstand des letzten Vizekönigs. Für die nächsten 300 Jahre sah der schmale Fruchtlandstreifen Unternubiens entlang des Nils nur noch wenig Bewegung. Ab dem 8. Jahrhundert v. Chr. änderten sich die ägyptisch-nubischen Beziehungen dann aber grundlegend, als sich ein neues kuschitisches Königreich, das die äußeren Formen der ägyptischen Kultur übernahm, nach Norden ausweitete und in der Zeit von 715 bis 664 v. Chr. über Ägypten (25. Dynastie)

regierte. Erst unter den gewaltigen Angriffswellen Assyriens mußte es dann zurückweichen. Danach gab es nur noch selten Auseinandersetzungen und die Nachbarstaaten Ägypten und Nubien (mit der Hauptstadt Napata, später Meroe) gingen ihre eigenen Wege, wenngleich bescheidene Handelsbeziehungen weiterhin bestanden, bis sie von neuen machtpolitischen und kulturellen Gruppierungen absorbiert wurden. So stand die zweite große Epoche, ab etwa 650 v. Chr., in einem starken Gegensatz zu den ständig wechselnden Beziehungen während der früheren bedeutenden Epoche, die den Zeitraum von ca. 3000 bis 1070 v. Chr. umfaßte.

RECHTS OBEN: Karte der ägyptischen Einflußgebiete im Süden mit einem Schwerpunkt in Ober- und Unternubien.

RECHTS: Eine Reihe massiver Festungsanlagen wurde ungefähr zwischen 1980 und 1860 v. Chr. an der südlichen Grenze Ägyptens (Nubien) in der Nähe des 2. Kataraktes errichtet. In der Realität dienten hohe Festungen, wie diese in Buhen, aber weniger dem Verteidigungszweck als eher der Machtdemonstration. Peter Clayton

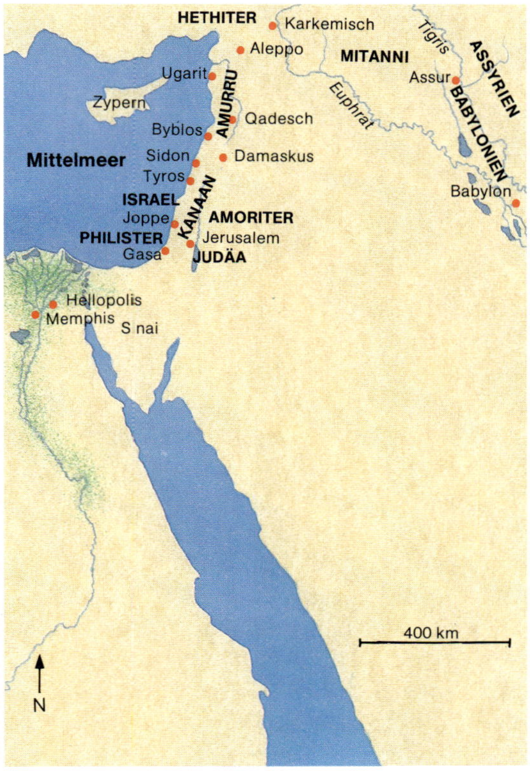

Richtung Norden: Levante und Naher Osten

Zwischen 3100 und 1070 v. Chr. war der Handel Ägyptens Hauptverbindung zur Levante, unterbrochen nur von gelegentlichen militärischen Abenteuern. Seit etwa 3000 v. Chr. bis zur mittleren 1. Dynastie zogen handelstreibende Ägypter bis zu den südkanaanitischen Siedlungsgebieten; sie brachten ihren Lebensstil mit, bauten Häuser im Stil der ägyptischen Lehmziegelarchitektur und besaßen lokal gefertigte und importierte Keramik. Der Name des Königs Narmer (Menes oder sein Vorgänger) wurde auf Gefäßen solcher Siedlungen gefunden. Später verlagerten die Pharaonen des Alten Reiches ihren Handel, um das libanesische Zedernholz zu erlangen, weiter nach Norden, nach Syrien; trotzdem unternahmen sie weiterhin gelegentliche Streifzüge durch Kanaan, wobei ein Einfall bis zum Berg Karmel führte. Handel und Diplomatie beherrschten während des Mittleren Reiches die Beziehungen zur Levante, neben vereinzelten Überfällen. Besonders eng waren die Verbindungen zur Hafenstadt Byblos, deren Herrscher sogar die Gewohnheit übernahmen, Schmuck und Denkmäler mit ihren Namen und Titeln in ägyptischen Hieroglyphen zu beschriften. Die »Ächtungstexte« (so genannt, weil sie mit Fluchformeln alle feindseligen Völker bedrohten) zeigen eine genaue Kenntnis der wichtigsten Stadtstaaten und Stammesgruppen in Palästina und dem südlichen Syrien. Die 13. Dynastie konnte dann eine levantinische Machtübernahme durch die berühmten Hyksos-Könige nicht verhindern, welche die gewinnbringenden Handelsbeziehungen von Palästina bis nach Nubien hinein aufrechterhielten. Als Gegenbewegung waren es neue Kriegerkönige aus Theben, welche die Hyksos vertrieben und mit ihren Armeen sogar den Euphrat erreichten, wodurch sie die ägyptische Vorherrschaft über Palästina und

LINKS: Die Karte zeigt die für die ägyptische Außenpolitik besonders wichtigen Gebiete in der Levante und in Westasien mit dem Schwerpunkt Palästina und Syrien.

OBEN: »Geographische Liste« von Ortschaften in Syrien und Palästina, die durch zinnenbewehrte Umfassungsringe mit ihren eingeschriebenen Namen und darüber aufragenden Oberkörpern gefesselter asiatischer Gefangener personifiziert werden. Auf dem sechsten Pylon (monumentaler Torbau) des Amuntempels von Karnak, errichtet von Thutmosis III. (1479 – 1425 v. Chr.).
H. Champollion

LINKS: Schmuck und andere Gegenstände aus Gold, Silber und Lapislazuli wurden 1936 als Hortfund im Tempel von Tod entdeckt. Die Stücke stammen aus der Regierungszeit Amenemhets II. (1918 – 1884 v. Chr.). Einige der Funde mögen als fremde Tribute nach Ägypten gelangt sein oder als Beute aus Westasien oder der Ägäis. Eine faszinierende Möglichkeit der Interpretation dieser Entdeckung hat sich in jüngster Zeit (1991) eröffnet durch die Bearbeitung der »Annalen« Amenemhets II. in Memphis, in denen Ereignisse genannt werden, die mit dem Schatz in Verbindung gebracht werden könnten.
Louvre, Paris/Photo R. M. N.

RECHTS: Syrische Fürsten im Grab des Generals Haremhab in Saqqara, um 1330 v. Chr. Die Absicht dieser Darstellung war es, die Leistungen Haremhabs als Stellvertreter Tutanchamuns im Umgang mit den fremden Ländern hervorzuheben. Alle wichtigen ethnischen Gruppen mit denen die Ägypter Kontakt hatten, werden hier gezeigt. Trotz der überzeugenden Details braucht die Szene nicht als Wiedergabe realer Ereignisse verstanden zu werden. Egypt Exploration Society, London

Teile von Syrien zwischen 1540 - 1160 v. Chr. begründeten. Diese Herrschaft war keine vollständige Besetzung wie in Nubien, sondern eher eine Art Oberherrschaft mit einigen wenigen Hauptgarnisonen an ausgesuchten Orten.

Die geradezu imperiale Ausdehnung des Neuen Reiches erbrachte unmittelbare Gewinne durch Kriegszüge. Wirtschaftlich wesentlich bedeutsamer für die Schatzkammern des Pharao waren aber die alljährlichen Tributleistungen einer Reihe von Vasallenstaaten. Deren Loyalität und Zahlungsmoral mußte beständig in überzeugender Weise unterstützt werden, wie durch regelmäßige Besuche des Pharao und seiner Armee (die auch der Absetzung etwaiger Möchtegern-Rebellen dienten). Die Söhne der örtlichen Herrscher wurden als Geiseln nach Ägypten mitgenommen, um nach dem Tode ihrer Väter zur Regierungsübernahme zurückgeschickt zu werden. Solche Männer waren manchmal so sehr von der Verbundenheit mit der ägyptischen Kultur und Regierungsform durchdrungen, daß sie sich bei eintretenden Schwierigkeiten fast instinktiv an Ägypten wandten. Unter Echnaton (besessen von seiner ausschließlichen Sonnenverehrung und der Intoleranz gegenüber den traditionellen Göttern) stellten sich einige Vasallen gegen Ägypten, und Syrien ging fast vollständig an die aus Anatolien kommenden Hethiter verloren. Die ramessidischen Könige (so genannt, weil die Mehrheit von ihnen den Namen Ramses trug) der 19. und 20. Dynastie (1295 - 1069 v. Chr.) strebten nach der Herrschaft über das nördliche Syrien, doch nach der Schlacht von Kadesch mußte sogar Ramses II. den endgültigen Verlust an die Hethiter eingestehen.

Während des 14. und 13. Jahrhunderts v. Chr. bestand der Nahe Osten aus Kleinstaaten und »Großmächten«, wobei die Herrscher der letzteren den zusätzlichen Titel »Großer König« führten. Gleichgestellte redeten sich gegenseitig mit »Bruder« an, Untergeordnete wurden mit »Sohn« angesprochen und Übergeordnete mit »Vater«. Regelmäßige diplomatische Beziehungen wurden durch nationale Repräsentanten an den fremden Höfen gewährleistet, die mittels reisender Gesandter in Kontakt miteinander standen; solche Boten verbanden ebenfalls die Vasallen mit ihren Oberherrschern. Die Bruderschaft der »Großen Könige« bedurfte eines eigenständigen »philosophischen« Rahmenwerkes, das im antiken Nahen Osten unweigerlich von religiöser Natur war. Demzufolge wurde jeder Haupt-

OBEN: Der beachtliche Anstieg der militärischen Unternehmungen der Ägypter in der zweiten Hälfte des 2. Jahrtausends v. Chr. wurde unterstützt durch Verbesserungen in der Bewaffnung und militärischen Organisation. Eine neue bronzene Streitaxt mit wesentlich erhöhter Durchschlagskraft wurde um 1600 v. Chr. eingeführt. Das abgebildete Beispiel trägt den Namen des Königs Ahmose (1550 - 1525 v. Chr.) und stammt aus Dra Abu'l-Naga. Ashmolean Museum, Oxford

RECHTS: Seeschlacht zwischen den Ägyptern und den »Seevölkern« unter Ramses III. (1184 - 1153 v. Chr.). Darstellung auf der nördlichen Außenwand des Totentempels Ramses' III. in Medinet Habu. H. Champollion

gott des Pantheons einer Großmacht mit dem Zusatztitel »Vater der Väter« des jeweils regierenden Herrschers versehen: Amun für den Pharao von Ägypten, der Sturmgott von Hatti für den König der Hethiter, Assur für die Könige Assyriens, Marduk für die von Babylon und Teschup für die Herrscher des syro-mesopotamischen Reiches von Mitanni. Die Umwälzungen im östlichen Mittelmeerraum (um 1220–1180 v. Chr.) beendeten dieses machtpolitische Einvernehmen. Die ägyptische Herrschaft in Palästina fand entweder mit der Regierung Ramses' IV. oder Ramses' VI. ihr Ende; sie überließen das Land sich selbst, wodurch es zu örtlichen Auseinandersetzungen zwischen Philistern (weitgehend an der südlichen Küste; die Bezeichnung Palästina leitet sich von ihrem Namen ab), Israel, den Kanaaniten und Aramäern (vor allem im nördlichen und nordöstlichen Palästina sowie im Südwesten von Syrien) kam.

Während des frühen 1. Jahrtausends v. Chr. griff ein mehr mit seiner Innenpolitik beschäftigtes Ägypten nur noch selten in die Belange der Levante ein. Siamun scheint gegen die Philister vorgegangen zu sein, während Scheschonq I. im 10. Jahrhundert v. Chr. in Israel und Juda einfiel und Necho II. im 7. Jahrhundert v. Chr. mit Babylon an der Levante aneinandergeriet. Aber sonst begnügte sich Ägypten mit Handelsbeziehungen zum Nahen Osten und benutzte dessen Kleinstaaten als Pufferzone zwischen dem eigenen Land und Assyrien – bis alle dem Großreich der Perser einverleibt wurden.

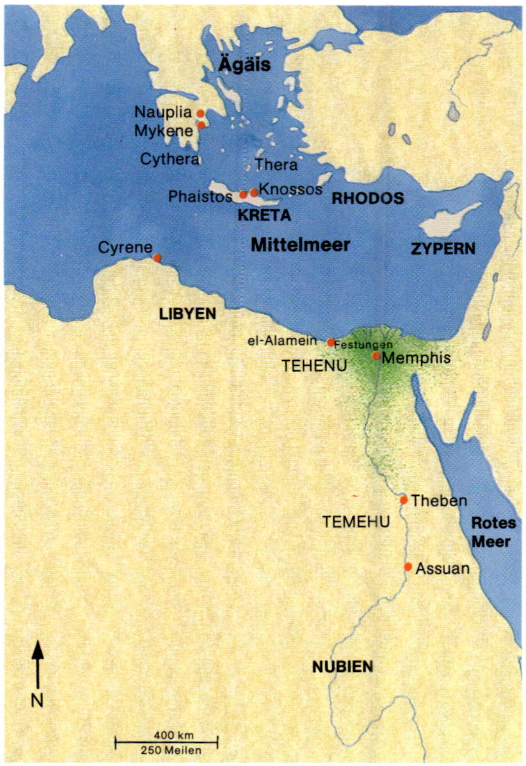

LINKS: Karte der ägyptischen Interessensgebiete in Libyen und der Ägäis.

Richtung Westen: Libyen und der ägäische Raum

Entlang der nordafrikanischen Küste, im Westen des ägyptischen Deltas, zieht sich eine schmale Küstenzone zwischen dem Mittelmeer und der Wüste hin: das antike Libyen. In frühesten Zeiten hatten seine Einwohner enge Beziehungen zum westlichen Delta, doch die pharaonische Kultur drängte an die Macht und überlagerte das libysche Element (wie in Nubien). Während

LINKS: Fayencekacheln mit der Abbildung ausländischer Gefangener (von links nach rechts: Libyer, Nubier, Syrer, Schasu-Beduine aus Syrien-Palästina, Hethiter) aus Medinet Habu. Darstellungen dieser Art waren an den Stufen des königlichen Throns angebracht; sie wurden vom Fuß des Herrschers betreten und symbolisierten so die alles bezwingende Macht des Königs. Egyptian Museum, Kairo/Jürgen Liepe

»Krieg und Frieden« im alten Ägypten

Nach dem Tod des jungen Tutanchamun (der ohne Erben blieb) 1327 v. Chr. sandte seine Witwe eine Botschaft an den hethitischen Großkönig mit der Anfrage, ob es möglich sei, einen Sohn des anatolischen Herrschers zu heiraten, der dann nächster König in Ägypten werden solle. Dieser Sohn wurde bei seiner Ankunft in Ägypten ermordet. Daraufhin erklärte der empörte Hethiterkönig Ägypten den Krieg. Die Feindschaft glomm über Jahrzehnte hinweg und brach erst offen aus, als Sethos I. mit seinen Truppen in Syrien einmarschierte und das seit langem verlorene Gebiet von Amurru (der moderne Libanon und sein Umfeld) sowie den wichtigsten Stadtstaat des Hethiterreiches – Kadesch – eroberte. Jedoch mußte Ägypten dem folgenden hethitischen Druck nachgeben, so daß Amurru und Kadesch in hethitischen Händen verblieb, die Herrschaft Ägyptens über Zentralphönizien aber aufrecht erhalten werden konnte.

Diese Situation fand das äußerste Mißfallen Ramses' II (1279–1213 v. Chr.), des ehrgeizigen Sohnes und Nachfolgers von König Sethos I. In seinem vierten Regierungsjahr eroberte er Amurru zurück und rückte im folgenden Jahr gegen Kadesch vor, um die Großtaten seines Vaters zu wiederholen. Doch es sollte ganz anders kommen. In der Zwischenzeit hatte der hethitische König Muwatallis eine Falle gestellt und wartete auf den sich Kadesch nähernden Ramses II. Zwei falsche »Spione« der Hethiter ließen sich gefangennehmen und berichteten Ramses, daß der hethitische König zitternd vor Angst viele Kilometer südlich stehe. Ramses stürmte deshalb unbesorgt mit einer Division vorwärts, während die anderen Divisionen ungeordnet hinter ihm herzogen. Selbstverständlich befand sich der listige Hethiter ganz in der Nähe von Kadesch und führte nun seine vorzügliche Streitwagentruppe über den Fluß Orontes, um Ramses und sein Feldlager in dieser ungeschützten Situation anzugreifen. Als sie gerade auf dem Weg waren, nahmen die ägyptischen Wachen zwei wirkliche Spione der Hethiter gefangen und prügelten die unwillkommene Wahrheit aus ihnen heraus: Die Hethiter standen ihnen unmittelbar gegenüber! Nachdem die Hethiter eine ägyptische Devision überrollt (und eine weitere in Panik versetzt) hatten, sammelte Ramses die Kämpfer in seiner unmittelbaren Nähe, um den Feind mit tollkühner Tapferkeit zurückzuschlagen. Zu diesem Zeitpunkt erschien im Westen eine Hilfstruppe in ausgezeichneter Marschordnung »von der Küste Amurrus«. Ihr Eingreifen veränderte die Lage. Mit ihrer Unterstützung stoppte Ramses die hethitische Streitmacht und trieb sie zum Fluß zurück.

Am nächsten Tag war Ramses an der Reihe, einen Gegenangriff – wenn auch ohne Erfolg – zu starten. Muwatallis schlug einen Frieden vor, Ramses wollte darauf nicht eingehen und marschierte erfolglos – ohne Kadesch eingenommen zu haben – nach Ägypten zurück. Aber auch der Triumph der Hethiter war geschmälert, da Assyrien eines ihrer Protektorate erobert hatte. Einige Jahre später gewann Ramses die Kontrolle über seine südlichen Besitzungen in Syrien zurück, aber wiederholte Kriegszüge nach Nordsyrien (außerhalb von Kadesch) brachten ihm nichts ein.

OBEN: Die befestigte Stadt Kadesch mit der zusammengezogenen hethitischen Infanterie im Vordergrund, die noch nicht in das Kampfgeschehen eingegriffen hat. Auf dem Pylon (monumentaler Torbau) des Tempels in Luxor. H. Champollion

LINKS: Gegenangriff Ramses' II. gegen die hethitische Streitwagenmacht bei dem Versuch, aus der Einkesselung auszubrechen und sich mit den ägyptischen Gruppen zu vereinen, die auf dem Weg nach Kadesch waren. Auf dem Pylon des Tempels in Luxor. H. Champollion

LINKS: Der laminierte (aus mehreren Schichten zusammengesetzte) Kompositbogen war die effektivste weitreichende Waffe der ägyptischen Infanterie und der Streitwagentruppen während des gesamten 13. Jahrhunderts v. Chr. Die große Bedeutung, die dieser Waffe zugemessen wurde, spiegelt sich darin, daß sie regelmäßig in der Hand des Königs abgebildet wird.

MITTE: Ein ägyptischer Infanterist war mit einem Speer, einem Schild und einer Waffe für den Nahkampf, z. B. einer Streitaxt, einem Krummschwert oder einem Dolch bewaffnet. Eine Rüstung wurde dagegen nicht verwendet.

UNTEN: Der von Pferden gezogene Streitwagen wurde um 1600 v. Chr. eingeführt. Es handelte sich dabei hauptsächlich um eine einfache Plattform für einen Bogenschützen und weniger um ein Transportmittel für die gut organisierte Infanterie.

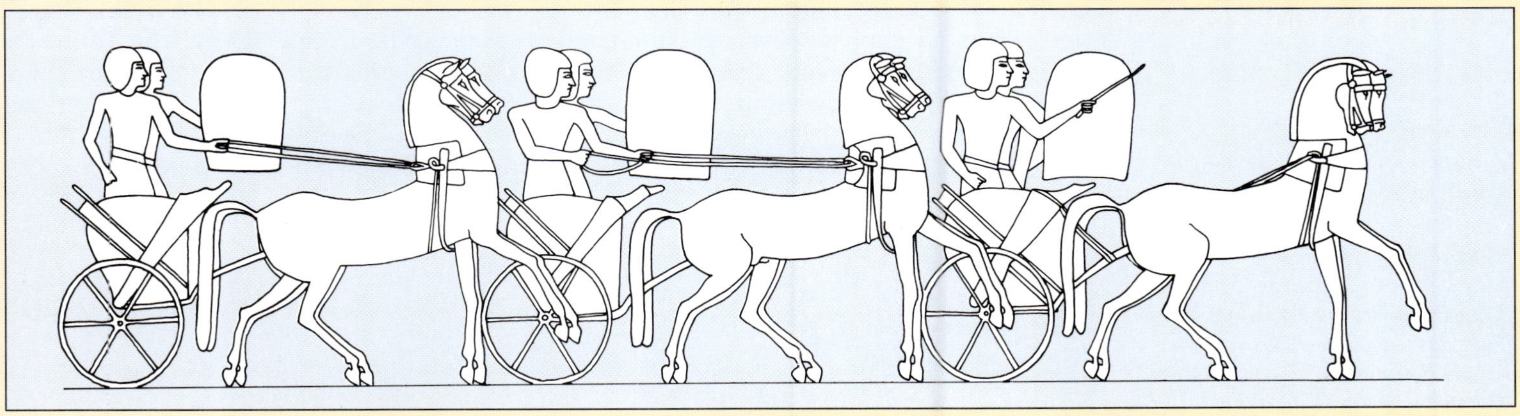

Der nächste hethitische Herrscher, Hattusilis III., mußte an zwei verschiedenen Fronten Krieg führen: Ägypten und Assyrien. An eine Niederwerfung Assyriens war nicht zu denken, aber ein Friedensschluß mit Ägypten erschien nicht unerreichbar. So kam es zu dem historischen Friedensvertrag und Bündnis zwischen Hatti und Ägypten im 21. Regierungsjahr Ramses' II., begleitet von großem offiziellen Jubel und dem Austausch von Glückwunschbotschaften zwischen den beiden Königshöfen. Ein Dutzend Jahre später waren die gegenseitigen Beziehungen so gefestigt, daß Hattusilis Ramses II. anbot, seine älteste Tochter zu heiraten. Die Verhandlungen brauchten wiederum etwas Zeit; im Jahre 34 kam die Prinzessin schließlich in Ägypten an und »sie war schön in den Augen seiner Majestät« und er liebte sie »bis zum Wahnsinn«. Etwas später heiratete Ramses eine zweite hethitische Prinzessin, die von einer märchenhaften Mitgift begleitet war, wie hochpoetische Inschriften mit Genuß zu berichten wissen. Der Ruhm dieser Heirat überdauerte fast tausend Jahre. So ersannen im 4. Jahrhundert die Priester des Gottes Chons in Theben eine ganze Erzählung über die Heilkräfte ihres Gottes in Zusammenhang mit Ramses und der Prinzessin von »Bachtan«. Die Geschichte nimmt Bezug auf einen Vorteil, der den Hethitern im Friedensvertrag zugestanden worden war – sie konnten auf die medizinischen Erfahrungen der ägyptischen Ärzte zurückgreifen, deren überragende heilkundliche Kenntnisse und Verfahren zur »Hochtechnologie« dieses Zeitalters gehörten.

OBEN: Darstellung einer Gruppe von Aamu-Nomaden im Grab des Chnumhotep in Beni Hassan, 1880 v. Chr. Die Beischrift zur Szene berichtet von einer Expedition, die ausgerichtet worden war, um Rohstoffe zur Herstellung von dunkler Augenschminke zu holen. Das Zielgebiet war möglicherweise der Gebirgszug des Gebel el-Zeit an der Küste des Roten Meeres, auch Beduinen konnte man auf solchen Expeditionen begegnen.
H. Champollion

des Alten und Mittleren Reiches (3. bis frühes 2. Jahrtausend v. Chr.) wurde die grundsätzlich friedliche Koexistenz nur von gelegentlichen Kriegen unterbrochen. Dabei zogen die Pharaonen wohl deshalb gegen die Einwohner Libyens, die Temehu und Tehenu, um sie von Siedlungsversuchen in den reicheren Gebieten des Deltas abzuhalten. So ein Zusammenstoß fand möglicherweise zu Beginn des Neuen Reiches statt, doch bleiben die Beziehungen während der ersten zwei Jahrhunderte für uns im Dunklen und können somit auch friedlich gewesen sein. Unter Sethos I. (1294 - 1272 v. Chr.) änderte sich die Sachlage dramatisch, er begann mit einem großangelegten Kriegszug gegen das Land der Tehenu, auf dem erstmalig auch die Namen von bislang unbekannten Stämmen verzeichnet wurden (so des Stammes der Libu, Ursprung der modernen Bezeichnung Libyen).

Völkerschaften von jenseits des Mittelmeeres hatten die Bevölkerung Libyens verstärkt und der Wunsch nach zusätzlichem Land sie möglicherweise in Richtung auf das ägyptische Deltagebiet getrieben, so daß die Pharaonen sich wiederum genötigt sahen, ihr Land vor Übergriffen zu schützen. Ramses II. (1279 - 1213 v. Chr.) ließ eine ganze Reihe von Festungsanlagen, die mit »Fremdenlegionären« besetzt waren, entlang der Route nach el-Alamein errichten, um die libyschen Aktivitäten unter Kontrolle zu halten. Merenptah (1213 - 1203 v. Chr.) und Ramses III. (1184 - 1153 v. Chr.) mußten dort Krieg führen, um die Invasionsgefahr zu bannen. Doch der militärische Sieg beseitigte nicht den Druck von Libyen, und Infiltration ersetzte die direkte Invasion. Libysche Gefangene und Siedler gewannen im postimperialen Ägypten an Bedeutung und stellten sogar die Könige der 22. - 24. Dynastie. Danach, abgesehen von einer Auseinandersetzung unter Psammetich I. (664 - 610 v. Chr.), entspannten sich die Beziehungen, da das libysche Element weitgehend von der ägyptischen Kultur absorbiert worden war.

Jenseits des blauen Mittelmeers entwickelten sich die minoische und die mykenische Kultur auf den ägäischen Inseln und im griechischen Mutterland. Minoische Händler kamen zur Zeit des Mittleren Reiches nach Ägypten und der Austausch setzte sich auch im Neuen Reich fort. Auf dem Gebiet der Kunst gab es eine eher indirekte gegenseitige Beeinflussung; so zeigen ägäische Schiffe in den Malereien auf der Insel Thera (oder Santorin in den Kykladen, von einem Vulkanausbruch zerstört) einen gewissen Einfluß nautischer Tradition aus Ägypten und dem Nahen Osten, während künstlerische Elemente der Ägäis (solche wie die Darstellung des fliegenden Galopps und konturierter Felslandschaften) nur gelegentlich die ägyptische Kunst belebten. Kretische Abgesandte wurden auch in ägyptischen Gräbern abgebildet und ägyptische Ortsnamenlisten schließen Knossos, Lyktos und vielleicht Phaistos auf Kreta, sowie Kythera, Nauplia und sogar Mykene selbst mit ein. Obwohl sie niemals in der ägäischen Welt Eroberungen durchführten, verschafften sich die Ägypter Kenntnisse über ihre Städte und Häfen. Der Niedergang der ägäischen Kulturen um 1200 v. Chr. führte zu einem dauerhaften Bruch in den Beziehungen, bis ab dem 7. Jahrhundert v. Chr. das

RECHTS: Ein malerischer Bericht über das Land Punt stammt aus dem Totentempel der Königin Hatschepsut (1479 - 1457 v. Chr.) in Deir el-Bahari. Einige der bemerkenswerten Details der Fauna und Flora lassen Rückschlüsse auf eine lokale Bestimmung zu. Unter den Darstellungen der Einwohner nimmt Iti, die Frau des »Fürsten von Punt« eine wichtige Rolle ein. Das Originalrelief wurde abgenommen und befindet sich heute im Ägyptischen Museum in Kairo.
Werner Forman Archive

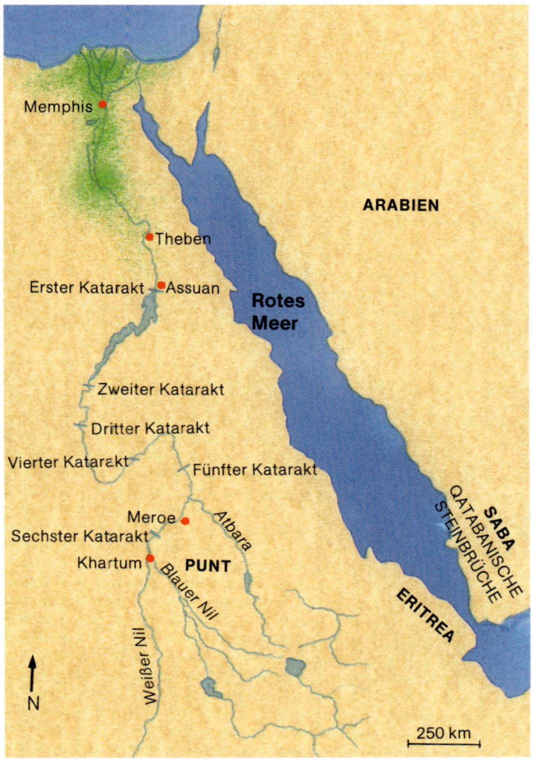

Klassische Griechenland Ägyptens Handelspartner und zeitweiser Verbündeter gegen die Perser wurde. Alexander der Große nahm schließlich das ganze Gebiet ein und die Ptolemäer (305 – 30 v. Chr.) beherrschten Ägypten bis zur Eroberung durch Rom.

Richtung Osten: Punt und das Rote Meer

Zu allen Zeiten beuteten die Ägypter die trockenen Wüstenregionen aus, die zwischen dem fruchtbaren Niltal und der unerträglichen Hitzezone des Roten Meeres lagen. Am nördlichsten Punkt, östlich dem Delta gegenüber, wurde auf der Halbinsel Sinai über fast zwei Jahrtausende hinweg, von der 1. bis zur 20. Dynastie, der herrlich blaue Türkis abgebaut. Viel weiter südlich verbindet das Wadi Hammamat Niltal und Meeresküste an seiner engsten Stelle und lieferte schieferartige Gesteine für Statuen und Bauwerke. Die Erforschung der Wüsten in dieser Region und weiter südlich führte zum Goldabbau und zur Suche nach Halbedelsteinen – neben dem Sinai-Türkis auch nach Karneol und Amethyst.

Aber die Verbindungen nach Südosten reichten noch weiter. Schon in der späten Vorgeschichte wurde schillernd schwarzer Obsidian vom Südende des Roten Meeres, aus Äthiopien und (indirekt) aus Südarabien erhandelt. Diese Handelsbeziehungen hielten nicht auf Dauer an, aber die Ägypter bewahrten die Erinnerung an die exotischen Produkte. Deshalb sandten die Pharaonen seit dem Alten Reich Expeditionen durch das Rote Meer bis nach Punt, hauptsächlich um Aromastoffe (Myrrhe, Weihrauch), aber auch Gold, Leopardenfelle und fremdartige Geschöpfe zurückzubringen. Die Könige des Mittleren Reiches gründeten einen Seehafen an der Küste des Roten Meeres, als Ausgangspunkt für die Expeditionen nach Punt. Aber wo lag Punt eigentlich? Nach allgemein anerkannten Ergebnissen der Forschung war Punt ein Land an der Küste des Roten Meeres im Sudan und in Eritrea und scheint sich vom nordwestlichen Teil des äthiopischen Hochlandes über die weiten Ebenen des Sudans bis zum Nil südlich von Khartum erstreckt zu haben. Regen, der in den »Bergen von Punt« fiel, floß in den Nil – was definitiv die alten Theorien, die Punt in Arabien oder Somalia lokalisieren wollten, widerlegt. Schon im Neuen Reich scheint die einzig mögliche sporadische Verbindung mit Arabien der flüchtige Besuch der Genebtyu-Leute gewesen zu sein, die zur Zeit Thutmosis' III. (1479 – 1425 v. Chr.) Aromastoffe nach Ägypten brachten. Möglicherweise waren sie entfernte Vorgänger der Gebbaniten aus Südarabien, die von Plinius, dem römischen Staatsmann und Gelehrten (23 – 79 n. Chr.), erwähnt werden. Die jüngst in Westarabien zum Vorschein gekommenen bronzezeitlichen Belege aus dem 2. Jahrtausend v. Chr. verifizieren diese Vorstellung.

Wie thebanische Wandmalereien nachweisen, kamen die Bewohner von Punt in ihren einfachen Segelschiffen auch nach Norden, um Handel zu treiben. Das bedeutendste Zeugnis, das die Erinnerung an Punt wachruft, sind die reliefierten Darstellungen im Totentempel der Königin Hatschepsut in Theben-West. Sie zeigen die lokalen Pfahlbauten, die Fische des Roten Meeres, die Myrrhenbäume, die exotische Tierwelt (Giraffen, Paviane, Nashörner) und auch die Einwohner von Punt selbst, die wohl afrikanischer Abstammung waren. Ramses III. (um 1180 v. Chr.) vermerkte die letzte bekannte Verbindung mit Punt. Danach sandte Ägypten keine staatlichen Expeditionen mehr so weit in die Ferne und auch die Bedingungen in Ostafrika änderten sich. Erst in ptolemäischen Zeiten forderte das Rote Meer wieder zu Segelunternehmungen heraus, die in Verbindung mit dem alten südarabischen Weihrauchhandel der Königreiche der Sabäer, Qatabaner und Minäer standen. In römischer Zeit eröffnete dann die Monsunhandelsroute zu den Reichtümern Indiens eine weit größere Welt.

LINKS: Karte mit den Gebieten am Roten Meer und dem Land Punt, zu denen Ägypten Kontakte besaß.

OBEN: Kolossalstatue des persischen Königs Darius' I. (521 – 486 v. Chr.). Unter seiner Regierung war Ägypten Teil des persischen Großreiches. Die Statue wurde in Susa, im westlichen Iran, gefunden und ist mit ägyptischen Hieroglyphen und mit Keilschriftzeichen (Altpersisch, Elamitisch und Akkadisch) beschriftet. Der ägyptische Stil der Statue ist unmißverständlich sichtbar, obwohl das Gewand und die Stiefel persisch sind.
Museum Iran Bastan, Teheran/ Michael Roaf

Die Welt der Götter

Waltraut Guglielmi

Die altägyptische Religion läßt sich über einen längeren Zeitraum zurückverfolgen als alle anderen Religionen, und ihre Götter wurden über mehr als drei Jahrtausende hinweg verehrt. Während dieser Periode blieben Namen und Ikonographie weitgehend unverändert und auch das äußere Erscheinungsbild der Tempel wandelte sich kaum. So behauptet ein Text im Tempel von Edfu, der von den Königen der Ptolemäerzeit (3. – 1. Jahrhundert v. Chr.) errichtet wurde und nahezu vollständig erhalten geblieben ist, daß er nach dem Plan des Architekten Imhotep erbaut worden sei. Dieser Beamte lebte aber während der Regierungszeit des Königs Djoser (2628 – 2609 v. Chr.) und damit fast 2500 Jahre vor dem Tempelbau. Diese Unveränderlichkeit und Beständigkeit beeindruckte auch die Reisenden der Klassischen Antike. Herodot war von der Frömmigkeit der Ägypter und von der religiösen Durchdringung aller Lebensbereiche überwältigt und fasziniert. Dieses Gefühl für Religiosität fand sich auch später in der jüdisch-christlichen Tradition wieder. Es ist höchstwahrscheinlich, daß der Sonnengesang des Echnaton sich in *Psalm 104* und die *Lehre des Amenemope* in den *Sprüchen Salomos* 22 : 17 – 23 : 11 widerspiegelt.

Die tausendfachen Erscheinungsformen und besonders die Tiergestaltigkeit ägyptischer Götter führten aber auch zu radikaler Ablehnung. Im 2. Jahrhundert n. Chr. mokierte sich der weitgereiste griechische Schriftsteller Lukian (geboren im syrischen Samosate) über die hunde- und katzenköpfigen Götter und machte Späße über den hundeköpfigen Anubis, den »Jauler«. Während Lukian die tiergestaltige Erscheinung mit der Gottheit selbst identifizierte, kennt man von anderen Autoren davon abweichende Einschätzungen des Phänomens. Plutarch sah in der Tiergestalt ein Symbol für besondere übermenschliche Eigenschaften der Götter. Neben den Gottheiten mit Tierköpfen, wie dem krokodilsköpfigen Sobek, der schlangenköpfigen Renenutet und dem ibisköpfigen Thot, gab es Götter von rein menschlicher Form, wie Isis und Osiris, und ebenso rein tiergestaltige, wie den Apis-Stier oder den heiligen Käfer (Skarabäus), eine Inkarnation des Sonnengottes Cheper.

Kosmische Erscheinungen und Himmelskörper besaßen ebenfalls eine göttliche Natur, z. B. der Sonnengott oder die Sothis (der Stern Sirius, der die Nilflut ankündigte). Die Anzahl der Götter war unendlich: Die Ägypter sprachen von »Millionen« und unternahmen niemals den Versuch, einen Katalog von ihnen allen aufzustellen. Obwohl zahllose religiöse Texte überliefert sind, war die ägyptische Religion keine Buch-, sondern eine Kultreligion – die Götter wurden in ihren Bildern angebetet. In der Tat muß Ägypten als klassisches Land des Goldenen Kalbes gelten.

Götter lassen sich nicht ausschließlich nach ihrer Gestalt oder nach ihrem Kultort beurteilen. Amun, der Hauptgott des Neuen Reiches und »König der Götter« von Kar-

GANZ OBEN: Der Gott Bes aus dem Mammisi (»Geburtshaus«) des Tempels der Hathor von Dendera, 2. Jahrhundert v. Chr. The Image Bank/Alain Choisnet

OBEN: Kopf eines goldenen Tempelkultbildes des Gottes Horus, der als Falke dargestellt wird, wohl um 2250 v. Chr., mit späteren Zusätzen. Egyptian Museum, Kairo/ John G. Ross

LINKS GEGENÜBER: Statue des Gottes Ptah aus vergoldetem Holz, blauer Fayence und Bronze. Gefunden im Grab des Tutanchamun (1336 – 1327 v. Chr.) im Tal der Könige. Egyptian Museum, Kairo/ The Image Bank/Co Rentmeester

RECHTS: Sethos I. erhält einen Halskragen von der Göttin Hathor. Aus dem Grab des Pharao im Tal der Könige.
Museo Archeologico, Florenz/ John G. Ross

UNTEN: Lebensgroße Kalzitgruppe Amenophis' III. (1391 – 1353 v. Chr.) mit dem krokodilköpfigen Gott Sobek von Sumenu (das heutige Mahamid el-Giblija in Oberägypten). Ramses II. (1279 – 1213 v. Chr.) übernahm die Statue später, indem er seine eigenen Namen und Titel darauf anbringen ließ. Die Figur wurde am Boden eines mit Wasser gefüllten Schachtes zur Aufzucht von Krokodilen gefunden.
Luxor Museum of Ancient Egypt Art/James H. Morris

RECHTS: Sethos I. (1294 – 1279 v. Chr.) vollzieht eine der Kulthandlungen des täglichen Tempelrituals. Er wechselt das Gewand des Götterbildes des Amun-Re »der im Tempel des Menmaatre (Sethos I.) ist«. Szene aus dem Tempel von Abydos, Kopie von Amice M. Calverley und Myrtle F. Broome.
Egypt Exploration Society, London/ Ashmolean Library, Oxford

nak, wird normalerweise als Mann mit hoher Federkrone dargestellt, kann aber auch als Widder oder Gans auftreten. Hathor, die Göttin des Himmels und der Liebe, erscheint gewöhnlich in Kuhgestalt, wurde aber ebenso als Schlange oder in ihrem Kultgerät, dem Sistrum (einer Zeremonialrassel), verehrt. Die Kuhgestalt konnte darüber hinaus auch von weiteren Himmelsgöttinnen, wie Nut, Methyer und Neith angenommen werden.

Den ägyptischen Göttern fehlt der festgelegte Charakter, den die griechischen Gottheiten zumeist besitzen. Sie können wie Energiefelder miteinander verbunden oder verschmolzen werden, und so wurde Isis in der Spätzeit häufig mit Hathor gleichgesetzt. Namen und Epitheta sind bei den sogenannten synkretistischen Göttern, bei denen eine Gottheit zum Aspekt einer anderen wird, ebenfalls austauschbar. Folglich wurde in der Verbindung Ptah-Sokar-Osiris der memphitische Totengott Sokar zu einem Aspekt des Ptah, des Stadtgottes von Memphis, und gleichermaßen der memphitische Aspekt des Osiris, des universellen Totengottes.

Im Gegensatz zu unserem vollständig jenseitigen Gottesbild, sind die altägyptischen Götter auch als Bestandteil der diesseitigen Welt zu betrachten – der kosmischen Erscheinungen, der Tiere und Pflanzen, der Kultobjekte und der Statuen, und in der Tat auch des Königs, der als Inkarnation des Gottes Horus angesehen wurde. Der König ist als Amtsträger göttlich, weil sich in ihm ein Gott manifestiert, aber er ist nicht selber ein Gott, von äußerst ungewöhnlichen Ausnahmen abgesehen.

Die Dimensionen der Gotteserkenntnis

Nach einem von dem deutschen Ägyptologen Jan Assmann entwickelten Modell besitzt die Göttlichkeit im religiösen Verständnis Altägyptens vier Dimensionen:

Die lokale oder kultische Dimension

Jedem Hauptgott kommt die Rolle des Grundbesitzers und Eigentümers eines Tempels zu, den er in Gestalt seines Kultbildes bewohnt, geschützt im Sanktuar vor allem Profanen und versorgt von Priestern, die an strenge Reinheitsgebote gebunden waren. Ein Ritual bestand aus 66 Handlungsschritten, wie verschiedene Aufzeichnungen und Tempelreliefs belegen. Das tägliche Kultbildritual wurde in allen Tempeln seit dem Neuen Reich (1540 – 1069 v. Chr.) in der gleichen Weise durchgeführt, wobei man die Liturgie als Kommunikation zwischen Göttern, nicht zwischen Mensch und Gott auffaßte. So spielte der König immer die Rolle eines Gottes, die aber in der Praxis ein Priester als Stellvertreter übernahm.

LINKS: Marmorstatue des Gottes Anubis, erkennbar an seinem Schakal-(»Hunde«-)Kopf und der Mondscheibe. Römische Interpretation der altägyptischen Ikonographie des Gottes (2. Jahrhundert n. Chr.)
Museo Gregoriano Egizio, Vatikan/ C. M. Dixon

Das Kultbild wurde nur an Festtagen in einem tragbaren Schrein, von einem Vorhang den Blicken entzogen, nach draußen an die Öffentlichkeit gebracht. Jeder Tempel vermittelt zwei architektonische Gedanken: Er ist der Wohnort Gottes und dient der heiligen Barke als Prozessionsweg. Gleichzeitig, mythologisch formuliert, verkörpert er den »Urhügel«, den Platz, an dem sich zu Beginn der Welt, als es aus dem Urgewässer des Nun aufstieg, das göttliche Wesen niederließ. In kultischer Hinsicht sind die Götter örtlich gebundene Herrscher, Stadt- und Gaugottheiten, die gemeinsam die symbolische Repräsentanz des Landes bilden. Die symbolische Präsenz der Götter manifestiert sich in ihren Kultbildern und Reliefdarstellungen und wird als zeitweiliger Aufenthalt verstanden.

Die kosmische Dimension

Der im Tempel vollzogene Kult besaß auch einen Einfluß auf kosmische Ereignisse. Er sollte den Lauf der Welt in Bewegung halten, zum Beispiel die auf- und untergehende Sonne oder die Überschwemmung des Nils zur rechten Zeit und in ausreichender Höhe. Deshalb wurde jeder Tempel als Abbild des Kosmos verstanden und jede Hauptgottheit hatte einen Bezug zu kosmischen Phänomenen. In dieses System waren nicht nur echte kosmische Götter einbezogen, wie die Himmelsgöttin Nut, der Erdgott Geb, der Luftgott Schu; der Sonnengott Re oder die Mondgötter Chons und Thot, sondern auch Gottheiten, die eine bestimmte Aufgabe in der Natur zu erfüllen hatten, wie Hapi, der Gott der Nilflut, oder der Schöpfergott Ptah, der zugleich Schutzpatron der Künstler und Handwerker war. Dem Ägypter erschienen der Kosmos und die Natur als ein engverknüpftes Handlungsgeflecht wohlgesinnter, aber auch gefährlicher Mächte, in dem jeder Gott seinen Beitrag leistete. Natur und weit entfernter transzendenter Himmel werden somit nicht als Einzelphänomen »Welt« oder »Kosmos« verstanden, sondern als die Gesamtheit der Aktionen zahlreicher Gottheiten. Die Göttin Nut ist demzufolge nicht nur der Himmel, sondern das, was der Himmel tut: Sie gebiert die Sonne und die Sterne und birgt sie in sich, weshalb sie auch als Mutter- und Totengöttin gilt. Die Funktionen des Sonnengottes bewirken nicht nur den täglichen Sonnenlauf, sondern auch das Wachsen der Nahrungsmittel auf der Erde.

In dieser Dimension bestand die Aufgabe des Königs darin, Hilfestellung zu leisten, um die kosmische Ordnung zu verwirklichen, die wie die soziale Ordnung in den Begriff der *Maat* mit eingeschlossen war; seine Handlungen bezogen sich aber nicht nur auf den Kosmos, sondern auch auf die

UNTEN: Tempel der Göttin Satis auf der Insel Elephantine am 1. Nilkatarakt. Die Verehrung der Göttin läßt sich an diesem Ort bis zu Beginn der altägyptischen Geschichte um 2900 v. Chr. zurückverfolgen, als ihre Kultanlage noch aus einer einfachen Felsnische bestand.
H. Champollion

Der Totenglaube

Nach ägyptischer Vorstellung war der Tod nicht das Ende des Lebens, sondern der Anfang einer neuen Existenz im Jenseits. Ausgedehnte Begräbnisbräuche und Rituale begleiteten diesen Neuanfang. Da die körperliche Unversehrtheit zur Daseinsform des jenseitigen Lebens gehörte, wurde der Körper konserviert, das heißt mumifiziert. Der Verstorbene hoffte, so in der Lage zu sein, als »verklärter« Körper von der erhaltenen Mumie wiederaufzuerstehen, die für die gefährliche Reise in eine andere Welt extra präpariert worden war. Eine entscheidende Rolle spielte der Bau des Grabes – das »Haus der Ewigkeit« –, in das der balsamierte Körper nach 70 Tagen gebracht wurde. Das Grab bedeutete mehr als ein einfacher Bestattungsort. Es war ein sichtbares Zeichen des sozialen Status und enthielt die Autobiographie mit dem Lebensbericht des Verstorbenen, der es ihm ermöglichte, vor der Nachwelt und im Jenseits zu bestehen. Gleichzeitig verewigte das Grab die Persönlichkeit des Verstorbenen nicht nur in Form seiner Mumie in der Sargkammer, sondern auch durch die Inschriften, Darstellungen und Statuen, die als Ersatz für den Körper des Verstorbenen galten.

Während im Alten Reich (2647–2124 v. Chr.) ein Leben nach dem Tode vom König garantiert wurde, der auch für ein angemessenes Begräbnis sorgte, führte die besondere Vorstellung von der Unsterblichkeit des Königs im Mittleren Reich (2040–1648 v. Chr.) dazu, daß auch der einfache Verstorbene, im Zusammenhang mit der »Demokratisierung« des Osiris-Glaubens, an der Unsterblichkeit teilhaben konnte. Jeder Mensch wurde nun nach dem Tode und der Durchführung der notwendigen Riten zu Osiris. Das Weiterleben war mit dem Schicksal des Osiris verknüpft, und der Gedanke an Unsterblichkeit für jedermann zugänglich. Ebenso wie Osiris im Mythos Gerechtigkeit gegenüber seinem Mörder Seth vor Gericht erlangt hatte und die Herrschaft über die Unterwelt zugesprochen bekam, so erlangte auch der Verstorbene seinen ihm zustehenden Status in der jenseitigen Welt. Das Gericht im Jenseits mit seinem Rechtfertigungsprinzip wurde im Neuen Reich, einem eher ethischen Anspruch folgend, erweitert und zu einem allgemeinen Totengericht, vor dem sich jeder, auch der König, zu verantworten hatte. Die Verstorbenen mußten sich vor einem göttlichen Ankläger mit Hilfe des »Negativen Sündenbekenntnisses« verantworten, das Sünden gegen die Allgemeinheit, die Tempel, die Kultvorschriften aber auch sexuelle Verfehlungen mit einschloß. Das Herz des Verstorbenen (das man als Sitz des Bewußtseins betrachtete) wurde gegen die *Maat* (»Wahrheit«), durch eine Feder symbolisiert, aufgewogen. Wenn der Verstorbene Sünden begangen hatte, senkte sich die Schale unter dem Gewicht des Herzens, wobei sich die Waagschale mit der leichteren Feder hob. Im Falle einer Verurteilung durch die 42 Totenrichter fiel der Verstorbene der Verdammnis und damit einem zweiten Tod zum Opfer und wurde von einem Untier mit der Bezeichnung »Fresser(in)« verschlungen.

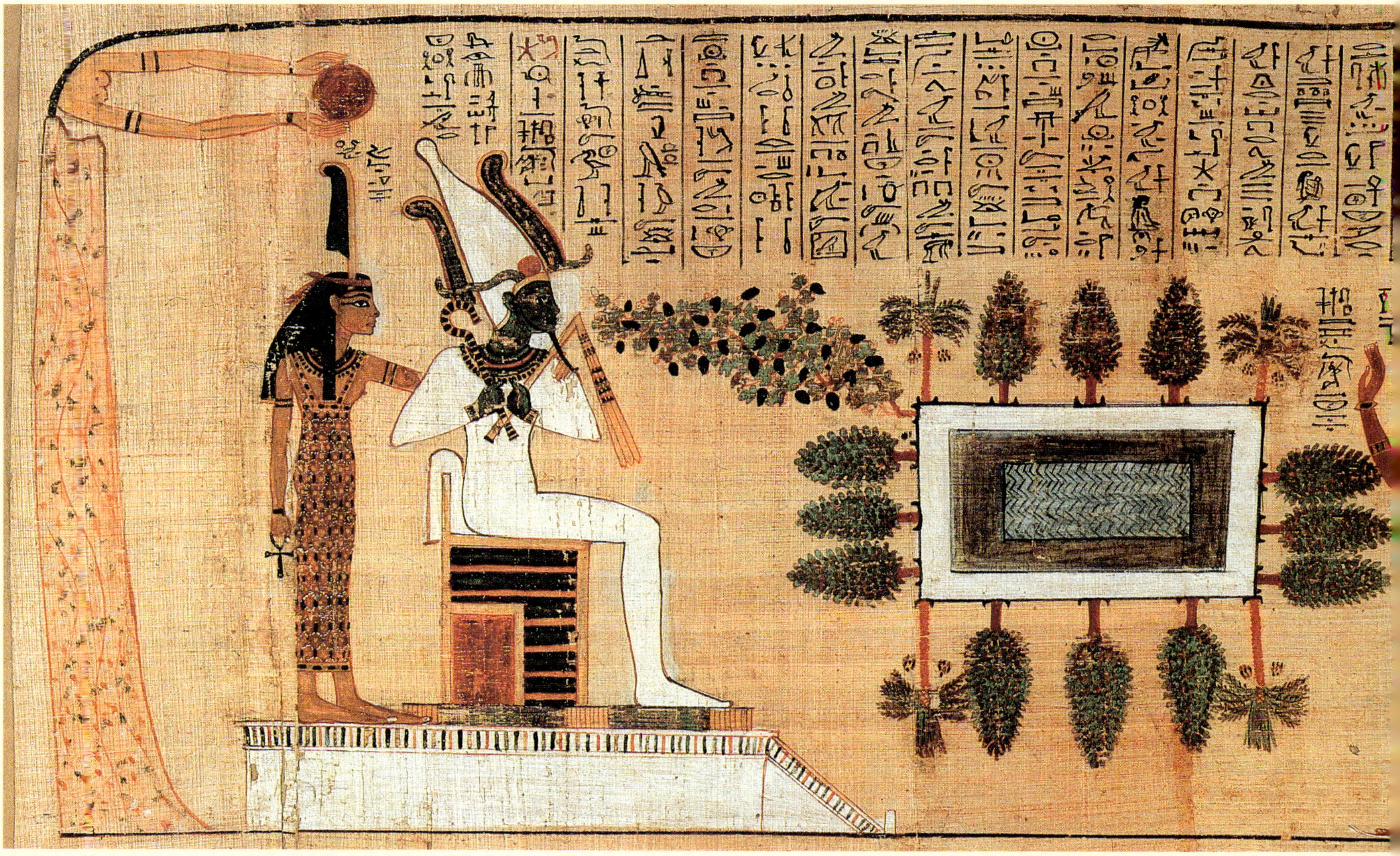

UNTEN: Spruch 15 (eine Hymne an den Sonnengott Re) mit einer Vignette (Abbildung) aus einem Totenbuchpapyrus, um 1300 v. Chr. Der »General des Herrn der Beiden Länder (Ober- und Unterägypten)« Nacht und seine Gemahlin, die »Sängerin des Gottes Amun« Tjuiu stehen vor dem thronenden Gott Osiris und der Göttin Maat. Hinter ihnen empfängt die Göttin des Westens die untergehende Sonne mit ihren ausgestreckten Armen. British Museum, London

Das Jenseits war nun eine Verbindung aus dem himmlischen Leben nach dem Tode des Königs mit der Unterwelt des Osiris. Vor der langersehnten Begegnung mit Osiris oder Re in der Sonnenbarke war die Reise durch die Unterwelt zu absolvieren, die der Verstorbene ausschließlich durch Wissen bewältigen konnte. Der Zweck der Sprüche auf den Särgen des Mittleren Reiches und auf den Papyri des Neuen Reiches lag hauptsächlich darin, den Verstorbenen mit dem Wissen und den Sprüchen auszustatten, die ihn vor den Gefahren der Unterwelt schützten und das Totengericht zu überstehen halfen. Die osirianische Unterwelt wurde von Dämonen und Ungeheuern bewacht, wobei diese Vorstellung mit dem Regenerationsgedanken des Mittleren Reiches verbunden war. Das zentrale Bild vom Kreislauf der Sonne, in dem der Sonnengott stirbt und jeden Tag wiedergeboren wird, erweiterte man durch das Motiv der mitternächtlichen Wiedervereinigung von Osiris und Re.

Im Alten Reich war der *ka* Träger der jenseitigen Existenz eines Menschen und als eine Art von Lebensenergie abhängig von der materiellen Versorgung des Verstorbenen. Er konnte sich in einer Statue befinden, um Essen und Trinken zu erlangen und mit den Lebenden Kontakt aufzunehmen. Daneben gilt als die wichtigste Existenzform im Jenseits der *ba*, eine Art sichtbare Seele. Er manifestierte sich am häufigsten in Gestalt eines Vogels, der auch einen Menschenkopf besitzen konnte, und stand für die langersehnte Freiheit, sich frei zu bewegen. Der Verstorbene unternahm seine Reise durch die Unterwelt als *ba* im Gefolge des Osiris und des Sonnengottes, um sich mit der Welt der Götter zu verbinden. Zur materiellen Versorgung brauchte der *ba* nur Wasser, deshalb entwickelte sich die Vorstellung, daß er von Wasserstellen in der Nekropole dazu verleitet werden konnte, sich wieder mit der Mumie, die er beim Tode verlassen hatte, zu vereinen.

Obwohl die Existenz der Götter niemals in Frage gestellt wurde, lassen sich im Mittleren Reich skeptische Stimmen nachweisen, die den Nutzen materieller Maßnahmen gegen den Tod und für eine körperliche Weiterexistenz in der Unterwelt in Zweifel zogen.

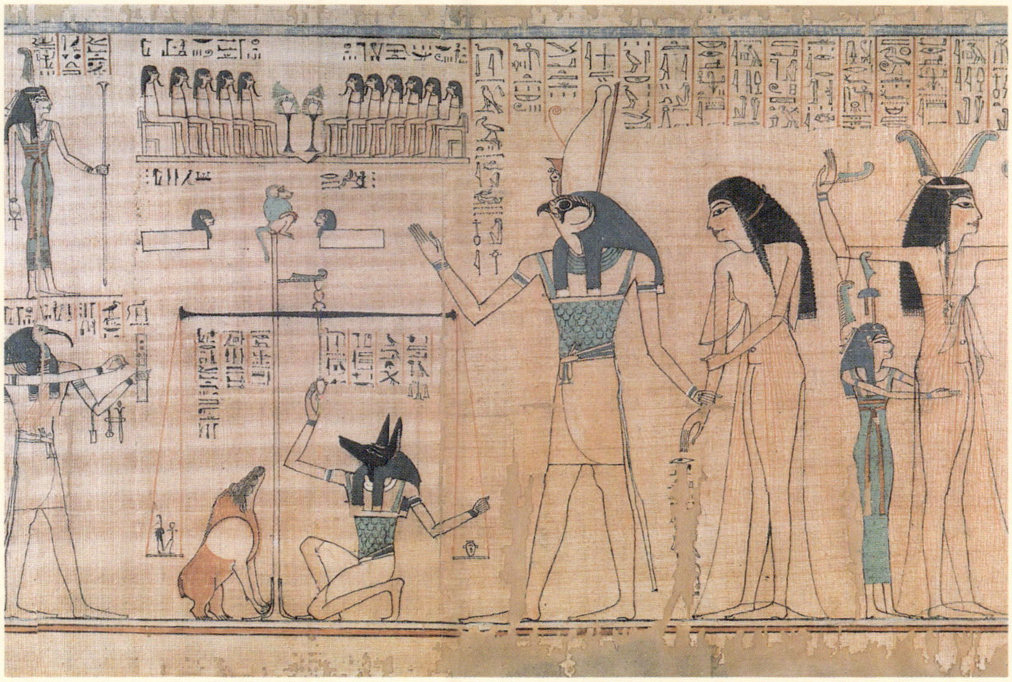

OBEN: Totengerichtsszene auf einem Totenbuchpapyrus der »Sängerin des Amun« Anhai, um 1050 – 950 v. Chr. Die Verstorbene wird vom Gott Horus-Thot vor Ptah-Sokar-Osiris geführt. Ihr Herz wird gegen die Maat (dargestellt durch eine kleine Figur der Göttin) vom schakalköpfigen Gott Anubis aufgewogen. Das weibliche Ungeheuer Ammit (die »Totenfresserin«) erwartet das Resultat, das von dem ibisköpfigen Gott Thot verkündet wird. Rechts hebt Anhai jubelnd die Arme und begrüßt so das positive Urteil (das durch die Straußenfedern der Maat in ihren Händen symbolisiert wird). »Geschützt« wird sie durch die hinter ihr stehende Königin des Westens. British Museum, London

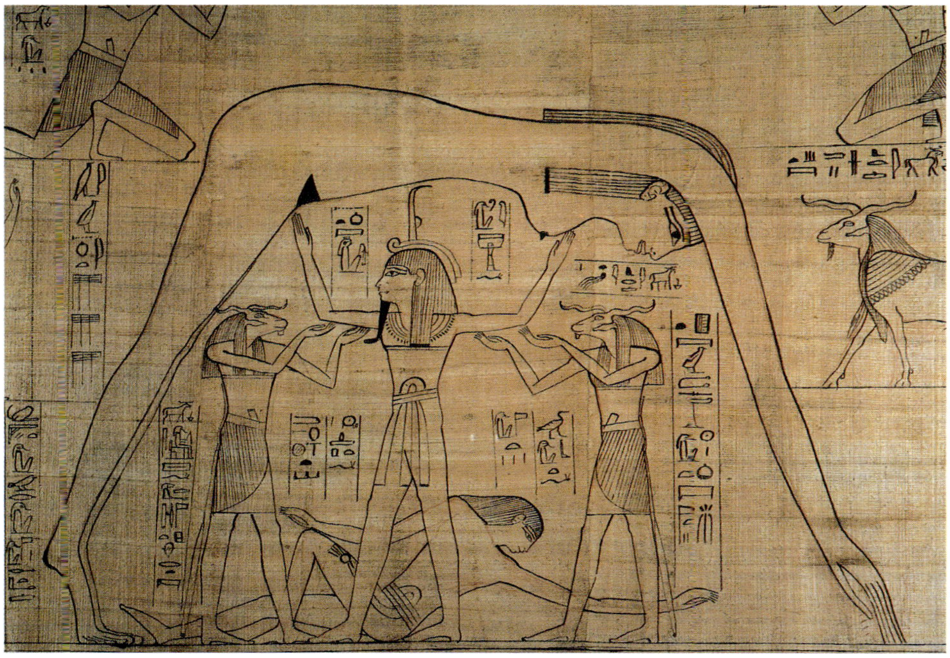

OBEN: Der Luftgott Schu trennt die Himmelsgöttin Nut vom Erdgott Geb. Vignette (Abbildung) auf dem Totenbuchpapyrus der »Obersten Leiterin der Haremsdamen des Gottes Amun-Re« Nesitanebetascheru. Ihr Papyrus enthält Sprüche aus dem Totenbuch *und den* Pyramidentexten.
British Museum, London

Geschichte. So wurden die politischen Feinde Ägyptens auch als Feinde des Sonnengottes gesehen, weshalb ein Sieg des Pharao über die Libyer als Wiederherstellung der kosmischen Ordnung gefeiert wurde.

Die mythische Dimension

In der mythischen Dimension steht der persönliche Aspekt der Götter im Vordergrund. Texte über Götter besitzen selten die Gestalt einer fortlaufenden Erzählung; der einzige zusammenhängende Mythos ist der Osiris-Mythos, den uns Plutarch in griechischer Sprache überliefert hat. Ägyptische Texte, die Götter betreffen, sind eher von allgemeinerer Natur und damit Vorläufer des Mythos. Sie enthalten alles, was sich über eine Gottheit feststellen läßt: ihren Namen, ihren Bestand an Beinamen, ihren Status und ihre Rolle in der Welt der Götter sowie ihre »Konstellation«, d. h. ihre Taten und Lebensgeschichte in der Gemeinschaft der Götter. Demzufolge ist der Gott Osiris undenkbar ohne seinen Bruder Seth, der ihn ermordete, oder ohne seine Schwestergemahlin Isis, die ihn begrub und verklärte (indem sie die Riten durchführte) und von seinem Leichnam ihren Sohn Horus empfing. Vollkommen undenkbar aber ist Osiris ohne Horus selbst, der ihn rächte und über Seth triumphierte. Diese Konstellation bezieht sich unmittelbar auf die Verhältnisse in der menschlichen Welt, als Urbild menschlicher Verhaltensweisen. So wurde jede verstorbene Person durch die Ausführung der Begräbnis- und Verklärungsriten zu Osiris und jeder Sohn übernahm in diesem Zusammenhang die Rolle des Horus. Der König wird als Horus bezeichnet und gilt als Sohn der Götter, deshalb ist jeder Kult, nicht nur der Totenkult, auf der Vater-Sohn-Beziehung aufgebaut. Der Triumph des Horus trägt das Ende der Auseinandersetzungen und den Beginn eines neuen Zeitalters des Wohlergehens und des Friedens in sich und wird damit zum Vorbild für die Thronbesteigung eines neuen Königs. In der heilkundlichen Magie übernimmt der Patient die Rolle des hilflosen Horuskindes und Isis die Rolle des Arztes. Die Horus-Isis-»Konstellation« wird oft im Bild wiedergegeben und lieferte ein unmittelbares Vorbild für die Darstellung der Madonna mit dem Jesuskind.

Mythen sollen zur Klärung bedeutungsvoller Strukturen der Welt beitragen, deshalb sind sie in einer zeitlosen Vergangenheit angesiedelt, beziehen sich aber auf die Gegenwart. Unter den verschiedenen Versionen der Schöpfungsmythen ist die von Heliopolis die älteste; hier wird die Welt als eine Emanation des Urgottes Atum ausgestoßen, der aus sich selbst das erste Götterpaar, den Luftgott Schu und die Feuchtigkeit Tefnut, erschuf, während diese beiden wiederum die Erde Geb und den Himmel Nut entstehen ließen, deren Kinder der Reihe nach Osiris, Isis, Seth und Nephthys waren. Die Namen Schu und Tefnut wurden

OBEN: Der Gott Horus mit der Königin Nefertari in ihrem Grab im Tal der Königinnen. Austral/SIPA

RECHTS: Die Göttin Isis mit Nefertari, einer der Gemahlinnen Ramses' II. (1279 – 1213 v. Chr.). An ihrem Grab im Tal der Königinnen in Theben-West. Austral/SIPA

später durch die Begriffe »Leben« und »Ordnung« *(Maat)* ersetzt, um der Vorstellung Ausdruck zu verleihen, daß Leben und Ordnung im kosmischen Prozeß wirksam sind. Das *»Buch von der Himmelskuh«* beschreibt, wie es zur Trennung zwischen den Menschen und den Göttern kam, was die menschlichen Verhältnisse, die von Leid und Streitigkeiten bestimmt sind, nach sich zog. Zusammen mit der biblischen Erzählung von der Sintflut gehört dieser Mythos zu den Urverschuldungsmythen, in denen die Menschheit nur durch eine List gerettet werden konnte.

Persönliche Frömmigkeit

Nach einer Reihe von Vorläufern in der frühen 18. Dynastie entstand im Neuen Reich eine neue religiöse Bewegung, zusätzlich zum offiziellen Tempelkult. Der Ausdruck »Persönliche Frömmigkeit« wurde zu einem feststehenden Terminus dafür und bezeichnet den vierten Weg zur Gotteserkenntnis. Er basierte auf der Auffassung von einem persönlichen Gott, einem Gott, der eingreift, um das Schicksal im Leben eines Individuums zu bestimmen und der mit seinen Taten der Person, die zu ihm betet, beisteht. Diese Auffassung beruhte auch auf einer neuen Vorstellung von Menschlichkeit, abhängig von Gott und verantwortlich für die eigenen Taten. Die Wechselseitigkeit in der Beziehung zwischen Gott und Menschen, der persönliche Zugang der Menschen zu Gott und die mildtätige Gnade Gottes gegenüber den Menschen stellte einen neuen Ansatz in der ägyptischen Religion dar, der seinen vollständigen Durchbruch in der Ramessidenzeit (1295 - 1069 v. Chr.) erlebte. Dieser ging Hand in Hand mit einer neuen Auffassung von der Welt und einem Gefühl von Lebensunsicherheit. Die Zukunft war unbekannt und lag so in den Händen Gottes. Die Welt verdiente nicht länger Vertrauen, weil ihre innere Ordnung keinen Wert mehr besaß.

Zwei Phänomene waren für die persönliche Frömmigkeit charakteristisch: Das Gottesorakel und das Gebet eines Menschen mit Glaubensbekenntnis, das meist auf einer Stele (Inschrift auf Stein) niedergeschrieben wurde. Beide waren das Produkt eines Bedürfnisses nach unmittelbarem Zugang zu Gott. Die Stelen zeigen oft besondere Symbole, wie z. B. Ohren, die für die Bitte um Anhörung des Gebetes oder dessen Erfüllung stehen, oder die göttlichen Augen in menschlicher Form, die Allwissenheit vermitteln sollen.

Ihrem Wesen nach wurde die persönliche Frömmigkeit im privaten Bereich praktiziert, wie kleine Gegenstände, z. B. Skarabäen demonstrieren, die man im täglichen Leben als Ringe trug und die mit Maximen beschriftet sind (z. B. »Amun ist die Stärke des Einsamen«, »Es gibt keine Zuflucht für mein Herz außer Amun«, »Gott liebt den, der ihn liebt« oder »Jede gute Tat belohnt Ptah mannigfaltig«). Ihre Denkmäler beschränkten sich nicht nur auf Stelen, son-

LINKS: Stele des Baki, »Vorarbeiter am Platz der Wahrheit« (der demzufolge zu den Handwerkern der Königsgräber aus Deir el-Medineh gehörte). Unter dem Stelenbogen befindet sich der Name des regierenden Königs Menmaatre (Sethos I., 1294 - 1279 v. Chr.), dessen Schreibung die geflügelte Sonnenscheibe mit einbezogen hat. Die Kultbilder der beiden Tiere (mit einem Kopfschmuck aus Federn und Sonnenscheibe, je einem Wedel und auf einem Sockel stehend) werden durch ihre Beischriften als Gott Amun-Re und »Schöner Widder« bezeichnet. Im Feld darunter kniet Baki und rezitiert ein kurzes Gebet für Amun-Re.
Museo Egizio, Turin

UNTEN: Szene auf der südlichen Umfassungsmauer des Amun-Tempels in Karnak. Sie zeigt Ramses II. (1279 - 1213 v. Chr.), der vier kleine Gefäße mit Natron dem Gott Amun-Re opfert. Im Austausch dafür erhält er »den Thron des Gottes Geb und das Amt des Gottes Atum«. Eine weitere Inschrift über dem Kopf des Gottes bezeichnet ihn als »Amun-Re, der Urgott, der die Gebete der Götter und Menschen hört«.
Prof. Dr. W. Helck

Mumifizierung

JAROMIR MALEK

Die Erhaltung des Körpers war von entscheidender Bedeutung für das Überleben des *ka*, *ba* (vgl. Seite 93) und anderer »Erscheinungsformen der menschlichen Existenz«, und die Mumifizierung (Einbalsamierung) wurde für den privilegierten Verstorbenen während der gesamten ägyptischen Geschichte praktiziert. Die äußere Gestaltung und die Methoden variierten je nach Epoche und persönlichen Mitteln. Traditionellerweise lagen zwischen dem Tod und dem Begräbnis 70 Tage. Der wichtigste Teil des komplizierten Balsamierungsverfahrens war die Dehydration (der Wasserentzug) des Körpers, die wahrscheinlich durch Natron (ein natürlich verkommender Dehydrierungswirkstoff, eine Verbindung von Natriumkarbonat und Natriumbikarbonat) erreicht wurde. Die Anwendung verschiedener exotischer Balsamierungsstoffe wie Harz, Myrrhe und Weihrauch waren, gegen die allgemeine Überzeugung, weniger bedeutsam für das gewünschte praktische Ergebnis. Abschließend wurde der Körper kunstvoll in Binden eingewickelt (in späteren Zeiten waren einige von ihnen mit Texten aus dem Totenbuch beschriftet). Amulette legte man zum Schutz des Körpers zwischen die Binden.

Der früheste Versuch, die Körper zu erhalten, nach 2900 v. Chr., bestand darin, sie in viele Schichten aus Leinenstoffen einzuwickeln. Um 2500 v. Chr. begann man damit, die inneren Organe aus dem Körper zu entfernen und sie in vier speziellen Behältern (»Kanopenkrüge«) aufzubewahren. Das Herausnehmen wurde durch einen Einschnitt an der linken Seite ermöglicht. Der Höhepunkt der Balsamierungskunst war um 1000 v. Chr. erreicht, als man auch das Gehirn entfernte und ein fast lebensnahes Erscheinungsbild dadurch erzielte, daß man kleine Füllkissen unter die Haut des Körpers und der Glieder schob. Eine Tendenz zu stärkerem Formalismus, als ob den Ägyptern damals die elementare Sinnlosigkeit des Unternehmens bewußt geworden sei, wird ab dem 7. Jahrhundert v. Chr. deutlich. Mehr und mehr Sorgfalt wurde für die kunstvolle Bandagierung, den Sarkophag und den Sarg aufgewandt und weniger für die Erhaltung des Körpers.

Die größte Sammlung ägyptischer Mumien befindet sich im Ägyptischen Museum von Kairo. Die berühmtesten von ihnen sind die der Pharaonen und ihrer königlichen Gemahlinnen aus der Zeit um 1550 – 1000 v. Chr., die an versteckten Orten in Deir el Bahari 1881 und im Tal der Könige 1898 entdeckt worden sind. Das Ausstellen von Mumien bringt aber auch ethische Probleme mit sich. Einerseits bietet es die unvergleichliche Möglichkeit, einigen der berühmtesten Gestalten der ägyptischen Geschichte direkt gegenüberzutreten; gegen diese Meinung wird andererseits argumentiert, daß das öffentliche Ausstellen ihrer mumifizierten Körper sie ihrer Würde beraube, auf die sie wie jeder andere Mensch ein Anrecht hätten. Die königlichen Mumien des ägyptischen Museums in Kairo sind seit mehr als zehn Jahren nicht mehr gezeigt worden, aber die Notwendigkeit, den Tourismus zu fördern, wird wohl dazu führen, daß man sich schon in naher Zukunft dazu entschließt, sie wieder zur Besichtigung freizugeben.

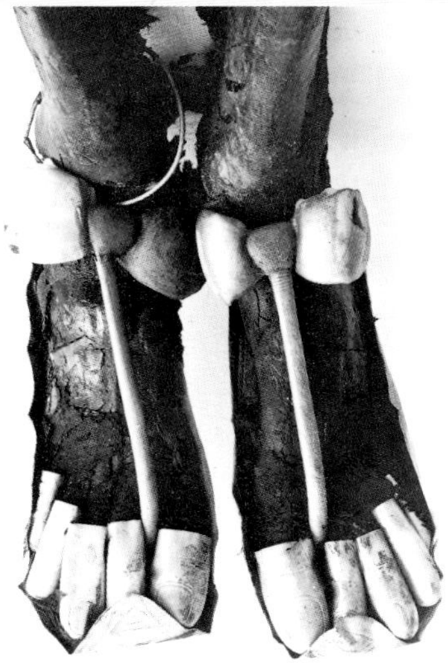

OBEN: Füße des Tutanchamun mit goldenen Sandalen, deren Ziselierung das Binsengeflecht echter Sandalen imitiert, und goldenen Zehenhülsen mit graviertem Umriß der Fußnägel. Griffith Institute, Ashmolean Museum, Oxford

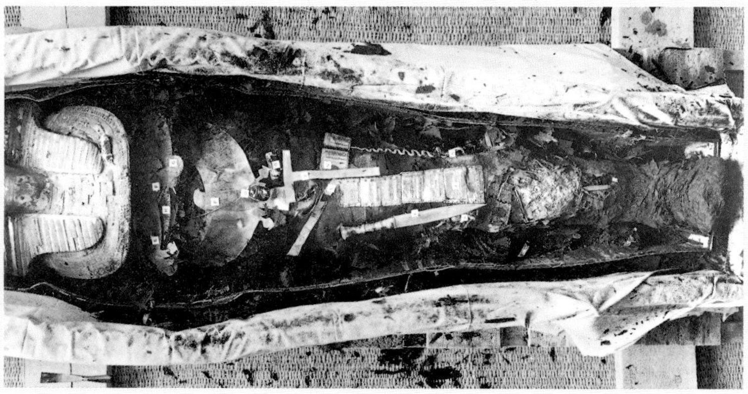

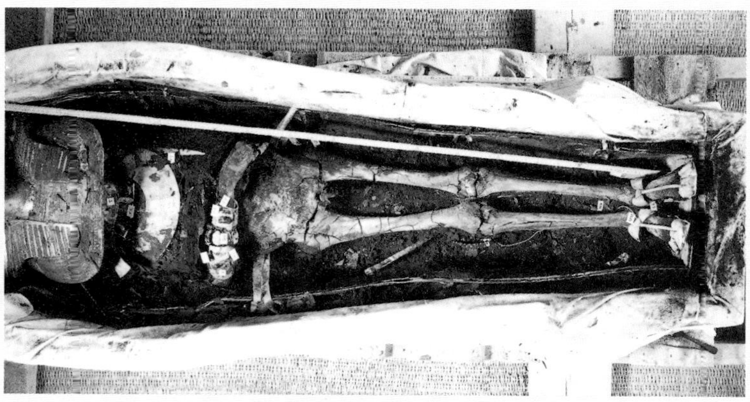

OBEN LINKS: Der mumifizierte Körper des Königs Tutanchamun (1336 – 1327 v. Chr.), fotografiert, als der Deckel des dritten goldenen Sarges am 28. Oktober 1925 abgenommen wurde. Mumien liefern uns eine Reihe von Informationen, die andere Quellen nicht bieten können, wie z. B. in diesem Fall die Größe des Königs von nur 168 cm. Die goldene Maske, die Handauflagen und das ebenfalls goldene Pektoral mit einem ba-Vogel lagen noch unberührt an ihrem Platz. Goldene Inschriftbänder wurden sichtbar über den geschwärzten und verkohlten Mumienbinden. Griffith Institute, Ashmolean Museum, Oxford

OBEN: Amulette und andere Gegenstände, wie ein falkengestaltiges Pektoral und ein Dolch wurden entdeckt, als die äußeren Lagen der Mumienumhüllung abgenommen wurden. Griffith Institute, Ashmolean Museum, Oxford

LINKS: Letztes Stadium der Auswicklungsarbeiten an der Mumie. Der untere Teil des Körpers ist vollständig bloßgelegt. Griffith Institute, Oxford

dern umfaßten auch bescheidenere Formen der Widmung, wie Ostraka (glatte Kalksteinstücke, die zum Beschriften geeignet waren), Graffiti, kleine Figürchen und selbstgemachte Votivgaben, die aus der näheren Umgebung von Tempeln, privaten Kapellen und wiederverwendeten oder uminterpretierten Sanktuaren stammen.

Als besonders spektakuläres Beispiel für eine solche Neuinterpretation darf der große Sphinx von Gisa gelten, eine Darstellung des Königs Chephren (2518 - 2439 v. Chr.) aus dem Alten Reich, die später im Neuen Reich als Abbild des Sonnengottes Harmachis verehrt wurde.

Dem Wunsch, Gott zu begegnen, »den Gott zu schauen«, wurde aber in beiderlei Hinsicht Rechnung getragen, so daß man Prozessionen durchführte, bei denen Bewegungen der Barke als Orakel galten und die innerhalb jener Tempelbereiche stattfanden, die für Laien zugänglich waren. Hierbei handelte es sich um die Vorhöfe mit ihren Kolossalstatuen, ihren Sphingen- und Widderalleen, die zu den Pylonen führten, die Eingangstore und Umfassungsmauern mit den Reliefdarstellungen der Götter, die Zeremonialhöfe mit ihren Schreinen und vor allem um den sogenannten »Gegentempel«, der für die Laien an der Rückseite der Sanktuare errichtet war. In Karnak gab es einen solchen Gegentempel, der mit einem besonders bildhaften Ausdruck als Ort des »hörenden Ohres« bezeichnet wurde. Das Laienvolk war vom eigentlichen Sanktuar ausgeschlossen; für ihre eigenen Gebete bevorzugten die Menschen konkrete Bilder der Götter, wie auffällige Reliefs oder Statuen, die dann, ähnlich wie die wundertätigen christlichen Ikonen, eigene Namen erhielten (z. B. »Amun-Re inmitten der Stärke seiner Mauern«, »Amun-Re, der die Gebete erhört«, »Ptah von der Säule« oder »Ptah, der die Gebete beantwortet«).

Da sich die Menschen als abhängig von den Göttern empfanden, suchten sie deren Gnade und betrachteten sich selbst als schwach und notleidend. Ungeachtet ihres sozialen Status bezeichneten sie sich selbst als »arm«, »Diener«, »Flüchtling«, »betrübt« oder »stumm«. Solche Demutsäußerungen waren verbunden mit Gehorsams- und Loyalitätserklärungen: Die Menschen agieren oder sind »auf dem Wasser« Gottes, »wandeln auf seinem Weg«, »nehmen ihn in ihr Herz auf« oder »geben sich selbst auf für ihn«. Neben der Beziehung eines Dieners zu seinem Herrn stand die Liebe der Menschen zu ihrem Gott. Sie weihten sich ihm selbst und stifteten ihm all ihren Besitz.

LINKS: Stele des Ramose, der mit seiner Frau Mutemwia unten gezeigt wird; darüber die Götter: Min-Amun-Re, »der Stier seiner Mutter«, die auf einem Löwen stehende Qadesch und der Gott Reschef. Museo Egizio, Turin

Die Gottheit dagegen antwortete den Betenden und vergab ihnen die Schuld, erschien als Beschützer, unbestechlicher Richter und Retter in der Stunde der Not, befreite die Menschheit von der Finsternis der Gottlosigkeit oder gegenwärtiger Blindheit. Die Macht Gottes, von der man glaubte, sie werde gewährleisten, daß Verbrechen nicht unbestraft blieben, wurde auf einer Stele in einer Art Glaubensbekenntnis verkündet, ein Dokument, das die genannte Person an Gott binden sollte.

Wenn im Text das Wort »Gott« singularisch verwendet wird, beinhaltet das nicht monotheistische Glaubensvorstellungen, die Frömmigkeit selbst ließ sich mit jeder Gottheit verbinden. Die Wahl fiel dabei nicht zwangsläufig auf Stadtgötter wie Amun von Theben oder Ptah von Memphis, sondern auch auf weniger bedeutende oder lokal verehrte Götter, mit denen die Menschen der betreffenden Gegend vertraut waren, wie z. B. die »Bergspitze« von Theben-West. Vorderasiatische Götter, wie Reschef und Qadesch oder die Tiergestalten der Gottheiten, kamen ebenfalls in Frage.

Die Vielzahl der Lebensbereiche entspricht der Vielzahl der Götter im ägyptischen Polytheismus.

OBEN: Stele, die von Pai, dem »Vorzeichner des Amun«, für das Andenken seiner Mutter Wadjrenpet in Auftrag gegeben wurde, um 1300 - 1250 v. Chr. Pai kniet hier vor dem thebanischen Gott Chons-Neferhotep, hinter dem als Symbol der göttlichen Anhörungsbereitschaft Ohren und Augen dargestellt sind. Museo Egizio, Turin

DIE BILDENDEN KÜNSTE

Arielle P. Kozloff

Die ägyptische Kunst darf wohl als die einzige nationale Kunst in der Geschichte der Menschheit gelten, die nach der Entwicklung und Etablierung ihres einzigartigen Stiles über nahezu drei Jahrtausende hinweg an ihm festhielt, von wenigen kleineren Veränderungen abgesehen. Für diese Kontinuität gab es eine ganze Reihe von Gründen.

Erstens: Die ungewöhnliche Vielschichtigkeit und Schwierigkeit der ägyptischen Schrift brachten es mit sich, daß die Fähigkeit zu schreiben und zu lesen nur einer kleinen Elite vorbehalten blieb. Deshalb war die Kunst ein besonders wichtiges Kommunikationsmittel. Götter und Könige konnten durch die Bilder auf den Tempelwänden und ihre Statuen Machtstellung, Grundsätze und Leistungen für alle sichtbar und in leicht verständlicher Weise dokumentieren, so daß sie auch von der des Lesens meist unkundigen ländlichen Bevölkerung verstanden wurden. Die unterschiedlichen Kunstformen ähneln in ihrer äußeren Gestaltung den Schriftzeichen, da die ägyptische Schriftsprache seit Anbeginn piktographisch konzipiert war und somit die Hieroglyphen nicht nur in der Lage waren, Laute zu vermitteln, sondern auch Bilder, Begriffe und Vorstellungen. So enthält das in Hieroglyphen geschriebene Wort für »Katze« Lautzeichen, denen ein weiteres Deutzeichen in Gestalt einer sitzenden Katze mit um den Körper aufgeringeltem Schwanz folgt. Die Gestaltung dieses abschließenden Zeichens entsprach auch dem Formenkanon von gemalten sowie flach- und rundbildlich dargestellten Katzen. Demzufolge kann wohl zu Recht behauptet werden, daß die bildenden Künste als ein weiteres Medium der Kommunikation gelten müssen und einem festgefügten Symbolismus unterlagen.

Zweitens: Da die Grundlagen des Königtums und der Religion aufs engste miteinander verwoben waren und sich über Tausende von Jahren kaum veränderten, blieben auch die wesentlichsten Ausdrucksmittel dieselben. Zum Beispiel verschmilzt beim Sphinx der Kopf des Pharao mit dem Körper eines Löwen, um einen besonderen Aspekt des Sonnengottes zu bezeichnen. Zum ersten Mal erscheint der Sphinx in monumentaler Gestalt als Wächter der Chephrenpyramide in der 4. Dynastie. Da die enge religiöse Verbindung des Königs mit dem Sonnengott über Jahrtausende hinweg bestehenblieb, wurde auch der Sphinx während der gesamten Geschichte der altägyptischen Kunst in Malerei und Plastik, aber auch im Kunsthandwerk dargestellt.

Heutzutage wird die ägyptische Kunst oft als jenseitsbezogen verstanden, was damit in Zusammenhang stehen mag, daß viele Kunstwerke aus Gräbern stammen. Gerade das Gegenteil entspricht aber der Wahrheit. Nicht die deprimierende Vertiefung in einen Todesgedanken, sondern die optimistische, lebensbejahende Vorstellung der Ägypter vom Leben nach dem Tode steht dabei im Mittelpunkt. Der Übergang in ein glückli-

GANZ OBEN: Kalksteinbüste der Nofretete, der »großen königlichen Gemahlin« des Königs Echnaton (1353 – 1337 v. Chr.) aus Tell el-Amarna. Ägyptisches Museum, Berlin/C. M. Dixon

OBEN: Statuette einer Katze aus Bronze, 7. Jahrhundert v. Chr. oder später. Katzen wurden mit der Göttin Bastet in Verbindung gebracht. The Toledo Museum of Art, Ohio

LINKS GEGENÜBER: Die Dioritstatue des Königs Chephren (2518 – 2493 v. Chr.) wurde in seinem Taltempel in Gisa entdeckt. Egyptian Museum, Kairo.

Die Kunst des Goldenen Zeitalters

Amenophis III. (1391–1353 v. Chr.) regierte Ägypten in einer Epoche (der 18. Dynastie), die gern als das »Goldene Zeitalter« bezeichnet wird, als Ägyptens Einfluß und Macht weit südlich bis in den Sudan und östlich bis nach Westasien reichte. Im Gegensatz zu einigen seiner Vorgänger, die das Land durch militärische Unternehmungen vergrößerten, konzentrierte sich Amenophis III. in seiner 38jährigen Regierungszeit auf einen »Feldzug der Herrlichkeit«. Er überzog das Land mit seinen Bauprojekten und förderte die Künstlerwerkstätten zur Zufriedenheit seiner selbst, seines Hofs und mit dem Blick auf ihren außenpolitischen und wirtschaftlichen Wert.

Das einprägsame Gesicht Amenophis' III. mit seinen gegrateten, mandelförmigen Augen und seinem breiten, leicht lächelnden Mund ist vielen Museumsbesuchern geläufig; man begegnet ihm in fast jeder großen Sammlung. Der knapp unterlebensgroße Kopf im Cleveland Museum zeigt den König, wie er eine Perücke trägt, deren reliefiertes Diadem mit zwei in schützenden Kobras auslaufenden Bändern geschmückt ist.

Man würde Amenophis III. noch viel öfter begegnen, wenn Ramses II. (1279–1213 v. Chr.), der große Usurpator, nicht während seiner 66jährigen Regierung so viele der Statuen Amenophis' III. in sein eigenes Aussehen hätte umarbeiten lassen. Ägyptologen und Kunsthistoriker erkennen allmählich die Merkmale von überarbeiteten Statuen und versuchen, die frühere Gestaltung von Gesichtsformen, Körpern und Gliedmaßen zu restituieren, um so den wirklichen Eigentümer der Statue zu ermitteln. Die gründliche Untersuchung einer Figur aus Granodiorit, ursprünglich zu einer ganzen Statuenserie Amenophis' III. gehörig, hat ergeben, daß sie von den Bildhauern Ramses' II. verändert wurde. Da sie kein Gestein an den Backen zufügen konnten, um das Gesicht voller aussehen zu lassen, senkten sie das Stirnband auf die Stirn ab und

OBEN: *Der kleine Frauenkopf (9,5 cm hoch) stellt wahrscheinlich Teje, die Gemahlin Amenophis' III. (1391–1353 v. Chr.) und Mutter Amenophis' IV. (Echnaton) dar. Er wurde aus verschiedensten Materialien zusammengesetzt, bestand aber vorwiegend aus Eibenholz. Die Gesamterscheinung der Plastik, insbesondere der Perücke, macht eine Umgestaltung in der Antike wahrscheinlich. Ägyptisches Museum, Berlin/W. Forman Archive*

hoben den Bart gegen das Kinn hin etwas an; dies verkürzte das Gesicht und gab ihm den Eindruck einer größeren Breite.

Das berühmteste Porträt der Königin Teje, Hauptgemahlin Amenophis' III., wurde möglicherweise erst nach dem Tode ihres Ehemannes gefertigt. Dieses faustgroße Meisterwerk – in Eibenholz geschnitten und mit Silber, Gold, Glas und Stein eingelegt – gibt das erstaunlich realistische Abbild einer älteren Frau wieder. Das Köpfchen, dessen Augen – wie die von Rahotep und Nofret – in bemalten Stein und Metall eingelegt sind, wird nur ganz wenige Jahre früher als die bemalte Kalksteinbüste der Königin Nofretete entstanden sein. Beide Porträts befinden sich im Besitz des Ägyptischen Museums in Berlin.

Ein weiteres kleines »Schmuckstück« aus derselben Regierungszeit ist das bewunderungswürdige Glasgefäß in Gestalt eines Fisches, heute im Britischen Museum. Fragmente eines ähnlichen Fisches wurden in den Ruinen der Glasmacherwerkstätten der Palastanlage Amenophis' III. in Malqata (Theben-West) gefunden, während diese einmalige Flasche in el-Amarna entdeckt werden konnte.

Einige der größten freistehenden Statuen in der Geschichte Ägyptens wurden unter Amenophis III. geschaffen, wobei die meisten (9 m hoch und darüber) noch im Land oder im Ägyptischen Museum in Kairo sind. Doch einige Monumentalarbeiten fanden schon im frühen 19. Jahrhundert ihren Weg in europäische und amerikanische Sammlungen. Zwei der herrlichsten, wenn auch wenig bekannten Beispiele sind die mächtigen Rosengranit-Sphingen, die vom Totentempel Amenophis' III. in Theben-West nach dem St. Petersburg Zar Alexanders I. verbracht wurden, wo sie noch heute das Ufer der Neva flankieren.

Die Höflinge Amenophis' III. profitierten ebenfalls von der Kunstsinnigkeit ihres Königs. So überdauerte eine große Anzahl von Rundbildern der Hofbeamten, sowohl aus bemaltem Kalkstein als auch aus Hartgestein wie Granodiorit und braunem Quarzit.

Die wichtigste Stellung aller Beamten wur-

RECHTS: *Das Glasgefäß in Gestalt eines Fisches wurde in Tell el-Amarna gefunden und stammt aus der Zeit Amenophis' IV./Echnaton (1353–1337 v. Chr.). Es diente wahrscheinlich zur Aufbewahrung von Kosmetika (z. B. Salben). British Museum, London*

OBEN: Eine von zwei Rosengranitsphingen Amenophis' III., die ursprünglich aus dem Totentempel des Königs in Theben stammen und sich heute in St. Petersburg befinden. Die Sphingen wurden von dem berühmten griechischen Ausgräber und Antikenhändler Ioannes Athanasios (unter seinen Zeitgenossen auch als Giovanni d'Athanasi oder Yanni bekannt) entdeckt und 1832 nach St. Petersburg gebracht. Leonard Heifitz

de wohl von Amenophis, Sohn des Hapu, eingenommen, der als Oberaufseher der königlichen Bauprojekte wesentlichen Anteil am Erfolg des »Feldzuges der Herrlichkeit« von Amenophis III. hatte. Er war so erfolgreich, daß der Herrscher ihm einen Totentempel von königlichen Ausmaßen – nächst seinem eigenen – auf dem Westufer von Theben errichten ließ. Die hohe Achtung, die der Beamte genoß, führte zu seiner späteren Vergöttlichung; nur wenige nichtkönigliche Personen wurden so geehrt. Seine beiden berühmtesten Statuen wurden zu Füßen einer Kolossalfigur Amenophis' III. in Karnak gefunden: Sie zeigen ihn in der traditionellen Haltung eines sitzenden Schreibers, der sich über den auf seinen Beinen ausgerollten Papyrus beugt.

LINKS: Die Schreiberstatue des Amenophis, Sohn des Hapu, aus grauem Granit wurde in der Nähe des zehnten Pylons (monumentaler Torweg) im Amuntempel von Karnak gefunden. Der Name des Besitzers war identisch mit einem der Namen seines Herrn, Amenophis III. (1391 – 1353 v. Chr.). »Amenophis« ist die gräzisierte Version des ägyptischen »Amunhotep« und bedeutet »der Gott Amun ist zufrieden«. Egyptian Museum, Kairo/Jürgen Liepe

RECHTS: Büste einer riesigen Sandsteinstatue Amenophis' IV. (Echnaton), die für den neuen Tempel des Aton im östlichen Karnak während der frühen Regierungszeit des Königs (um 1350 v. Chr.) geschaffen worden war. Zusammen mit ähnlichen Figuren stand sie vor den Pfeilern einer Kolonnade, die einen großen, offenen Hof umschlossen. Egyptian Museum, Kairo/John G. Ross

werden konnten, in die während der Nacht die Sonne verschwand und aus der sie jeden Morgen geboren zu werden schien. Hathor galt außerdem als Göttin der Liebe, der Musik und der Trunkenheit. Nach der Mythologie begleitete sie Bes, der tanzende, löwenköpfige Zwerg (oft an Spiegelgriffen dargestellt), auf einer Reise nach dem Nahen Osten, wo eine ähnliche Göttin mit dem Namen Ischtar verehrt wurde.

Die 18. Dynastie (1540 – 1295 v. Chr.) war ein Zeitabschnitt von berühmten Königen und Königinnen: der Eroberer Thutmosis III.; Hatschepsut, die Frau auf dem Pharaonenthron; Amenophis III., der große Bauherr; der Reformer Echnaton; und Tutanchamun, meistbekannt wegen seines fast vollständigen Grabschatzes.

Die überlieferten Bildinhalte des Alten und Mittleren Reiches formen auch die Grundlagen der Kunst des Neuen Reiches. Im Grab des Menna, eines Beamten der Zeit Amenophis' III., wird der Verstorbene in spiegelbildlich angeordneten Szenen beim Fischespeeren und auf der Vogeljagd dargestellt, vielleicht um die mächtigen Geister der Elemente Wasser und Luft für die Reise ins Jenseits zu besänftigen. Bei der Wiedergabe der menschlichen Gestalt gelten dieselben Darstellungsprinzipien wie schon auf der 2000 Jahre älteren Narmer-Palette: Gesicht, Brust und Gliedmaßen im Profil, Schultern und Augen in Vorderansicht. Ein Vergleich der Perücken und Kleider mit denen, die von Rahotep und Nofret zur Zeit der 4. Dynastie in ihren Sitzstatuen getragen wurden, offenbart, wie viel oder wie wenig sich geändert hat. Menna erscheint glattrasiert, aber mit einer detailreicher ausgeführten Perücke; dazu trägt er ein einfaches Hemd, statt mit nacktem Oberkörper zu gehen. Die Frau des Beamten trägt – im Gegensatz zur enganliegenden Umhüllung und dem kurzen, schlichten Haarschnitt der Nofret – ein sorgfältig plissiertes Gewand und einen modischen Schal sowie eine in winzig kleinen Zöpfen geflochtene Perücke.

Nachdem Amenophis IV., der Sohn Amenophis' III., seinen Namen in Echnaton geändert, den Reichsgott Amun durch den Sonnengott (Sonnenscheibe) Aton abgelöst und den Hof Richtung Norden nach el-Amarna verlegt hatte, wurden auch die künstlerischen Traditionen über Bord geworfen. Wenn Porträts des Mittleren Reiches ihre Pharaonen mit mürrischen Zügen darstellen, dann können die des Echnaton als absonderlich bezeichnet werden: ein langes, hängendes Gesicht mit aufgeworfenen weichen Lippen und ein vorspringendes Kinn, dazu ein eingesunkener Brustkasten, ein vorquellender Bauch und niedrige Hüften. Nicht nur der König selbst, sondern

RECHTS: Die sogenannten Talatat *sind Bausteine von vergleichbarer Form und Größe, die aus den Atontempeln stammen, die von Amenophis IV./Echnaton (1353 – 1337 v. Chr.) errichtet und von seinen Nachfolgern niedergerissen worden sind. Der Versuch, sie teilweise wieder zusammenzufügen, gleicht einem überdimensionalen Puzzlespiel. Durch die starke Zersplitterung der Szenen sind häufig nur Details erhalten geblieben, die aber durch ihre erstaunliche Schönheit und Eleganz beeindrucken. Ein gutes Beispiel dafür bietet diese Hand, vielleicht des Königs selbst, die ein Stück Weihrauch oder Talgfett auf eine Weihrauchschale oder einen Altar fallen läßt. Schimmel Collection, New York/ Werner Forman Archive*

auch seine Familienmitglieder wurden auf diese Weise abgebildet. Ob wirklich eine Krankheit den König verunstaltete, oder diese Bildniszüge die Folgen veränderter Kunstauffassung sind, verbleibt unbekannt.

Die Amarnaperiode ist gewöhnlich für ihren »Naturalismus« bekannt, doch tatsächlich war das übereinstimmende Kennzeichen dieser Zeit – ungeachtet der zwischen Bizarrerie und Klassizität schwankenden Darstellungen der menschlichen Gestalt – eine Vorliebe für krummlinige, fast gewundene Konturen. In der Flachbildkunst wurde diese Vorliebe nachhaltig durch die übertriebene Verlängerung bestimmter Elemente ausgedrückt, wie die Finger einer Hand, die Fett auf ein Altarfeuer werfen (abgebildet auf einem Wandrelief von einem der Tempel des Echnaton, die nach seiner Regierung zerstört und als Füllmaterial im Inneren eines nachfolgenden Gebäudes wiederverwendet wurden).

Die blendende Entdeckung der Grabanlage des Tutanchamun hat uns mehr als ein riesiges Vermögen beschert: Denn es beweist uns, daß die alten Überlieferungen und Geschichten von gewaltigen Schätzen der Wahrheit entsprochen haben werden, wenn schon ein unbedeutender Herrscher so verschwenderisch bestattet wurde.

Ramses II. (1279 – 1213 v. Chr.) war der bedeutendste König der 19. Dynastie, und viele meinen, der gesamten ägyptischen Geschichte. Seine einprägsame Physiognomie mit ihren großen, schwerlidrigen Augen, der Hakennase und einem leicht lächelnden Mund, ist unverwechselbar. Während Amenophis III. sich in seinen späten Jahren als etwas korpulenten, manchmal fetten Mann abbilden ließ und Echnaton einen übertriebenen Ausdruck seiner Gesichtszüge für angemessen hielt, zeigen die Statuen den Herrscher Ramses II. nach guter pharaonischer Tradition immer in bester körperlicher Verfassung, wenngleich sich im Laufe seiner ungewöhnlich langen Regierungszeit die physische Gestalt des Königs leicht verändert haben dürfte.

Ungeachtet des politischen Niedergangs nach der Regierung Ramses' II., hielt Ägypten an seinen künstlerischen Traditionen fest. Dafür spricht beispielhaft ein Wandrelief aus dem Grab des Montemhet, eines Beamten der 26. Dynastie (als Priester trägt er ein Leopardenfell), das denselben Darstellungsprinzipien in Bezug auf die menschliche Figur wie sie schon die Narmer-Palette zeigt, verpflichtet ist.

Seit der 26. Dynastie entwickelten Bronzegießer bei der Herstellung von Votiv-Statuetten und anderen Gegenständen neue technische Fertigkeiten und ein hohes Leistungsniveau, so daß diese einer breiteren Käuferschicht angeboten werden konnten und die Anzahl solcher Objekte insgesamt größer wurde. Tierfiguren, die verschiedenen Göttern heilig waren, und Särge für solche Tiere aus Bronze wurden in den nächsten Jahrhunderten reichlich hergestellt. Dabei bediente man sich für diese Statuetten und Särge einer charakteristischen und leicht erkennbaren, »hieroglyphischen« Formgebung, denn der einzelne Gegenstand war immer noch, nach all diesen Jahrhunderten, zugleich Abbild eines Naturwesens und göttliches Symbol.

OBEN: Dieses Zeremonalmieder des Tutanchamun (1336 – 1327 v. Chr.) wurde bei kultischen Anlässen getragen. Es war ein wesentlicher Bestandteil der königlichen Tracht und wurde aus Gold, Glasfluß, Elfenbein und Halbedelsteinen (Türkis und Karneol) hergestellt. Es besteht aus einem breiten Halskragen mit einem Pektoral darunter, Schulterbändern und dem eigentlichen Mieder. Egyptian Museum, Kairo/J. Liepe

OBEN: Das Relief zeigt den »4. Propheten des Gottes Amun« Montemhet (belegt von 667 – 648 v. Chr.). Er trägt die Zeremonialtracht der Priester. Aus seinem Grab im Asasif (Theben). The Cleveland Museum of Art/Ohio

Denkmäler der Macht

Cathleen A. Keller

Wenn es eine antike Hochkultur gibt, die für die Monumentalität ihrer sichtbaren Hinterlassenschaften berühmt ist, dann ist es die des Alten Ägypten. Ihre eingestürzten Tempel, zerschlagenen Statuen und Ruinenstätten veranschaulichen im wahrsten Sinne des Wortes den Begriff »Denkmal«. Dennoch war physische Größe allein bei weitem kein allgemeingültiges Kennzeichen altägyptischer Denkmäler. Diejenigen aber – zumeist waren es Könige –, die in der Lage waren, eine große Zahl von Menschen und gewaltige Materialmengen zu Ehren der mächtigsten Wesen des Universums (nämlich der Götter und der verstorbenen Vorfahren) in Bewegung zu setzen, haben sich anscheinend von einem Streben nach Unermeßlichkeit leiten lassen.

Der Wunsch, an die eigene Existenz zu erinnern und ihrer in sichtbarer Form zu gedenken, war aber nicht auf den König beschränkt. So durften Privatleute aus allen gesellschaftlichen Rängen ihre eigenen Denkmäler errichten, deren Form und Maß allerdings meist beträchtlich von denen der Pharaonen abwichen.

Die allumfassende Kategorie »Denkmäler des Alten Ägypten« (ägyptisch: *mnw*, abgeleitet von einem Verb mit der Bedeutung »dauern«, aber nicht vergleichbar mit dem modernen Wort »Denkmal«) schließt so unterschiedliche Dinge ein wie: die Memnonskolosse, die Amenophis III. (1391 – 1353 v. Chr.) seinem »Vater« Amun weihte; die Gebel Barkal-Stele (Inschrift auf Stein) Thutmosis' III. (1479 – 1425 v. Chr.), die er für den Gott Amun-Re beschriften ließ; Grabstelen, die von den Verwandten des Verstorbenen in Auftrag gegeben wurden; und schließlich sehr bescheidene Bildnisse von Ägyptern der Mittelklasse. Der gesamte Wirtschaftsbereich, der sich im Zusammenhang mit der Herstellung und Stiftung von Denkmälern entwickelt hatte, war ein wesentliches Strukturelement der altägyptischen Gesellschaft. Seit dem Beginn der pharaonischen Geschichte wurden deshalb Handwerker als besonders wichtig für das Wohlergehen des Staates angesehen; so waren Nebenbestattungen zu den Grabanlagen der Herrscher der 1. Dynastie für verschiedene Handwerker bestimmt, und jedem von ihnen wurden typische Werkzeuge seiner Berufsgruppe mitgegeben. Die Bevorzugung dauerhafter Materialien für die Denkmäler (im Gegensatz zu den eher vergänglichen Stoffen, die für Behausungen und Gegenstände des täglichen Lebens verwendet wurden) ist ebenfalls ein charakteristischer Zug der altägyptischen Kultur. Seltene oder schwer zu bearbeitende Materialien besaßen einen höheren Stellenwert und die Oberschicht unternahm außerordentliche Anstrengungen, um ihrer habhaft zu werden. Steinbruchexpeditionen zur Beschaffung von Granit aus Assuan oder von *bechen*-Stein (vielleicht Grauwacke oder ein ähnliches Material) aus dem Wadi Hammamat waren Großunternehmungen, die während des Neuen Reiches von bedeutenden Staats-

GANZ OBEN: Die Memnonskolosse in Theben-West, gemalt von dem schottischen Künstler David Roberts 1838/39. A. K. Bowman

OBEN: Während der frühen Regierungszeit Amenophis' IV. (Echnaton) entstanden nach 1353 v. Chr. mehrere dem neuen Reichsgott Aton geweihte Tempelanlagen in Karnak. Nach der Amarnazeit wurden diese Bauten systematisch abgerissen und das Steinmaterial für die Tempel späterer Könige wiederverwendet. Einige der ursprünglichen Szenen konnten rekonstruiert werden. Luxor Museum of Ancient Egyptian Art/James H. Morris

LINKS GEGENÜBER: Die beiden gewaltigen (16 m hohen) Sitzfiguren Amenophis' III. (1391 – 1353 v. Chr.) auf dem Westufer des Nils in Theben sind unter der Bezeichnung »Memnonskolosse« bekannt (Memnon war nach der griechischen Vorstellung der Sohn der Eos, der Morgenröte). C. M. Dixon

RECHTS: Der größte von einer ganzen Reihe nubischer Felstempel, die Ramses II. (1279 – 1213 v. Chr.) errichten ließ, war der mit vier kolossalen Sitzfiguren des Herrschers geschmückte Tempel von Abu Simbel. Als ein Teil Nubiens durch die Anlage des Nasser-Stausees überflutet wurde, versetzte man den Tempel an eine 210 m vom Nilufer entfernte Stelle: 1968 war die Aktion abgeschlossen.
H. Champollion

OBEN: Ramses II. Detail von einer der Statuen in Abu Simbel.
H. Champollion

OBEN: König Sethos I. (1294 – 1279 v. Chr.) opfert ein Bildnis der Göttin Maat; Szene aus der inneren Säulenhalle des von ihm erbauten Tempels in Abydos. Maat trägt eine Straußenfeder im Haar, die als Hieroglyphe auch zur Schreibung ihres Namens verwendet werden kann, und in der Hand hält sie ein Anch, ein Lebenszeichen. Foto (um 1890) von J. P. Sebah.
Griffith Institute, Ashmolean Museum, Oxford

personen, wie den Hohepriestern des Amun, geleitet wurden.

Bei der Errichtung der großen Göttertempel und der Königsgräber handelte es sich um großangelegte Projekte, die einen beträchtlichen Zeitraum und einen beachtlichen Teil des verfügbaren Bruttosozialproduktes in Anspruch nahmen. Selbst die wesentlich bescheideneren Votivgaben privater Personen, wie die Statuen und Stelen, die für den Schrein des Hekaib (eines vergöttlichten Beamten des Alten Reiches) auf der Insel Elephantine nahe dem ersten Katarakt in Auftrag gegeben worden waren, setzten voraus, daß Stein und qualifizierte Arbeitskraft für lokale Projekte verfügbar waren. So bildete die Herstellung von Denkmälern einen wesentlichen Bestandteil der altägyptischen Wirtschaft.

Theoretisch betrachtet, wirkten Gedenkobjekte sowohl anregend wie auch als eine Art Antwort innerhalb der ineinander verflochtenen Systeme menschlicher und göttlicher Kommunikation, die das Funktionieren des Universums erst ermöglichten. Diese beiden Verständigungsweisen ließen das Göttliche zu einem konkreten Gegenstand der Verehrung werden (in Gestalt der Kultbilder) und bewirkten die Dauerhaftigkeit der menschlichen Dankbarkeitsgesten für gewährte Wohltaten. Der König und die Götter galten als ursprüngliche Quellen der »lebensorientierten Ziele« (die während des diesseitigen Lebens von den Menschen genossen wurden und zu denen man beispielsweise Langlebigkeit, wirtschaftlichen Wohlstand und Gesundheit rechnete), und sie konnten konkrete Gegenleistungen für ihre Wohltaten erwarten. Diese Gegenleistungen reichten vom Bau ganzer Tempelanlagen (für den verstorbenen oder vergöttlichten König und die Götter), ausgeschmückt mit Darstellungen des Königs, der jenen Göttern huldigt, denen das Heiligtum geweiht war, bis zu einzelnen Kultgegenständen, wie prächtig geschmückten Barken, die das göttliche Kultbild aufzunehmen hatten. Auch wenn sich die altägyptische Kultur häufig als widerstandsfähig gegen moderne Charakterisierungen erwiesen hat, so mag es doch zutreffend sein, jene Denkmäler, die errichtet wurden, um sogenannte lebensorientierte Ziele zu erreichen (oder um nach deren Gewährung Dank abzustatten), als »Stiftungen« zu bezeichnen.

Stiftungen konzentrieren sich auf das Darbringen von Gaben oder bestimmter Handlungen zugunsten von jemandem, der normalerweise *nicht* der Stifter selbst ist. So kann der König die Statue einer Gottheit in Auftrag geben und sie im Tempel aufstellen lassen. Der unmittelbare Nutznießer ist hierbei der Gott, der im heiligen Bildnis dargestellt wird. Aber auch der König und die Privatleute ziehen aus Handlungen dieser Art ihren Nutzen, wie man es tatsächlich in gewisser Art und Weise auf der Votivgabe selbst oder in einer begleitenden Stiftungsinschrift erwähnt (oder angedeutet) findet. Demzufolge zeigen Opferszenen im Tempel, wie der König konkrete Dinge (Wein, Bier, Brot, Kleidung usw.) sowohl zur Ernährung der Götter wie auch zu ihrem Wohlgefallen darbringt. Ebenso bietet er ihnen Symbole der Legitimation seiner Herrschaft an (wie etwa die Figur der *Maat*, der weiblichen Personifikation der kosmischen Ordnung; oder das Auge des Horus als Symbol der Opferhandlungen, die der regierende Herrscher seinem unmittelbaren Vorgänger darbringt – dessen legitimer Erbe er ist). Daß ein König dazu imstande ist, *Maat* oder das Auge des Horus darzubringen, zeigt an, daß er berechtigt ist, als Gegenleistung in Ägypten über »alles Leben, Beständigkeit und Macht« verfügen zu können.

Zu einem interessanten Bedeutungswandel des Begriffs »Votiv«-Bild kam es bei den Statuen von Privatpersonen, die in den offenen Höfen der Tempel des Neuen Reiches und der Spätzeit aufgestellt wurden. Man schuf sie zu Ehren der dargestellten Personen (oder als Zeichen einer erwiesenen Gunst) – und diese selbst konnten fortan in Ewigkeit an den im Tempel vollzogenen Götteropfern teilhaben und ihrerseits um die Gewährung weiterer Wohltaten angefleht werden. Die Schreiberstatuen des Amenophis, Sohn des Hapu, entdeckt vor dem 10. Pylon in Karnak, wurden wegen seiner postumen Vergöttlichung zu einem Zentrum der Gebete und Fürbitten späterer Generationen.

Im Gegensatz zu den Stiftungsgaben steht bei den Gedenkmonumenten eine spezielle königliche oder private Person (häufig ist es der Stifter selbst) als Nutznießer des erwähnten oder abgebildeten Opfergutes im Zentrum. Und die deutlichsten Denkmäler in diesem Sinne waren die von einzelnen Menschen beziehungsweise die für sie erbauten Grabstätten. Diese auf ein Leben nach dem Tode hin errichteten Denkmäler sollten dazu dienen, im Jenseits eine etwas andere Art von Wohltaten zu erlangen als man von den Totenstiftungen erhoffte. Hier scheinen die mit dem Kult verbundenen Zweckvorstellungen miteinander in Konflikt zu geraten und sich gleichzeitig zu decken –

OBEN: Das Sanktuar des Hekaib auf der Insel Elephantine, gegenüber von Assuan gelegen, gilt als eines der wenigen Beispiele der Verehrung von berühmten, nichtköniglichen Personen der Vergangenheit. Hekaib lebte während der Regierung von Pepi II. (2236 – 2143 v. Chr.).
Dr. Kuhlmann, Deutsches Archäologisches Institut, Kairo

LINKS: Der Tempel von Luxor wurde im wesentlichen von zwei Königen errichtet: Amenophis III. (1391 – 1353 v. Chr.) und Ramses II. (1279 – 1213 v. Chr.). Gleichwohl gab es hier einen noch älteren Bau, einen Schrein aus der Thutmosidenzeit. Der Hauptgott des Tempels, der hier verehrt wurde, war Amun.
Derek Berwin/The Image Bank

Das Tal der Könige und das Tal der Königinnen

Der königliche Friedhof des Neuen Reiches auf dem thebanischen Westufer war mehr als vierhundert Jahre in Gebrauch. Während dieser Zeit wurden Hunderte von unterirdischen Kammern in die Kalksteinformationen der tiefen Wüste gegraben, weit entfernt von öffentlicher Aufmerksamkeit: in den Tälern der Berge von Theben, im Schatten des »Horns des Westens«. Die spektakulärsten Beispiele entstanden zwischen den Regierungszeiten Thutmosis' III. und Ramses' XI. (um 1479–1069 v. Chr.). Ausgeführt in ähnlich zunehmender Größe und Komplexität wie die Totentempel aus derselben Zeit, liegen diese Grabdenkmäler par excellence in Gebieten, die heute als Tal der Könige (altägyptisch: »das Große Feld«) und Tal der Königinnen (»der Platz der Schönheit«) bekannt sind.

Die Königsgräber des Neuen Reiches sind, ebenso wie ihre nicht-königlichen Pendants (die Grabkammern der Privatgräber), eigenwillige Denkmäler. Ihre Hauptaufgabe bestand im Schutz ihres Inhaltes vor dem profanen Kontakt mit den Lebenden (durch Ausschluß der Öffentlichkeit) und der Gewährleistung des Ansehens, das der Grabherr in der Welt der Toten genoß. Deshalb verbinden sie äußere Anonymität mit innerer Pracht. Die einzigen Augen, für die ihre Ausstattungen (und Dekorationen) gedacht waren, waren die des verstorbenen (und jetzt vergöttlichten) Königs und seiner heiligen Begleiter, der Götter.

Während der ramessidischen Epoche stellte ein Königsgrab ein großangelegtes Bauprojekt dar, das den vollen Einsatz einer ganzen Mannschaft von Arbeitern erforderte. Vollständig ausgestattet mit leuchtendfarbig bemalten Reliefs, war das Grab in Wahrheit ein gewaltiges Modell des Sonnenlaufes um die Erde; von seinem eindrucksvollen Eingangsportal führte der Weg durch eine Reihe von langen, engen, absteigenden Korridoren (*set-jau-netjer* – »Gotteswege«) und durch eine oder mehrere dazwischenliegende Kammern (*weschet*) bis in die große, gewölbte Sargkammer (*per-en-nub* – »Goldhaus«). Jeden Abend trat die Sonnenscheibe am Ende ihrer täglichen Fahrt in das Westgebirge ein, nur um am östlichen Horizont wieder aufgehen zu können. So auch der König; begraben als der »Goldene« in seinen glänzenden Schreinen, betrat er sein Grab, erhob sich wie die Sonne erneut, wiedergeboren zu Tagesbeginn, um die Welt von Karnak, »den Horizont«, zu erleuchten. Die Fahrt der Sonnenbarke von Westen nach Osten unterhalb der sichtbaren Welt war nicht ohne Gefahr. Unter denen, die ihren Weg bedrohten, galt die große Schlange Apophis, die Verkörperung der Unordnung, als Anführer. Sollte der Versuch dieses Dämons, die Barke auf ihrer Reise aufzuhalten, gelingen, würde die Sonne (und der König) nicht wieder aufgehen können und das Chaos siegen.

Am Plafond der Sargkammer Ramses' VI. (1143–1136 v. Chr.) ist die Fahrt der Sonne über den Tag- und Nachthimmel abgebildet: Die rote Sonnenscheibe wird zwischen den Schenkeln der Himmelsgöttin Nut geboren; die Sonnenbarke fährt unterhalb ihres Körpers vorbei; die Scheibe wird am Abend von Nut verschlungen, und die Barke fährt entlang des sternenübersäten Körpers ihres nächtlichen Gegenstückes, bis die Scheibe bei Sonnenaufgang wiedergeboren wird.

OBEN: Das extrem heiße Klima und seine völlige Abgeschiedenheit machten das Tal der Könige zu einer ehrfurchtgebietenden Ruhestätte für ungefähr dreißig Pharaonen des Neuen Reiches (1540–1069 v. Chr.). Die Felsgräber besitzen keinen auffälligen Oberbau. Stockshots/M. Bendon

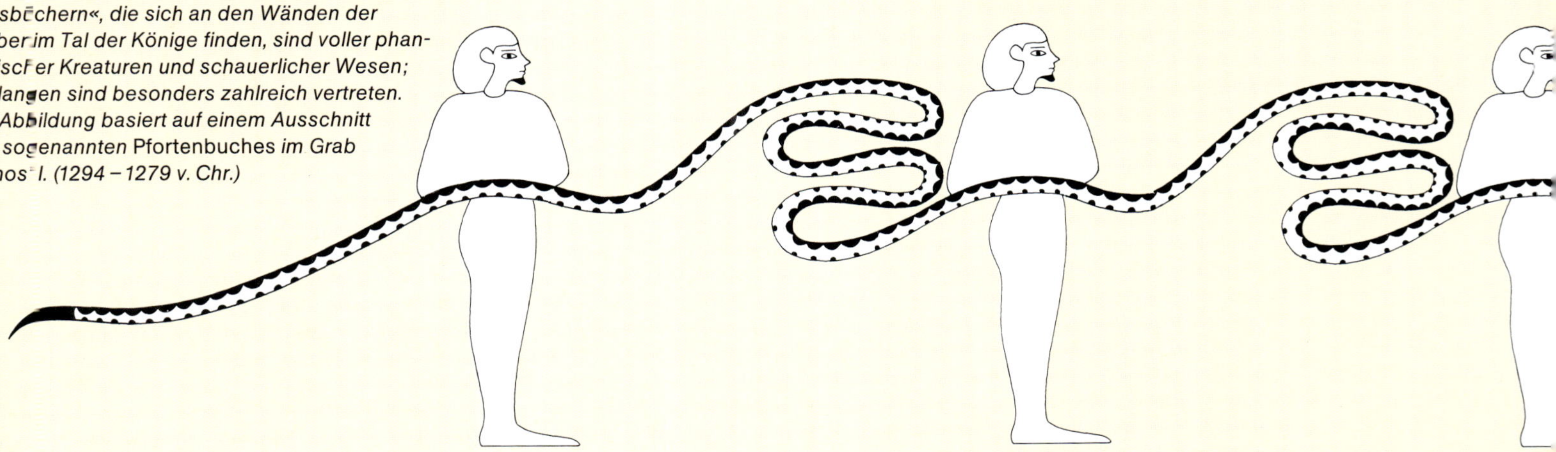

RECHTS: Die Szenen aus den ägyptischen »Unterweltsbüchern«, die sich an den Wänden der Gräber im Tal der Könige finden, sind voller phantastischer Kreaturen und schauerlicher Wesen; Schlangen sind besonders zahlreich vertreten. Die Abbildung basiert auf einem Ausschnitt des sogenannten Pfortenbuches *im Grab Sethos' I. (1294–1279 v. Chr.)*

In den bescheideneren Gräbern der königlichen Frauen und Söhne, die zumeist im Tal der Königinnen liegen, fehlt diese offenkundige Identifizierung der Verstorbenen mit dem Sonnengott. Sowohl in den Grabkammern der Königinnen als auch in denen der Prinzen zeigt die Dekoration die gewöhnlichen königlichen Opferszenen und die Darstellungen sind darüber hinaus dem altägyptischen *Totenbuch* entnommen.

Nur in den Gräbern seiner Söhne akzeptiert der König den Göttern gegenüber die Rolle eines Fürsprechers für seinen verstorbenen Nachkommen. Die Götter Anubis (Schutzherr der Gräber und Einbalsamierungsriten; gewöhnlich als Schakal oder schakalköpfig dargestellt) und Thot (Gott des Schreibens und Lernens; wird häufig mit dem Ibis oder dem Pavian in Verbindung gebracht) übernahmen diese Rolle in den Gräbern der Königinnen und der Untertanen.

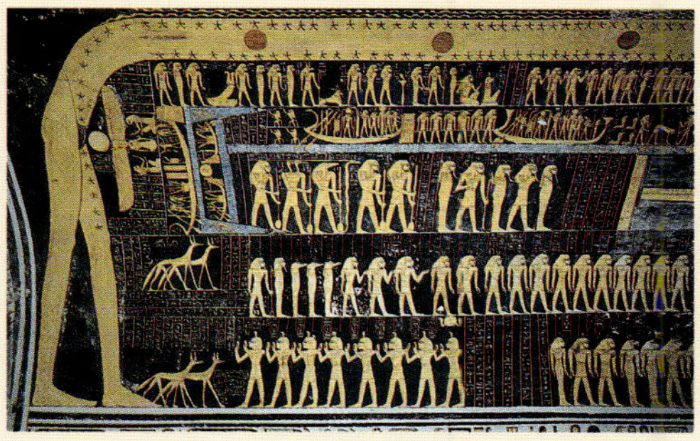

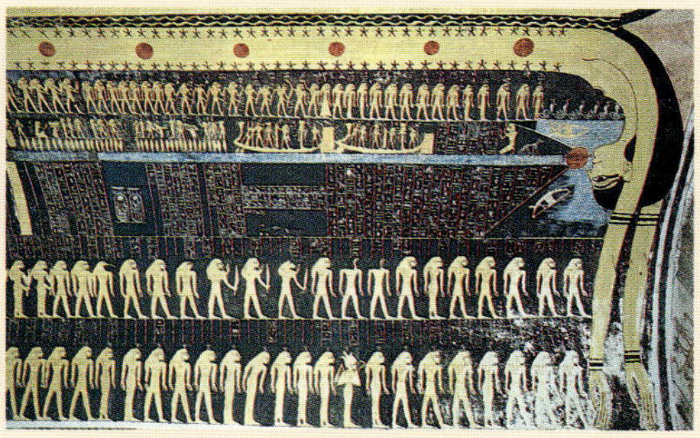

OBEN UND RECHTS: Details aus der »astronomischen Decke« im Grab Ramses' VI. James H. Morris

Die überladene Atmosphäre in den Königsgräbern wurde auch von den Handwerkern geschätzt, die sie geschaffen hatten. Bei der Öffnung vieler ramessidischer Gräber in moderner Zeit fand man zusätzlich zu den geplünderten Überresten der Grabausstattung eine Reihe von Ostraka (glatte, flache Kalksteinstücke, die zur Beschriftung geeignet waren) der Künstler, denen die Dekoration des Grabes anvertraut war. Diese ungewöhnlich großen Ostraka tragen Darstellungen des Künstlers beim Gebet vor Re-Harachte (eine Verbindung des Gottes Re und des Horus-im-Horizont), den Göttern der thebanischen Nekropole und den Gottheiten des »Osiris-Kreises«: Osiris, Isis und Nephthys. Dabei wünschten die Stifter jedoch nicht, an einigen Aspekten (oder dem Status) des königlichen Lebens nach dem Tode teilzunehmen; vielmehr glaubten sie, daß die Hinterlegung ihrer Votivgegenstände in einem rituell (und ikonographisch) so mächtigen Königsgrab eine wirksame Maßnahme sei, um ihre Botschaft der Gottheit zu übermitteln. Wie ihr königlicher Gebieter fühlten diese Arbeiter die Notwendigkeit, mit der jenseitigen Welt Kontakt aufzunehmen.

LINKS: Die Sargkammer im Grab Ramses' VI. (1143 – 1136 v. Chr.) im Tal der Könige besitzt eine gemalte »astronomische Decke«. Diese und ähnliche Darstellungen, Listen in anderen Gräbern und auf Särgen sind unsere wichtigsten Informationsquellen über die astronomischen Kenntnisse der Alten Ägypter. James H. Morris

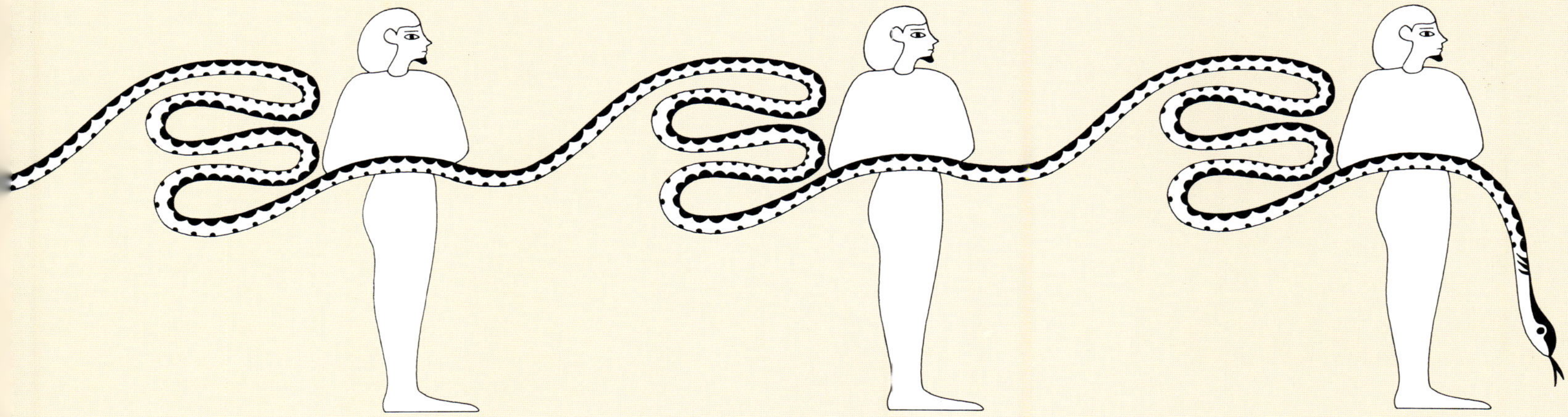

RECHTS: Das Grab von Meresanch III., einer Königin des Chephren (25[illegible]8 – 2493 v. Chr.), in Gisa besitzt einen massiven, aus Steinen errichteten Oberbau und gleichzeitig eine ungewöhnliche, aus dem Fels gehauene unterirdische Kapelle. Die Kulträume der meisten anderen zeitgleichen Gräber waren dagegen meist Bestandteil ihres Oberbaus. James H. Morris

vor allem wegen der altägyptischen Glaubensvorstellung, daß ein Mensch aus mehreren unterschiedlichen Elementen besteht, von denen nur wenige (nämlich der Körper und der Schatten, und auch diese nur zum Teil) greifbare Form annehmen; andere Elemente hingegen (die »spirituellen« Aspekte einer Persönlichkeit, genannt *ka*, *ba*, *ach* und der Personenname, *ren*) sind rein immaterieller Natur. Es mußte dafür gesorgt werden, daß all diese Facetten der menschlichen Person auch im Jenseits dauerhaft erhalten blieben (dieser Gedanke hat sich natürlich im Verlauf der dreitausendjährigen Geschichte des religiösen Denkens im Alten Ägypten etwas verändert) – und daher erwuchs hieraus die Voraussetzung für die spezifischen Gestaltungsformen der Grabarchitektur und Ikonographie, die während der verschiedenen Perioden der ägyptischen Geschichte sich herausbildeten. Beispielsweise wurde die kontinuierliche Versorgung des *ka* (mittels eines ewig wiederholten Opferrituals) sowohl durch die Niederschrift der Opfergebete als auch durch die Abbildung der Opfergaben in der Grabkammer sichergestellt. Die Bewegungsfreiheit für den *ach* wurde dadurch gewährleistet, daß man auf Papyri, Särgen oder an den Wänden der Gräber Beschwörungen seiner Kraft niederschrieb, mit der er alle möglichen vorstellbaren Hindernisse überwinden werde. Von besonderer Bedeutung scheint gewesen zu sein, daß der gesellschaftliche Status des Verstorbenen gegenüber den Lebenden und den Toten mit Hilfe visueller Darstellungen aufrechterhalten wurde.

Als Zurschaustellung einer Rangerhöhung lassen sich Grabstätten in zweierlei Hinsicht interpretieren: für die Bewohner der unmittelbar wahrnehmbaren Welt – nämlich die Lebenden; und außerdem für

RECHTS: Das Grab von Sarenput II. (der auch Nebkaurenacht genannt wurde) in Assuan ist ein gutes Beispiel für das Felsgrab eines Gaufürsten des Mittleren Reiches. Sein Besitzer lebte während der Regierungszeit Amenemhets II. (19[illegible]8 – 1884 v. Chr.). James H. Morris

OBEN: Detail der künstlerischen Ausgestaltung des Grabes von Sarenput II. James H. Morris

diejenigen, die sich jenseits der Grenzen menschlicher Wahrnehmung bewegen – die Toten und die Götter. Beide Gruppen wurden von den zwei wichtigsten Abteilungen der Grabstätte aufgenommen: Den Oberbau mit der Kultkammer benutzten die Angehörigen des Verstorbenen; die unterirdische Anlage, deren wichtigste Aufgabe es war, den Leichnam zu schützen, diente zugleich als Ort, an dem sich die Verwandlung vom Tod zur Wiedergeburt vollzog.

Form und Dekoration der Kultkammer (wobei es sich um einen königlichen Totentempel oder um eine private Opferstätte handeln mochte) und der sie umschließende Oberbau war für die Lebenden vorgesehen: Die Malereien und Reliefs sowie die Statuen »erinnerten« an den Verstorbenen und bildeten ein visuelles Zentrum für kultische Handlungen; dazu kamen Opfergegenstände (Tische, Ständer und Gefäße) für die ewige Versorgung des dem Grabherrn zugehörigen *ka*. Hieraus erklärt sich die während der gesamten pharaonischen Epoche herrschende Dominanz der Opferszenen, in denen der königliche oder private Grabherr die Versorgungsgaben empfing. Um die Herkunft dieser Opfergaben zu dokumentieren, begann man ganze Reihen von Opferträgern abzubilden, die für den Transport der Nahrungsmittel und Ausstattungsgegenstände zur Grabstätte sorgten. Als man begann, die Landgüter, von deren Marschen, Feldern und Wiesen die Opfergaben stammten, in personifizierter Form darzustellen, wurden die Szenen zunehmend abstrakter. Ihre vollendete Ausprägung erreichte diese Form bildlicher Gestaltung in den sogenannten Genreszenen; sie zeigen uns die Tätigkeiten, die der materiellen Versorgung des Verstorbenen dienten: Fischen, Vogelfang, Jagd, Ackerbau und die Herstellung von Gebrauchsgegenständen.

Daß die Grabdarstellungen, ebenso wie sie den Verstorbenen von Nutzen waren, auch von den Lebenden gesehen und bewundert werden sollten, geht schon daraus hervor, daß seit der 6. Dynastie in zunehmenden Maße das vom Verstorbenen zu Lebzeiten Erreichte in dessen »Grab-Autobiographie« festgehalten wurde. Besonders kennzeichnend ist eine bemerkenswerte Inschrift aus dem Grab des Scheschonq, eines Beamten der 26. Dynastie; darin werden die Besucher direkt dazu aufgefordert, die Qualität der Dekoration zu beachten und sich an ihr zu erfreuen!

In Ergänzung zur Ausschmückung des Inneren wirkte die äußere Architektur der Grabstätte wie eine Art Signal, das den Standort eines funeralen Bauwerks anzeigen sollte, und darüber hinaus war sie Zeichen einer spezifischen kosmologischen Orientierung. Beispeilsweise standen die pyramidalen Oberbauten königlicher und privater Gräber in einer bestimmten Beziehung zur Sonne, aus der sich eine Verbindung des jenseitigen Lebens des Verstorbenen mit dem Sonnengott ergab.

Der Königskult wurde in einem Kultraum (oder einem Tempel) zelebriert, dessen Lage und Form vom jeweiligen historischen und religiösen Kontext bestimmt war. Das Bauwerk entsprach in seinem äußeren Maßstab und dem benutzten Material der Stellung des Königs zwischen Götter- und Menschenwelt, aber letzten Endes hing alles von den verfügbaren Baustoffen ab. Die Totentempel der Herrscher des Neuen Reiches lagen am Rand des Fruchtlandes in Theben-West. Sie waren als Varianten der Tempelanlagen mit dreiteiligen Sanktuarien geplant – beeinflußt von den Kulttempeln des Gottes Amun, des Herrn von Theben – und wurden in einem größeren oder kleineren Maßstab errichtet – und sie wurden vollendet oder unfertig zurückgelassen, je nach Regierungsdauer des betreffenden Herrschers oder der Bereitschaft seines Nachfolgers, dessen Bau zu vollenden.

Im Gegensatz zum Opferraum mit seiner notwendigen Zugangsmöglichkeit für die

OBEN: Die Grabkapelle des Maja, des »Schatzhausvorstehers« des Tutanchamun (1336 – 1327 v. Chr.), ist in spektakulärer Form ausgestaltet worden. Der Stil der Darstellungen zeigt eine gekonnte Mischung der Neuerungen der Amarnazeit mit eher klassischen Formen. Ähnliche Gräber wurden in Saqqara noch während der nächsten 150 Jahre gebaut.
Egypt Exploration Society, London

LINKS: Die Karriere des Montemhet (belegt zwischen 667 – 648 v. Chr.), des Inhabers von Grab Nummer 34 im Asasif (Theben), umfaßte das Ende der 25. Nubischen und die 26. Saitische Dynastie. Die thebanischen Gräber dieser Zeit wurden aus dem Fels geschlagen, aber zusätzlich mit großen äußeren Höfen und Pylonen ausgestattet.
John G. Ross

RECHTS: Der Totentempel (errichtet zum Vollzug des Kultes für den verstorbenen Herrscher) der Königin Hatschepsut (1479 - 1457 v. Chr.) in Deir el-Bahari ist bemerkenswert wegen seines terrassenartigen Aufbaus und seiner ungewöhnlichen Anlage inmitten eines Talkessels, umgeben von hochaufragenden Steilwänden. Eine nahegelegene ältere Anlage von Mentuhotep II. (2050 - 1999 v. Chr.) mag den Architekten inspiriert haben.
Jürgen Liepe

UNTEN: Die bescheidenen, aber hervorragend dekorierten ramessidischen Gräber, welche die Handwerker von Deir el-Medineh für ihre eigenen Familien schufen, eröffnen den Ägyptologen die faszinierende Möglichkeit, einen Zusammenhang zwischen den anonymen Darstellungen in den Grabstätten des Tals der Könige und den zeitgenössischen Künstlern herzustellen.
John Romer

Lebenden wurden die unterirdischen Grabräume sofort nach dem Begräbnis versiegelt und nur dann wieder geöffnet, wenn weitere Begräbnisse stattfanden. Ihre architektonische Gestaltung und Dekoration hatte nichts mit einer Steigerung des Ansehens des Grabherrn gegenüber der Öffentlichkeit zu tun, sondern sicherte ihm eher eine angemessene Stellung im Jenseits und das gebührende Ansehen bei den Göttern und den Ahnen.

Im Neuen Reich (1540 - 1069 v. Chr.) war die Wand- und Deckendekoration der Sargkammern eher für königliche als für private Grabmäler üblich. Texte und Darstellungen konzentrierten sich auf den Übergang des verstorbenen Herrschers von dem flüchtigen Zustand des Todes zu seiner Wiedergeburt als Gott - normalerweise als Re oder Osiris. Die Pyramidentexte des Alten Reiches (2647 - 2124 v. Chr.) und das Corpus der königlichen Totenliteratur (zum Beispiel *Amduat*, *Pfortenbuch*, *Sonnenlitanei*) des Neuen Reiches bildeten die hauptsächlichen Quellen für die Bildinhalte der künstlerischen Grabausstattungen. Die Wände der zeitgenössischen Sargkammern von Privatleuten wurden gewöhnlich nicht dekoriert, ausgenommen in Fällen eines hochrangigen Beamten oder wenn der Verstorbene den königlichen Vorbildern sehr nahe stand.

Gräber waren aber nicht die einzigen »Erinnerungsstätten«, die von den Ägyptern in Auftrag gegeben wurden: Familienkulte konzentrieren sich auf die verstorbenen Ahnen und sind aus den Schauplätzen des Neuen Reiches in Gurob und Deir el-Medineh bekannt. Die Gestaltung dieser kleinformatigen Denkmäler (Stelen und anthropoide Büsten) trägt eindeutig archaische Züge. Weiterhin bezeugt die schwindelerregende Anzahl von Kenotaphen (Scheingräbern) des Mittleren Reiches (2040 - 1648 v. Chr.) aus Abydos (von ganzen Tempeln bis zur einzelnen Stele) das starke Bestreben, einen Zusammenhang mit den osirianischen Riten herzustellen. Schließlich wurden Uschebtis (Grabfiguren) von Privatleuten in Verstecken auf königlichen Friedhö-

OBEN: Die Einwohner von Deir el-Medineh, des Dorfs der ramessidischen Arbeiter, die mit dem Bau und der Ausgestaltung der Gräber im Tal der Könige beschäftigt waren, bilden die am besten dokumentierte Gemeinschaft im alten Ägypten. Sogar ganz private, persönliche Geschichten der Bewohner können aus den gefundenen Papyri und Ostraka rekonstruiert werden. John G. Ross

fen, wie solche in Abydos und el-Lischt, verborgen und sogar in einigen Königsgräbern der 18. Dynastie mitbestattet. Der Hintergrund für diesen Brauch ist nirgendwo eigens erklärt; vielleicht wollte der Uschebti-Besitzer im Jenseits einer engen Verbindung zum König versichert sein, in dessen Grab oder Nähe der Gegenstand abgelegt wurde.

Demgemäß steht im Mittelpunkt der »Erinnerungsstätte« eine individuelle königliche oder private Person (oft ist es der Stifter) als der unmittelbare Empfänger der erwähnten oder abgebildeten Stiftungsgaben.

Eine weitere interessante Möglichkeit, Denkmäler zu betrachten, bezieht sich auf ihre Art und Lage. Tempelbezirke und Friedhöfe (die wichtigsten »heiligen« Gebiete) waren nicht die einzigen Stätten, an denen Kult- und Stiftungshandlungen zelebriert wurden. Bestimmte geologische Formationen, wie das »Horn des Westens«, der pyramidengestaltige Gipfel des thebanischen Westgebirges, konnten personifiziert und selbständig verehrt werden. Hoch oben am Berg gab es eine kleine Gruppe von Schreinen mit Stelen, die von den lokalen Einwohnern gestiftet worden waren. Vielen von ihnen sind auch die eingeritzten Graffiti zuzuschreiben, die bis heute an den Felsabstürzen von Theben sichtbar geblieben sind. Diese Felsinschriften überliefern häufig nicht nur die Namen und Titel bestimmter Personen, sondern bilden sie auch bei der Verehrung der mit der thebanischen Totenstadt verbundenen Götter ab: Ptah vom Tal der Königinnen, die Schlangengöttin Meretseger und die Triade Amun, Mut und Chons. Steinbruchgebiete auf dem Sinai und in der Ostwüste, wie das Wadi Maghara und das Wadi Hammamat, haben ähnliche Erinnerungsdarstellungen bewahrt.

Der einzige gemeinsame Faktor aller altägyptischen Stiftungs- und Erinnerungshinterlassenschaften war die Dauerhaftigkeit. Mochte es sich um die Verfügung über die Opfergaben für den privaten oder königlichen *Ka*, die Gedenkfeierlichkeiten für ein Leben in untadeliger Haltung oder die Dauer der kosmischen Ordnung handeln: ein altägyptisches Denkmal verwandelte den Stiftungsvorgang in einen unendlichen Kreislauf von Opfern, Gedenken und Erhaltung. Sollte die Niederlegung der Opfergaben auf den Altären der Gräber und Tempel einst enden und sollten die Ritualtexte ihre sterblichen Zelebranten überdauern, so würde allein das Überleben des Denkmals den Bestand seines Zweckes garantieren.

DAUER
UND WANDEL

Invasoren und Eroberer

A. K. Bowman

Als Alexander der Große 332 v. Chr. in Ägypten eindrang und es von der drückenden Herrschaft der Perser befreite, leitete er damit eine neue Ära der Geschichte ein, die fast ein Jahrtausend währen sollte – eine Ära, in der Ägypten ein lebenswichtiger Teil der griechisch-römischen Welt war. Während der ersten drei Jahrhunderte dieses Zeitraums blieb Ägypten eines der mächtigsten hellenistischen Königreiche. Danach wurde es zuerst eine Provinz des römischen und dann des byzantinischen Reiches, bis 642 n. Chr. Byzanz es – fast drei Jahre nach der Invasion durch die Araber – vertraglich dem islamischen Kalifat abtreten mußte.

Als Alexander im Jahr 331 v. Chr. Ägypten wieder verließ, übertrug er die Verwaltung einem Vizekönig. Während der politischen Wirren nach dem Tod Alexanders 323 v. Chr. riß der schlaueste seiner Generäle Ägypten an sich: der Makedonier Ptolemaios, Sohn des Lagos. Aber erst 305 v. Chr. fühlte er sich unbedroht genug, um offen die unabhängige Königswürde als Ptolemaios I. Soter (»Retter«) zu beanspruchen. Ägypten wurde bis zum Tod von Kleopatra VII. im August 30 v. Chr. von seinen Nachkommen, den Ptolemäern (Ptolemaios II. bis XIV.) regiert, zuweilen gemeinsam mit deren jeweiligen Gemahlinnen/Schwestern, die gewöhnlich Kleopatra hießen. Unter den hellenistischen Reichen war Ägypten das wohlhabendste und in dieser Epoche zumeist auch das mächtigste. Zu Zeiten seiner größten Ausdehnung um 200 v. Chr. umfaßte es das westlich benachbarte Kyrene (heute im östlichen Libyen gelegen), ebenso wie die Insel Zypern und weite Teile der Levante. Ägypten war auch das letzte hellenistische Königreich, das unter römische Herrschaft kam.

Mit verschiedenen Mitteln stärkten die Ptolemäer die Stabilität ihrer Dynastie nach innen und außen. Dazu gehörten aufwendige Paraden der Königsmacht in Alexandria, die Beteiligung eines Sohnes und Erben an der Herrschaft seines Vaters, Heiraten der königlichen Geschwister untereinander wie auch dynastisch begründete Eheschließungen mit anderen hellenistischen Herrscherfamilien.

Die Fundamente für Macht und Reichtum der Ptolemäer legten die ersten drei Herrscher: Ptolemaios I. Soter, Ptolemaios II. Philadelphus (»Schwesterliebend«) und Ptolemaios III. Euergetes (»Wohltäter«). Nach 200 v. Chr. wurde die Dynastie durch Zwietracht und Machtkämpfe im Königshaus, durch immer häufigere Unruhen im eigenen Land und durch die zunehmende Stärke Roms geschwächt. Das letzte Jahrhundert der Ptolemäerherrschaft war vor allem eine Periode des politischen Niedergangs, auch wenn Ägypten noch über beträchtlichen Reichtum verfügte. Kleopatra VII., die letzte der Ptolemäermonarchen (und die einzige, die Ägyptisch sprach), hatte den Ehrgeiz, das Ansehen der Dynastie zu erneuern, indem sie die Macht der römi-

GANZ OBEN: Der Kult um den Gott Sarapis entstand schon früh in der Ptolemäerzeit. Peter Clayton

OBEN: Auf Holz und Leinwand gemalte Portraits, die an kunstvoll bandagierten, aber schlecht mumifizierten Leichnamen angebracht wurden, finden sich seit dem 1. Jahrhundert n. Chr. Louvre/ P. Clayton

GEGENÜBER: Das Grabmal des Petosiris in Hermopolis West hat vorwiegend griechisches Dekor. Peter Clayton

VORHERGEHENDE SEITE: Der Tempel der Isis und zugehörige Gebäude wurden in den 1970er Jahren von der Insel Philae auf die Insel Agilkia versetzt, um sie vor den Wassern des Assuanstaudammes zu retten. The Image Bank/Giuliano Colliva

OBEN: Die fruchtbare Oase Fajjum in Mittelägypten hatte sich in der Ptolemäer- und Römerzeit gut entwickelt. Zahlreiche kleine Bauerndörfer wuchsen und prosperierten. An vielen Fundorten, darunter in Bacchias im Nordosten, sind die sandverwehten Überreste der Schlammziegelhäuser und Tempel noch heute zu sehen. A. K. Bowman

schen Feldherrn benutzte, um ihren Freunden und Verbündeten eine höhere Stellung zu verschaffen. Sie wurde die Geliebte von Julius Caesar, als er Pompeius nach Ägypten verfolgte (47 v. Chr.) und gebar ihm einen Sohn namens Caesarion. Nach Caesars Tod im Jahr 44 v. Chr. hätte ihre eher berühmt-berüchtigte Verbindung mit Marcus Antonius (41 v. Chr.) die Wiederentstehung eines Reiches im Osten bewirken können; damit wäre zweifellos eine für Roms Macht bedrohliche Situation entstanden. Doch in der Schlacht von Actium (September 31 v. Chr.) gegen die Römer unter Octavian (dem späteren Kaiser Augustus) erlitt sie eine Niederlage. Elf Monate später, nach der Eroberung Alexandrias, beging Antonius Selbstmord und Kleopatra legte sich (der Legende nach) die Schlange an den Busen.

Infolge dieser Ereignisse wurde Ägypten zu einer Provinz des römischen Reiches; eine Provinz, die den Kaisern besonders viel bedeutete – sie war die wohlhabendste im ganzen Imperium. Ägypten produzierte einen Großteil der Lebensmittel für die Stadt Rom und konnte andererseits zu einem ernsten Sicherheitsrisiko für das Reich werden. Als Gefahren sollten sich in den nächsten Jahren nicht nur innere Unruhen erweisen – etwa die Aufstände des jüdischen Bevölkerungsteils 66 n. Chr. und 115–117 n. Chr. –, sondern auch direkte Bedrohungen der römischen Kaisermacht selbst. Kaiser Vespasian setzte seinen Machtanspruch mit Erfolg durch und wurde am 1. Juli 69 n. Chr. in Alexandria zum Kaiser ausgerufen. Die Herrschaft einer fremden, feindlichen Macht über Ägypten – wie etwa durch Herrscher der syrischen Stadt Palmyra in den Jahren 267–272 n. Chr. – konnte den Lebensnerv des römischen Reichs treffen.

In der Periode nach 300 n. Chr. als das Christentum triumphierte, das römische Reich in West- und Ostrom (Byzanz) zerfiel und Konstantinopel als östliches Gegenstück zu Rom gegründet wurde, orientierte sich Ägypten wieder hin zum östlichen Mittelmeer. Im 5. und 6. Jahrhundert mußten byzantinische Kaiser darum kämpfen, die Kontrolle im Süden gegen die Stämme der Blemmyer und Nobaden in Nubien unweit der Nilkatarakte aufrechtzuerhalten. Die großen und historisch entscheidenden Machtkämpfe wurden jedoch in der Kirchenpolitik ausgefochten. Die Patriarchen beziehungsweise Bischöfe von Alexandria

RECHTS: Antinoupolis wurde von Kaiser Hadrian zum Gedenken an seinen Günstling Antinous gegründet, der 130 n. Chr. im Nil ertrank. Die Anlage der Siedlung, ihre soziale Struktur und die Gebäude mit dem Triumphbogen, die ein Teilnehmer des napoleonischen Feldzugs dokumentierte, sind griechisch. Ashmolean Library, Oxford

Die Ptolemäer-Dynastie

Lagos – Arsinoe

Ptolemaios I. Soter 305 – 282 – Berenike

Ptolemaios II. Philadelphos 285 – 246 – Arsinoe

Ptolemaios III. Euergetes I. 246 – 222 – Berenike

Ptolemaios IV. Philopator 222 – 205 – Arsinoe

Ptolemaios V. Epiphanes 204 – 180 – Kleopatra I.

Ptolemaios VI. Philometor 180 – 145 – Kleopatra II.

Ptolemaios VIII. Euergetes II. (Physcon) – Kleopatra III.

Ptolemaios VII. Neos Philopator 145

Kleopatra III.

Ptolemaios IX. Soter II. (Lathyros) zwischen 115 und 80 – Kleopatra IV. – Kleopatra V. – ?

Ptolemaios X. Alexander I. zwischen 110 – 88 – ? – Kleopatra Berenike III. 80

Ptolemaios XII. Neos Dionysos (Auletes) zwischen 80 und 51 – Kleopatra VI. 57

Kleopatra Berenike III. – Ptolemaios XI. Alexander II. 80

Berenike IV. 57 – 55

Kleopatra VII. Thea Philopator 51 – 30

Ptolemaios XIII. Dionysos 51 – 47

Ptolemaios XIV. Philopator 47 – 44 – Kleopatra VII. Thea Philopator

OBEN: Der Stammbaum der Ptolemäerdynastie (305 – 30 v. Chr.). Nur die wichtigsten Vertreter der Dynastie sind hier genannt. Der Bau des Horustempels von Edfu (Abb. oben) begann 237 v. Chr. unter Ptolemaios III. und wurde erst 57 v. Chr. unter Ptolemaios XII. vollendet. Der Tempel ist eines der bedeutendsten Denkmäler der ptolemäischen Epoche. Foto: Australian Picture Library/ D. J. Heaton

kämpften für die Wahrung ihres kirchlichen und politischen Supremats gegen Widersacher in Ägypten sowie um die Geltung ihrer Landeskirche gegenüber Konstantinopel und der Ostkirche.

Auch wenn sich solche Auseinandersetzungen lähmend auswirkten, blieben Ägyptens Macht und Reichtum für die byzantinischen Kaiser lebenswichtig. Aber eine persische Invasion und Besetzung von 619 bis 628 war nur ein Vorbote noch ernsterer welthistorischer Veränderungen, die andernorts mit der Flucht des Propheten Mohammed von Mekka nach Medina 622 begonnen hatten. Zwanzig Jahre später marschierte der arabische General Amr Ibn al-As in Alexandria ein.

Während dieser Periode war Ägypten in vielerlei Beziehung weniger isoliert als unter den Pharaonen und zeigte in Kontinuität und Wechsel auffällige Unterschiede. Die Grundlegung seines Reichtums unter den Ptolemäern mit einem Regierungssystem, das die natürlichen Ressourcen auszubeuten verstand, war in manchem der Verwaltung verpflichtet, die die Perser vor dem 4. Jahrhundert v. Chr. durchsetzten. Einer Gruppe von Beamten direkt unter der Aufsicht des Königs unterstand die Gerichtsbarkeit im ganzen Land. Zu dieser Gruppe gehörten ein Finanzminister, ein Oberrechnungsprüfer und eine für Urkunden, Briefe und Verordnungen zuständige Ministerkanzlei. Darunter tummelte sich eine Pyramide untergeordneter Beamter mit Befugnissen für begrenzte Gebiete - von jedem der etwa dreißig Distrikte *(nomes)* bis hinunter zum Hauptverwalter jedes einzelnen Dorfes. Während des ersten Jahrhunderts ptolemäischer Herrschaft wurden solche Beamte fast ausschließlich aus der Schicht hochgestellter griechischer Einwanderer berufen. Dasselbe galt für die Soldaten, die - wenn sie nicht aktiven Dienst taten - eine begünstigte Gruppe von Landpächtern bildeten. In solche Stellungen gelangten nach und nach auch einheimische Ägypter, die bereit und fähig waren, sich gesellschaftlich anzupassen und Sprache und Kultur der griechischen Führungsschicht anzunehmen.

Seit dem Beginn der römischen Herrschaft hatte Ägypten keinen residierenden Monarchen mehr. Es regierte ein Präfekt in der Art eines Vizekönigs, den der römische Kaiser ernannte. (Der erste war der Dichter, Soldat und Staatsmann Cornelius Gallus.) Römische Legionäre und Hilfstruppen lagen in den Garnisonen. Die oberen Ränge der

OBEN: Weinkellerei in Marea am Südufer des Mareotis-Sees südwestlich von Alexandria (5. oder 6. Jahrhundert n. Chr.), einem berühmten Weinanbaugebiet. Das große, viereckige Becken nahm den Saft auf, der auf dem schrägen Boden gepreßt wurde und durch eine Öffnung aus einem Nebenraum floß.
A. K. Bowman

Provinzialverwaltung wurden mit Außenseitern von hohem Stand besetzt, während die unteren Posten in der Provinz Gräko-Ägypter einnahmen. Die römische Verwaltung Ägyptens erstrebte wie die ptolemäische eine Maximierung des Reichtums und der Einnahmen. Sie führte ein ganz detailliertes Schätzungsverfahren ein, um alle Bewohner und deren Grundeigentum zu erfassen. Dieses Verfahren sollte die Grundlage einer umfassenden Besteuerungsordnung für Eigentum, Personen, Gewerbe und Handelsgeschäfte aller Art bilden.

OBEN UND RECHTS: Szenen von der Weinlese aus dem Grabmal des Petosiris in Hermopolis-West (Tuna el Gebel) zeigen (rechts) Männer (einer von ihnen ist nackt), die Weintrauben von einem Weinstock über ihren Köpfen pflücken; der Saft (oben) fließt in einen Bottich, aus dem er in großen Amphoren geschöpft und zur Registrierung gebracht wird. 4. Jahrhundert v. Chr.
Ancient Art and Architecture Collection/Mary Jelliffe

Obgleich der bürokratische Zentralismus stark ausgeprägt war, führten die Römer in den Städten des Niltals einige Besonderheiten der autonomen Stadtverwaltung ein, die bereits in Alexandria und den anderen »griechischen Städten« in Ägypten, in Naukratis im westlichen Nildelta und in Ptolemais in Oberägypten, bestanden. Ein Versuch, den einheimischen Führungsschichten gewisse Verantwortlichkeiten zu übertragen, hatte nur begrenzten Erfolg, und eine Reihe von Verwaltungsreformen im späten 3. und frühen 4. Jahrhundert konzentrierten die Macht wieder in den Händen sehr kleiner Gruppen mächtiger Beamter, die oft wohlhabende Grundbesitzer waren. Zur gleichen Zeit wurde Ägypten aus administrativen Gründen in eine Anzahl kleiner Provinzen mit getrennten Militär- und Zivilbehörden unterteilt. Um die Mitte des 6. Jahrhunderts mußte Kaiser Justinian jedoch erkennen, daß diese Politik fehlgeschlagen war, und er vereinigte die Befugnisse in den Händen eines Militärs mit denen eines Zivilbeauftragten, um ein Gegengewicht gegen die Macht der kirchlichen Autoritäten zu schaffen. Doch war es andererseits zu dieser Zeit aus praktischen Gründen unmöglich, weltliche und kirchliche Macht wirksam zu trennen.

Die grundlegenden Fakten der ägyptischen Geschichte ergeben sich letztlich aus der landesspezifischen Ökonomie. Für Griechen, Römer und Byzantiner gleichermaßen hatte die Bewirtschaftung des Landes und die Nutzung seiner natürlichen Ressourcen höchste Priorität. Unter den Ptolemäern wuchs die Bevölkerung Ägyptens beträchtlich, desgleichen die landwirtschaftliche Produktivität, da große Landstriche neu kultiviert wurden, besonders im Fajum, wo besonders viele griechische Siedler lebten. Die Fruchtbarkeit Ägyptens war legendär, und das hervorragend funktionierende Bewässerungssystem mit seinen Kanälen, traditionellen Wasserrädern und Schöpfanlagen erbrachte reiche Überschüsse, solange das jährliche Hochwasser des Nils eine ausreichende Höhe erreichte. Besitz und Bewirtschaftung des Landes wurden in der Ptolemäerzeit von der königlichen Bürokratie genau kontrolliert, aber unter den Römern und noch mehr in der byzantinischen Zeit hatte privater Landbesitz größeres Gewicht. Da praktisch alle staatlichen Ländereien an Privatpersonen verkauft wurden, verfügten die Großgrundbesitzer über bedeutende Macht, beuteten ihre Besitzungen aus und unterdrückten ihre Pächter.

Die zunehmende Integration in die politi-

LINKS: Im Dorf Karanis im nordöstlichen Fajjum gibt es umfangreiche Reste von Wohngebäuden aus Schlammziegeln (meist zweites und drittes Jahrhundert n. Chr.) sowie von zwei Tempeln. Der südlichere ist den einheimischen Krokodilgöttern Pnepheros und Petesouchos geweiht.
A. K. Bowman

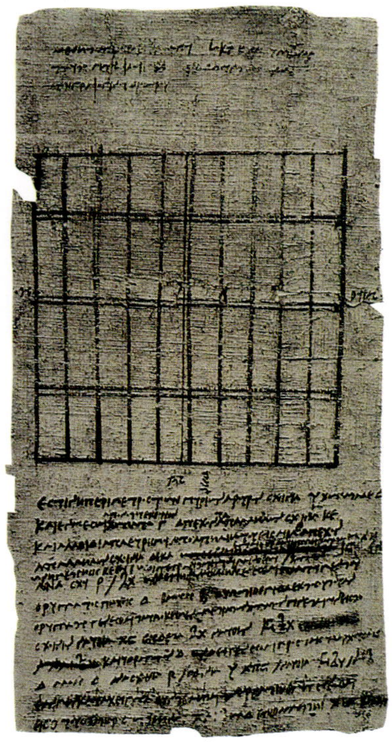

OBEN: Das Bewässerungssystem auf dem Gut des Apollonius, des Finanzministers von Ptolemaios II. Philadelphos (285 – 246 v. Chr.) in Philadelphia im Fajjum. Der Text enthält eine Schätzung der Kosten, die das Graben der Kanäle und die Erdbewegung verursachten. Die größeren Bewässerungskanäle sind durch doppelte Linien markiert, die Gräben durch einfache.
A. K. Bowman

schen Strukturen der hellenistischen und römischen Welt verbesserte auch die wirtschaftlichen Chancen für Handel, Industrie und Gewerbe.

Obwohl Ägypten durch die Münzstätte in Alexandria ein geschlossenes Währungssystem aufrechterhielt, spielte es in der Wirtschaft des Mittelmeerraums eine integrierende Rolle. Verbindungen mit dem Osten über die Häfen an der Küste des Roten Meers, die die Ptolemäer geknüpft hatten, konnten unter den Römern noch erfolgreicher ausgenutzt werden, als sich in dieser Zeit der Straßenbau in der östlichen Wüste ausweitete und die Möglichkeiten, Frachten auf dem Wasserweg zu transportieren, verbessert wurden. Auch wenn die große Mehrheit der ägyptischen Bevölkerung in der Landwirtschaft arbeitete, war die ägyptische Wirtschaft keineswegs eine Natural- oder Tauschwirtschaft. Selbst im dörflichen Bereich gab es einen beachtlichen Geldum-

LINKS: Das Nilometer am Ufer der Insel Elephantine stammt aus der Römerzeit und entspricht vielen anderen Meßanlagen am Nil. In diesem Abschnitt begann der Fluß im Juni anzusteigen, im September gingen die Flutwasser zurück.
Ancient Art and Architecture Collection/E. Hobson

Alexandria

Am 7. April des Jahres 331 v. Chr. gründete Alexander der Große die Stadt, die seinen Namen trug, und die in der östlichen Mittelmeerwelt bis zur Gründung von Konstantinopel im 4. Jahrhundert n. Chr. politisch, kulturell und wirtschaftlich eine dominierende Bedeutung besaß. Sie sollte auch Alexanders letzte Ruhestätte werden – in einem Grab, das trotz der Bemühungen moderner Archäologen bis jetzt unauffindbar blieb. Alexandria wurde bewußt als eine griechische Stadt mit städtischen Verwaltungsorganen gegründet, so daß es im ägyptischen Umfeld eine gewisse Sonderstellung einnahm. Dennoch ersetzte es wenige Jahre nach dem Tod des Gründers Memphis als ägyptische Hauptstadt und behielt diesen Status während der gesamten römischen und byzantinischen Zeit.

Obgleich in der modernen Stadt nur noch wenige antike Gebäude zu finden sind, haben Schriftsteller des Altertums (wie der Geograph Strabo, der Alexandria in der frühen römischen Zeit besuchte) die spektakuläre Schönheit ihrer Bauwerke hinreichend bezeugt – den Palastbezirk der Ptolemäer (das Brucheion), Amphitheater und Stadion, Gymnasium, Theater und Bäder, den großen Tempel des Serapis und das Caesareum, das Kleopatra für Marcus Antonius zu bauen begann und das unter Kaiser Augustus fertiggestellt wurde. Der jüdische Philosoph Philo beschrieb es als »Anlage von enormer Breite, verschönt durch Säulenhallen, Bibliotheken, Gemächer, Haine, Tore, Fußwege und Höfe, ausgestattet mit der extravagantesten Einrichtungen«. Von den beiden Obelisken, die bis zum 19. Jahrhundert davor standen, ist heute der eine am Themseufer in London, der andere im New Yorker Central Park zu sehen.

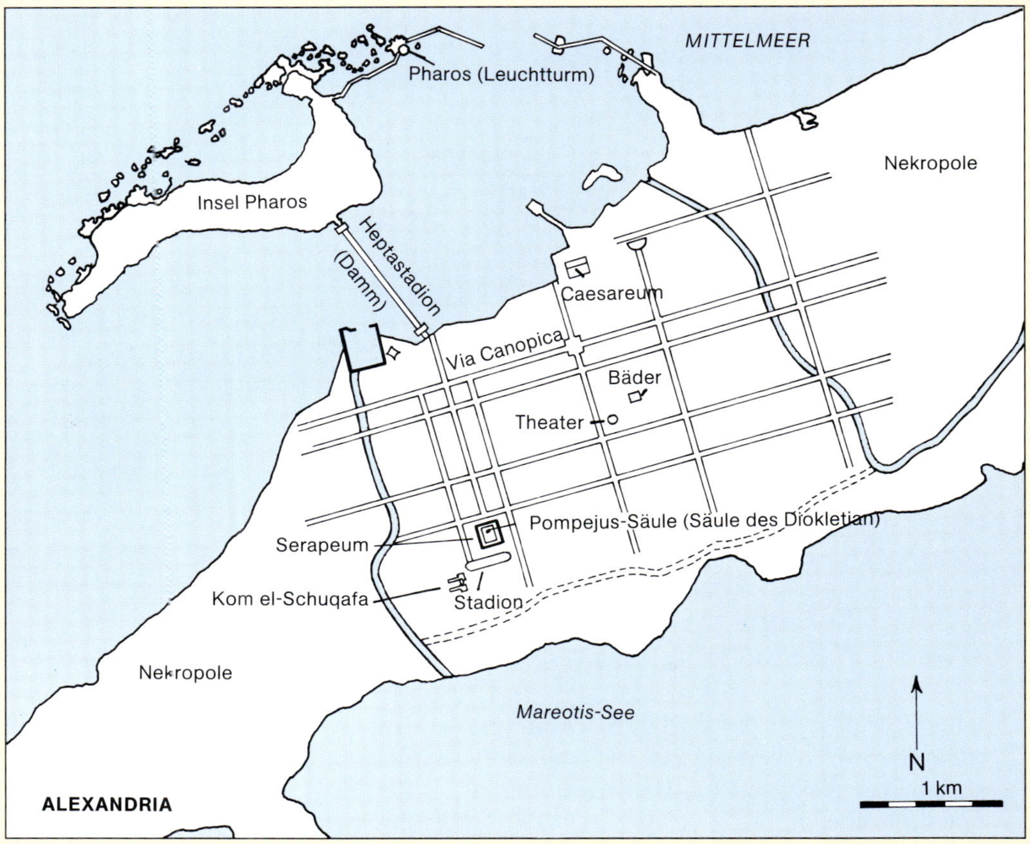

Wie in einer alten Chronik berichtet wird, betrachteten nach der arabischen Besetzung Alexandrias 642 n. Chr. die Soldaten mit Staunen die Breite und Großartigkeit der Straßen und schützten ihre Augen vor der gleißenden Helle des Marmors. Ebenso wichtig waren die beiden angrenzenden Häfen, die der Pharos überragte, der mächtige Leuchtturm aus der frühen Ptolemäerzeit, der zu den Weltwundern der Antike zählt – er wurde in drei Stockwerken gebaut und erreichte eine Höhe von etwa 120 Metern. Eine Reflektorvorrichtung verstärkte die Leuchtkraft seines Feuers und strahlte es weit über das Meer aus.

Der Naturhafen trug dazu bei, Alexandria zum wichtigsten Wirtschaftszentrum des Mittelmeers und den Nil zu einem der großen Handelswege des klassischen Altertums zu machen. Mit dem Seehandel entwickelte sich Alexandria zu einem Zentrum des Schiffsbaus, er förderte die Herstellung und den Export der spezifisch ägyptischen Produkte, vor allem Glas und Papyrus, ermöglichte den Transport von Getreide aus dem Niltal und eröffnete ein Netzwerk von Handelsbeziehungen mit Indien und Arabien, wodurch Heilmittel, Gewürze, Edelmetalle, Schmuck und andere Luxuswaren in die graeco-römische Welt gelangten. Viele der Rohmaterialien kamen aus dem Osten und wurden hier für den Export verarbeitet.

LINKS: Das Theater in Alexandria wurde wahrscheinlich im 3. Jahrhundert n. Chr. zum ersten Mal erbaut. Das Auditorium schmückten hinten Säulen aus italienischem Marmor. Graffiti auf den Sitzen legen einen späteren Zusammenhang mit den berüchtigten »Zirkusparteien«, den Blauen und den Grünen, nahe. Peter Clayton

OBEN: Ein geschmücktes Grab aus dem 2. Jahrhundert n. Chr. in Alexandria mit den traditionellen Motiven ägyptischer Begräbniskunst. Der Tote auf der Bahre wird flankiert von Figuren, die mit Isis und Nephthys in Verbindung gebracht werden. Oben die geflügelte Sonnenscheibe. Macquitty International Collection

Einige Erzeugnisse – vor allem Arzneimittel und Kunstgegenstände wie Kameen, Mosaiken und Skulpturen – waren eng verbunden mit Alexandrias Bedeutung als geistigem und kulturellem Mittelpunkt der Region. Vielleicht lag hier der größte Beitrag dieser Metropole zur klassischen Kultur. Klar abgegrenzt vom ägyptischen Umfeld, schuf die Gründung des Museums und der Bibliothek unter den frühen Ptolemäern einen Kristallisationspunkt für das königliche Mäzenatentum auf dem Gebiet der Künste und Wissenschaften. Die größten Dichter der hellenistischen Zeit – Theokrit, Kallimachos, Apollonius von Rhodos – lebten in dieser Stadt oder besuchten sie. Die Bibliothekare und Gelehrten von Alexandria waren die ersten, die die handschriftliche Überlieferung der klassischen Schriftsteller (besonders Homer) studierten und einordneten. Mathematik und angewandte Naturwissenschaft blühten auf: Euklid schrieb Lehrbücher der Mathematik, Eratosthenes berechnete den Erdumfang, Archimedes studierte angewandte Physik und Technik. Die unter den Ptolemäern begründete Medizinerschule bewahrte ihren führenden Ruf bis in die byzantinische Zeit, und der größte Arzt der Antike, Galen von Pergamon, studierte im 2. Jahrhundert n. Chr. in Alexandria.

OBEN: Die Katakomben in Kom el-Schuqafa (Alexandria) gehören ins 2. Jahrhundert n. Chr. und vereinigen griechische und ägyptische Stilelemente. Das Dekor in der Grabkammer unter dem Eingang und dem Saal für das Totenmahl zeigt die üblichen ägyptischen Gottheiten, die dem Toten aufwarten. Ancient Art and Architecture Collection/ Ronald Sheridan

Während der römischen und byzantinischen Zeit wurden das schriftstellerische Schaffen und die Litarturwissenschaft von der Philosophie überflügelt. Die Arbeiten des angesehenen Philosophen Philo von Alexandria verweisen ins 2. Jahrhundert, als die Gründung der christlichen Katechetenschule in Alexandria den notwendigen Mittelpunkt für christliche Denker wie Klemens und Origenes schuf, um eine kohärente Theologie hervorzubringen. Diese Theologie basierte auf der Wechselwirkung von Christentum und platonischer Philosophie sowie auf der jüdischen Tradition, die heiligen Schriften auszulegen. In dieser Zeit und im Zusammenhang mit der Durchsetzung christlicher Glaubenswahrheiten ereignete sich der für die Überlieferung der antiken Literatur katastrophale Brand der berühmten Bibliothek, der 269 n. Chr. vom Patriarchen Theophilus veranlaßt wurde.

Von großer ideengeschichtlicher Bedeutung war die Tatsache, daß im christlich bestimmten Reich von Byzanz die platonische und insbesondere die aristotelische Philosophie in Alexandria wie nirgendwo sonst erforscht und gelehrt wurde. Diese Tradition setzte sich bis ins 7. und 8. Jahrhundert fort, als sie dann zu weiterer Bewahrung an die islamische Welt überging.

LINKS: Das einzigartige Schulhaus mit drei Räumen in Alexandria stammt aus der spätrömischen Zeit und ist Teil eines Komplexes öffentlicher Gebäude, zu denen auch das Theater und das aus Ziegeln erbaute Badehaus gehören. Letzteres wurde durch Zisternen versorgt. A. K. Bowman

RECHTS: Der Trajans-Kiosk auf Philae wurde im frühen 2. Jahrhundert n. Chr. erbaut. Dieser Tempel ohne Dach hat vierzehn Säulen, die durch Zwischenwände verbunden sind. Er diente als Eingang in den Tempelbezirk vom Fluß aus. Gemälde von David Roberts, 1838/39. Ashmolean Library, Oxford

lauf und eine deutliche Komplexität in der Wirtschaft. Der Handel mit Produkten und Gebrauchsgegenständen aller Art fand weitgehend auf Geldbasis statt.

Die Ptolemäer hatten Handel und Gewerbe mit Hilfe sogenannter königlicher Monopole sorgfältig gelenkt, die Römer hingegen gewährten privaten Unternehmen und dem Handel größere Freiheiten. Den Wohlstand, zu dem man damals gelangen konnte, schildert die übertriebene oder vielleicht erfundene Geschichte eines alexandrinischen Kaufmanns des dritten Jahrhunderts namens Firmus. Er war so reich, daß die Glasfenster seines Hauses in Pech eingefaßt waren, besaß soviele Bücher, daß er eine Armee mit Papier hätte versorgen können, und seine Schiffe brachten ihm zwei sagenhafte, 3,60 Meter lange Elefantenstoßzähne aus Indien mit.

Im sozialen wie im wirtschaftlichen Bereich begünstigte das unter den Ptolemäern errichtete Regime die griechischsprachige Einwandererelite. Die Etablierung eines Gesellschafts- und Regierungssystems, in dem Griechisch als Schriftsprache den Vorrang hatte, sicherte den Fortbestand einer sozialen Hierarchie, die auf verschiedene Weise gestärkt wurde, so durch eine Rechtsordnung, die Statusunterschiede zwischen dem Griechischen und dem Ägyptischen zur Geltung kommen ließ. Das ägyptische Demotisch (eine vereinfachte Form des Neuägyptischen) wurde in der römischen Zeit weiter gesprochen und geschrieben, aber Ägypter, die gesellschaftlich und wirtschaftlich vorankommen wollten, mußten Griechisch lernen. Nach etwa einem Jahrhundert ptolemäischer Herrschaft waren diese gesellschaftlichen Barrieren leichter zu überwinden – viele Mischehen wurden geschlossen, und daher gibt es in vielen ägyptischen Familien ein Nebeneinander griechischer und ägyptischer Namen.

Mit dem Beginn der römischen Herrschaft und der Einführung des römischen Rechts kam es zu einer differenzierteren Definition des sozialen Status. Allmählich bildete sich eine »griechische« Stadtelite, die verschiedene Vorteile genoß: gesellschaftliche Privilegien durch Mitgliedschaft

UNTEN: Der Isis-Tempel auf Philae wurde in der ptolemäischen und römischen Zeit erbaut. Zu ihm gehört ein Heiligtum für den nubischen Gott Mandulis. Bis in die Mitte des 6. Jahrhunderts blieb es ein Wallfahrtsort für Stämme aus dem Süden, und es gibt eindeutige Hinweise, daß die koptischen Christen es als Kirche benutzten. Die Photographie wurde etwa 1870 von A. Beato aufgenommen. Griffith Institute, Ashmolean Museum, Oxford

in exklusiven Einrichtungen wie Gymnasien (an denen körperliche und geistige Bildung gelehrt wurde), wirtschaftliche Vorteile durch niedrigere Steuersätze und juristische dank eines Systems unterschiedlicher Strafdrohungen. Zusätzliche Abgrenzungen ergaben sich für jene Menschen, die das römische Bürgerrecht besaßen.

Die unterprivilegierten »Ägypter« blieben innerhalb dieser sozialen Abstufungen der gesellschaftliche Bodensatz, und erst als in der spätrömischen Zeit die koptische Sprache zu einem neuen Kommunikationsmittel wurde und das Christentum sich in den unteren Schichten ausbreitete, konnte sich die ägyptische »nationale Identität« in erkennbarer Form durchsetzen. Die große Mehrzahl der literarischen und dokumentarischen Texte auf Papyrus aus der Ptolemäer- und Römerzeit ist auf Griechisch geschrieben – sie repräsentieren wohl nicht die Mehrheit der Bevölkerung, aber gleichwohl zeigen sie die tiefgreifenden Wirkungen einer mächtigen kulturellen Kraft.

Auch im religiösen Bereich können wir das Nebeneinander verschiedener Traditionen beobachten. Es gibt eine große Zahl reich ausgestatteter Mumien aus der ptolemäischen und römischen Periode, und die auffallend realistischen Gesichtsabbildungen, die als Kopfteile dienten, sind eine Mode derselben Zeit. Obwohl die ägyptischen Priester unter den Ptolemäern und mehr noch unter den Römern viel von ihrem Einfluß und ihrer ökonomischen Macht verloren, bewahrten sie ihre Kastenordnung und praktizierten die Rituale der heiligen Tierkulte, von denen es im religiösen Synkretismus dieser spätantiken Übergangsphase verwirrend viele gab.

Tempelbau in ägyptischer Tradition wurde in großem Umfang fortgesetzt – unter anderem in Philae, Edfu und Dendera. Die eingewanderten Griechen brachten ihre eignen Kulte mit, die neben den ägyptischen existierten, und es entstanden einige neue Mischformen. Der große Kult des Sarapis, eine Verschmelzung von Osiris mit dem Apis-Stier, wurde ursprünglich in Alexandria begründet und entstand wahrscheinlich aus der Notwendigkeit, religiöse Traditionen Ägyptens in eine Form zu bringen, die für Griechen verständlich war. Die Ptolemäer entfalteten ihren eigenen Herrscherkult, der, wie der Stein von Rosette zeigt, die mächtige Priesterschaft versöhnen und sie in die einheimischen Traditionen der Religion einbeziehen sollte. Zu gegebener Zeit entwickelte sich die römische Kaiserverehrung neben und in Verbindung mit bereits vorhandenen religiösen Praktiken. In Alexandria ebenso wie in weiteren Städten gab es während der Ptolemäerherrschaft und in der Römerzeit auch eine bedeutende Präsenz jüdischer Gemeinden.

In der späteren römischen Periode, zu deren wichtigsten Charakteristika die Ausbreitung des Christentums gehört, zeigten sich auffallendere Veränderungen. Im frühen 3. Jahrhundert gab es einen Jupiter-Tempel in der Stadt Arsinoe im Fajjum. Im Jahr 250 n. Chr. mußten Ägypter einen Eid schwören, daß sie keine praktizierenden Christen seien und etwa zur gleichen Zeit enden die Hieroglypheninschriften römischer Kaiser, die man an ägyptischen Tempeln findet.

OBEN: Eine ptolemäische Königin aus dem Tempel in Kom Ombo. Der Haupttempel war den Göttern Sobek und Haroeris geweiht. Seine gut erhaltenen Wandreliefs sind zwischen die Regierungszeiten von Ptolemaios VI. Philometor (180 – 145 v. Chr.) und Macrinus (217 – 218 n. Chr.) zu datieren.
The Image Bank/Alain Choisnet

Mönche, Missionare und Märtyrer

C. C. Walters

Kopte, die Bezeichnung für einen ägyptischen Christen, kommt von dem arabischen Wort *gibt*, was wiederum vom griechischen *Aiguptios* (»Ägypter«) abgeleitet ist. Geprägt wurde diese Bezeichnung, um die alten Einwohner Ägyptens von den Fremden zu unterscheiden. Deshalb verbanden sich ursprünglich überhaupt keine religiösen Assoziationen mit dem Wort, es handelte sich nur um eine ethnische Unterscheidung. Erst als die Mehrheit der Ägypter zum Christentum bekehrt wurde (wahrscheinlich nicht vor Mitte des 4. Jahrhunderts) war ein Zusammenhang zwischen Rasse und Religion hergestellt.

Was also ist das »koptische Ägypten«? Ist es im weiteren Sinn »ägyptisch« oder ist es christlich? Falls letzteres zutrifft: endet es mit der arabischen Invasion 639 - 642 oder lebt es noch fort? Hier bezieht sich der Ausdruck auf Ägyptens christliche Bevölkerung, ohne chronologische Begrenzung.

Der biblische Bericht von der Flucht der Heiligen Familie nach Ägypten schuf eine unmittelbare Beziehung zwischen dem Land und dem neuen christlichen Glauben. Die Tradition lebt noch an einigen Orten weiter, auf bemerkenswerte Weise in der Kirche St. Sergius in Kairo, die über einem der mutmaßlichen Rastplätze der Flüchtlinge errichtet wurde, und in Qusqam in Mittelägypten, der Tradition nach der südlichste Punkt, den die Familie erreichte. Hier steht heute das blühende Kloster Deir el-Moharrak. Wie und wann genau das Christentum nach Ägypten gebracht wurde, ist nicht sicher zu belegen. Der Kirchenhistoriker Eusebius, der im 4. Jahrhundert schrieb, hielt sich an die Tradition, nach der der Evangelist Markus der Träger des Wortes war. Jedenfalls bestehen kaum Zweifel, daß das Christentum zuerst nach Alexandria gelangte, wahrscheinlich zu den jüdischen Einwohnern der Stadt. Wie schnell und wie weit es sich ausbreitete, ist schwierig einzuschätzen, doch in den ersten zwei Jahrhunderten traten fast ausschließlich Mitglieder aus dem nicht-ägyptischen Bevölkerungsteil zum Christentum über. Während dieses Zeitraums wurde in Alexandria die Katecheten-Schule (Didaskaleion) begründet, eines der großen Zentren christlicher Gelehrsamkeit. Clemens und Origenes, zwei führende Köpfe der frühen Kirche, leiteten sie nacheinander in der ersten Hälfte des 3. Jahrhunderts. Der Charakter des ägyptischen Christentums in diesen frühen Tagen war deutlich vom Gnostizismus beeinflußt, einer komplexen Philosophie, die sich auf heidnische, jüdische und christliche Lehren stützt. Welch große Verbreitung der Gnostizismus in Ägypten hatte, erwies sich 1945/1946 anläßlich der aufsehenerregenden Entdeckung von über vierzig koptisch geschriebenen christlich-gnostischen Texten in Nag Hammadi in Oberägypten.

Die Periode von der zweiten Hälfte des 3. Jahrhunderts bis in die frühen Jahre des vierten waren für die Christen in Ägypten wenig erfreulich. Viele starben während der

GANZ OBEN: Horus, wie er ein Krokodil aufspießt, ist ein altägyptisches Motiv; ein Vorläufer christlicher heiliger Krieger. Aus dem Kloster des Apa Apollo in Bauit, 4. Jahrhundert.
Louvre, Paris

OBEN: Das von einer Ringmauer umschlossene Kloster St. Simeon in Assuan, nahe dem ersten Nilkatarakt, wurde im 13. Jahrhundert aufgegeben.
A. K. Bowman

GEGENÜBER: Die südliche Halbkuppel des Sanktuariums in der Basilika (5. Jahrhundert) von Deir el-Abjad in Sohag in Oberägypten zeigt diese Malerei von 1124: ein großes Kreuz in ovalem Rahmen, gestützt von zwei Engeln.
James H. Morris

RECHTS: Fresko aus einer Kapelle

Einsiedler bewog, sich aus der menschli-

Das Schwert des Islam

D. S. Richards

Im Zuge der großen Expansion des neuen islamischen Reiches drang 639 n. Chr. eine Armee arabischer Stammeskrieger von Palästina aus in Ägypten ein. Aus dem Belagerungsring der Araber um die byzantinische Festungsstadt Babylon am Ostufer des Nils entwickelte sich die Stadt Fustat, die nach Stammestradition angelegt wurde. Dieses neue Militär- und Verwaltungszentrum lag an der Spitze des Deltas, gestattete aber, wenn nötig, die Flucht nach Arabien. Es war somit eine strategisch günstige Lage für die Befriedung des Landes und für weitere Expeditionen in Nordafrika gegeben. Während der gesamten Omajjadenzeit (661–750) wanderten neue Stämme ein und vergrößerten die arabisch-muslimische Bevölkerung. Sie lagen nicht nur in verstreuten Garnisonen, sondern begannen auch mit der Besiedlung des Deltas.

Zwar fehlen Statistiken über Integration und Konversion zum Islam, aber man darf annehmen, daß in der Omajjadenzeit die arabischen Eroberer wie in anderen Teilen des neuen Imperiums so auch in Ägypten sich aufgrund ihres ausgeprägten Gefühls für kulturelle Identität abkapselten – auch wegen ihrer neuen Religion, die noch nicht so universalistisch war wie späterhin. Einheimische traten zum neuen Glauben über, wenn sie finanzielle Vorteile oder gesellschaftlichen und beruflichen Aufstieg anstrebten. Man geht jedoch davon aus, daß erst im 14. Jahrhundert Kopten in größerer Zahl bekehrt wurden.

Mehrere Generationen lang waren die arabischen Krieger, ihre Familien und Angehörigen eine parasitäre Oberschicht, die von der Arbeit der koptischen Bauern und Handwerker lebte und ihre Steuern durch einen reorganisierten byzantinischen Verwaltungsapparat mit fast unverändertem Personal eintreiben ließ. Ein durchgängiger Wesenszug der Geschichte im Mittelalter und in der frühen Neuzeit war die Dominanz der Kopten in der Finanz- und Steuerverwaltung, auch dann noch, als die griechische Sprache aufgegeben und Arabisch für alle Rassen und Religionen verbindlich wurde. Dieses tatsächliche, spürbare Monopol des christlich orientierten Bevölkerungsteils verursachte oder verschärfte die Spannungen zwischen den Religionen.

Die geistige und materielle Kultur der Araber hatte bei weitem nicht den hohen Stand der von ihnen besiegten Reiche Byzanz und Persien. Man könnte sagen, daß vorwiegend ihr Rassenbewußtsein und ihre Religion die Araber davor bewahrten, kulturell schnell vereinnahmt zu werden, auch wenn sie schließlich Mischehen eingingen und sich assimilierten (in den eroberten Gebieten stellten sie soziologisch gesehen immer eine Minderheit dar).

Die Vermischung verschiedener Traditionen überall im islamischen Reich, die über das Medium der arabischen Sprache erfolgte, ließ innerhalb von zwei Jahrhunderten eine großartige neue Kultur entstehen, an der Ägypten teilhatte, auch wenn es keine

GANZ OBEN: Krug aus Bergkristall, Fatimidenzeit. Gefäße aus Bergkristall – ein Fundort lag am Roten Meer – gehörten zu den begehrtesten Kostbarkeiten der Muslimhöfe. Victoria & Albert Museum, London

OBEN: Blick über die Ausgrabungen in Fustat. Nur ein kleiner Teil der Fatimidenstadt wurde ausgegraben. Das Gewirr enger Gassen und Belege für mehrgeschossige Gebäude bestätigen den Wahrheitsgehalt früher Beschreibungen. George Scanlon

GEGENÜBER: Frontispiz (linke Seite) aus dem Koran, den Baraka, die Mutter des Sultans Shaban, der von ihr gestifteten Medrese schenkte; etwa 1366–1368. National Library, Kairo

RECHTS: Bab al-Nasr (»Siegestor«) und Bab al-Futuh (»Tor der Eroberungen«) wurden von Badr al-Dschamali 1087 erbaut. Sie ersetzten ältere Nordtore des fatimidischen Kairo. Mit den zugehörigen Stadtmauern stellen sie eindrucksvolle Zeugnisse der Befestigungsarchitektur vor den Kreuzzügen dar. Creswell Archive, Ashmolean Museum, Oxford

UNTEN: Ein 1965 in Fustat ausgegrabener Kelch aus lüstriertem Glas ist eines der frühesten Zeugnisse für diese Technik in Ägypten. Die Inschrift besagt, daß er von Abd al-Samad ibn Ali, dem Gouverneur von Ägypten (für einen Monat), im Jahr 773 bestellt wurde. Islamisches Museum, Kairo/George Scanlon

UNTEN: Eine tief eingeschnittene Holzarbeit der Tulunidenzeit, typisch für den Stil von Samarra. Unter der Herrschaft von Ahmad ibn Tulun blickte Ägypten immer noch nach Samarra, der Abbasidenhauptstadt im Irak, die auf kulturellem Gebiet und bis zu einem gewissen Grad in anderen Bereichen als führend galt. Louvre, Paris

führende Rolle in diesem Prozeß einnahm. Die großen geistigen Umwälzungen wie auch die wichtigen politischen Entscheidungen vollzogen sich anderswo. Als das Kalifat (das Amt des Nachfolgers des Propheten Muhammed) noch in Medina saß, hatten jedoch Unzufriedene aus Ägypten, empört über die Verschlechterung ihres Status in den brisanten ersten Jahren nach der Eroberung, am lautesten gegen die Politik des Kalifen Othman (reg. 644 - 656) protestiert und eine gewichtige Rolle bei der Belagerung seines Hauses und seiner Ermordung (im Jahre 656) gespielt.

Ägypten lieferte Ressourcen in Gold und Naturalien an die Zentralgewalt des Islam, zuerst an die Kalifen der Omajjaden in Damaskus (661 - 750) und danach an die Abbasiden in Bagdad (750 - 1258). Die Revolution der Abbasiden, die in der östlichen Provinz Chorasan begann, führte zum Sturz der alten Dynastie, als Marwan II., der letzte der Kalifen, 750 verjagt und in Ägypten getötet wurde.

Für Ägypten hatte dies jedoch nur geringe Auswirkungen. Die Abbasiden entsandten jetzt von ihrer neuen Hauptstadt Bagdad aus ihre Gouverneure. Sie führten die Regierung und mußten sich mit den durch Tradition gefestigten Ansprüchen arrangieren, die die Nachfahren der ersten Siedler erworben hatten. Während der Omajjadenzeit und nahezu einem Jahrhundert der Abbasidenherrschaft führten die steigenden Steuerforderungen zu zahlreichen Aufständen unter der koptischen Bevölkerung. Alle diese Revolten blieben erfolglos, doch die wirtschaftlichen Interessen der Kopten und Muslims näherten sich an. Im Bemühen, das Reich nach einem verlustreichen Bürgerkrieg zu stabilisieren, besuchte der Kalif al-Mamun 832 Ägypten. Er war der einzige Kalif von Bagdad, der sich dort sehen ließ. Mit einer Maßnahme, die die wachsende Dezentralisierung des Reichs unterstrich, übertrug al-Mamun die Verwaltung Ägyptens dem General Abdallah ibn Tahir aus Chorasan (das heute in Afghanistan gelegen). Der General ernannte daraufhin seine eigenen Stellvertreter.

Einer von ihnen, Ahmad ibn Tulun, vollzog den Schritt vom abhängigen Repräsentanten der Zentralgewalt zu selbständiger Machtausübung. Er und seine kurzlebige Dynastie (868 - 905) brachten Ägypten ein hohes Maß an Unabhängigkeit und Selbstbewußtsein, wenn auch die Elite und der Charakter des Regimes türkisch waren und man sich noch immer an den Verhaltensnormen und der Kultur von Bagdad orientierte. Ibn Tulun errang die Kontrolle über Syrien und schuf so eine Verbindung, die sich in der Geschichte der frühen Neuzeit wiederholte.

Die Oberhoheit der Abbasiden wurde zwar im Jahre 905 noch einmal wiederhergestellt, aber sie reduzierte sich schnell zu einer nur noch nominellen Bedeutung, als andere Gouverneure die tatsächliche Macht mehr oder minder an sich rissen. Unter ihnen ragte ein anderer Türke hervor: Muhammad ibn Tughdsch (934 - 946), auch unter seinem iranischen Titel als Ichschid bekannt, sowie der nubische Eunuch Kafur (966 - 968). Beide pries und verspottete der berühmte Dichter al-Mutanabbi.

Nach dieser Interimsperiode eroberten die Fatimiden mit Hilfe der Berber 969 Ägypten. Es war das einzige Mal, daß eine politische Aktion von Westen her erfolgte. Die Dynastie der Fatimiden (969 - 1171) erhob den Anspruch, vom Propheten über seine Tochter Fatima abzustammen, und sie stellten sich als unfehlbare Religionsführer (Imame) dar. Im 9. Jahrhundert hatten sie einen nordafrikanischen Staat im tunesischen Raum begründet. Nach ein oder zwei früheren Versuchen besiegte eine fatimidische Invasionsarmee unter Jawhar, dem General des Kalifen al-Muiss, die Ichschididen. Die Fatimiden errichteten eine neue Verwaltungs- und Garnisionsstadt, die sie »al-Qahira« nannten. Diese 969 erfolgte Gründung (das spätere Kairo) wurde die Hauptstadt eines schiitischen Kalifats mit dem Führungsanspruch über die ganze islamische Gemeinschaft, wie ihn so umfassend auch die Abbasiden, ihre sunnitischen Widersacher in Bagdad, erhoben. Der Fatimidenstaat entwickelte sich zu einer Mittelmeermacht. Seine starke Flotte konnte es mit der von Byzanz aufnehmen, aber die weitreichenden Pläne und Unternehmungen, die zum Sturz der Abbasiden führen sollten, scheiterten; die territorialen Gewinne gingen nie über Nordsyrien hinaus.

Nach einer Phase starker Regierungen verursachten die Thronfolge von Minderjährigen und blutige Auseinandersetzungen zwischen Gruppen verschiedener Rassen, auf die der Staat angewiesen war - Berber, Türken, Armenier und Sudanesen - häufige politische Unruhen in der Reichszentrale. Dennoch blieb das Ägypten der Fatimiden eine beträchtliche Handelsmacht mit einer starken Goldwährung (dem »US-Dollar« jener Zeit) und war ein künstlerischer Mittelpunkt höchsten Ranges. Seit der zweiten Hälfte des 11. Jahrhunderts wurden die Fatimiden von Militärs beherrscht, die das Amt des Wesirs (des Hauptministers im Staat) besetzten und unter Badr al-Din al-Dschamali eine »Dynastie« armenischen Ursprungs gründeten. Unter ihrem Einfluß verloren

OBEN: Bab Zuwaila, Kairos Südtor der Fatimidenzeit, auf einem Gemälde von David Roberts, 1838/39. Es wurde 1092 von Badr al-Dschamali erbaut. Die Minarette darüber gehören zur Moschee von Sultan al-Muaijad (erbaut 1415). Der letzte Mameluckensultan Tuman Bey wurde von den osmanischen Eroberern 1517 an diesem Tor aufgehängt. Victoria & Albert Museum, London

RECHTS: Ein Becken (um 1300) mit Silber und Gold eingelegt und mit Jagd- und Hofszenen verziert. Man nimmt an, daß Ludwig IX. von Frankreich es von einem Kreuzzug mitbrachte. Es diente als Taufbecken für die Kinder der Herrscher von Frankreich, daher seine übliche Bezeichnung, die baptistère *des hl. Ludwig. Die Mameluckenzeit ist für ihre Metallarbeiten berühmt. Louvre, Paris/Foto R. M. N.*

die Kalifen, deren schiitische Dogmen die ägyptische Bevölkerung nie mit tiefergehender Glaubensüberzeugung akzeptiert hatte, die Basis für ihren anmaßenden religiösen Anspruch, und Kairo hörte auf, der Mittelpunkt des bis Indien reichenden Netzes schiitischer Propaganda zu sein.

Der Niedergang der Fatimiden fiel in die Zeit der Kreuzzüge, und die Dynastie sah sich noch immer an den Rand gedrängt, als Ägypten zum Schlachtfeld für das Königreich Jerusalem und die syrisch-mesopotamischen Streitkräfte des muslimischen Gegenkreuzzuges wurde. Die muslimischen Kämpfer siegten und brachten Ägypten in die Einflußsphäre des türkischen Seldschukensultanats und seiner Nachfolgestaaten. Sie machten aus Ägypten wieder einen sunnitischen Staat, der in einem Lehensverhältnis zu den Abbasiden stand. Man führte neue Formen des Landbesitzes ein, desgleichen Stiftungen für Institutionen, die höhere islamische Bildung vermittelten. Am wichtigsten waren dabei die schon früher im islamischen Osten entstandenen Medresen (Hochschulen).

Dann übernahm Saladin, ein Kurde, die Herrschaft über Ägypten (1171 - 1193). Durch Siege über die Kreuzfahrer und die Wiedereroberung Jerusalems heftete er Ruhm an die Fahnen der islamischen Streitmacht. Saladin, nach seinem Vater Ajjub genannt, begründete die Dynastie der Ajjubiden, und verkörpert mit seinen Nachfahren den bedeutendsten Zweig dieser Herrscherfamilie. Nach Saladins Tod ging die Regierung auf seinen Bruder al-Adil und dessen Nachkommen über. Die enormen Militärausgaben des späten 12. Jahrhunderts hatten Ägypten wirtschaftlich gänzlich verarmen lassen, so daß die Stabilität des fatimidischen Dinars verlorenging. Damit setzte eine sehr lange Periode der Geldentwertung ein, wobei die ägyptische Währung gegenüber denen der italienischen Handelsstaaten zunehmend schlechter abschnitt.

Saladins Nachfolger bevorzugten lange Waffenstillstände mit den Kreuzfahrern an der Küste Syriens und Palästinas, damit der Mittelmeerhandel florieren und quasi-diplomatische Vertretungen in ägyptischen Häfen eingerichtet werden konnten - auch wenn der Papst Verbote gegen eine europäische Beteiligung aussprach. Ägypten als führende Macht der ajjubidischen »Konföderation« war immer stärker auf türkische Mamelucken angewiesen, wenn es seine Oberhoheit behaupten wollte. Der Sultan al-Salih Ajjub (1240 - 1249) stellte ein schlagkräftiges Mameluckenregiment (die Bahrijja) auf, das ihm half, seine Stellung als Oberherr durchzusetzen. Alle Fürsten der Ajjubiden vereinten sich jedoch im Widerstand gegen die Kreuzfahrer, als diese in der ersten Hälfte des 13. Jahrhunderts an der Küste Ägyptens landeten.

Eine Palastrevolte (1250) brachte die Mamelucken in Ägypten an die Macht. Sie gründeten ihren Legitimätsanspruch auf ihre Rolle bei der Verteidigung des Islam. Dabei verwiesen sie besonders auf die Besiegung und Gefangennahme Ludwigs IX., des Königs von Frankreich, 1250 im Nildelta, und ihren Sieg 1260 in Palästina über die Mongolen, die den östlichen Islam überrannt und dem Kalifat von Bagdad ein Ende gemacht hatten. Eine Linie der Abbasiden wurde in Kairo als Marionettenkalifat eingesetzt und verlieh für zweieinhalb Jahrhunderte den ausschließlich durch Realpolitik

Das Mameluckensystem

»Mamelucke« bedeutet wörtlich »in jemandes Besitz befindlich«. Es war eine allgemein übliche Bezeichnung für einen Sklaven, wenn auch einen der besonderen Art. Das Wort bezog sich auf eine Person männlichen Geschlechts, meist den Turkvölkern zugehörig, die von den östlichen und nördlichen Grenzen in die islamischen Machtzentren zu militärischer Verwendung transportiert wurde. Ihrer zentralasiatischen Tradition entsprechend bildeten die Mamelucken Regimenter berittener Bogenschützen. Einzelpersonen und sogar Gruppen wurden nicht selten auf einer bestimmten Stufe ihrer Ausbildung freigelassen. Die Bezeichnung »Mamelucke« hing ihnen jedoch weiterhin an. Einen Mamelucken kennzeichnete sein dienender Status, der nicht unbedingt von Dauer sein mußte. Ferner hatte er einer bestimmten Rasse anzugehören und eine vornehmlich militärische Funktion auszuüben, die sich aber häufig auch auf Verwaltungs- und Regierungsämter erstreckte. Ein Mamelucke konnte zu den höchsten Rängen der Gesellschaft aufsteigen, und dann war es für die Nachkommen nicht unüblich, sich in einem gewissen Umfang seine Rolle und Stellung zu sichern. Der gängige Begriff »Sklaverei« ist hier unpassend.

OBEN: *Die romantische Darstellung eines Mameluckenreiters. Ein Beispiel für den unzeitgemäßen Krieger, der die französischen Divisionen in der Schlacht bei den Pyramiden (Juli 1798) angreift. Gemälde von Luigi Mayer, veröffentlicht 1805. Ashmolean Library, Oxford*

OBEN: *Für die Mameluckenarmee wurden viele Lehrbücher geschrieben, um Übungen der Kavallerie und militärische Fertigkeiten zu illustrieren. Polo gehörte zu den regelmäßig auf besonderen Plätzen (maidan) trainierten Spielen, weil es die militärische Ausbildung förderte. British Library India Office Collection*

Mamelucken dieser Art finden sich zuerst bei den Abbasidenkalifen von Bagdad im frühen 9. Jahrhundert. Die arabischen Stammestruppen, die das erste islamische Großreich, das der Omajjaden, schufen, waren aufgelöst worden, und der Anspruch der Abbasiden auf die politische und religiöse Führung war nicht unumstritten. Die Mameluckengarden gaben ihnen eine neue Machtbasis. Ihr Einsatz ließ sich stets so begründen: Junge Türken und Männer anderer Herkunft, importiert, zu guten Muslims erzogen und in ihren angestammten Kriegskünsten ausgebildet, würden zwangsläufig dem Schutzherrn ergeben bleiben, der ihnen den Islam und ihre gesellschaftliche Stellung im Herrschaftssystem schenkte. Das fand seine Bestätigung unter den Abbasidenkalifen und vielen späteren islamischen Herrschern genauso wie vormals bei den römischen Kaisern, die sich unter ihren germanischen Praetorianern ähnlich isoliert sahen.

Das Mameluckensystem war unlösbar verbunden mit der jahrhundertelangen militärischen und politischen Führungsrolle der Türken in der islamischen Geschichte. Von Bagdad aus breitete sich im 9. Jahrhundert das System auf fast alle Regionen aus und gelangte vom Hof der Kalifen zu den Höfen der Sultane und der kleineren Fürsten des in Auflösung begriffenen Abbasidenreichs, wo es sich weitgehend selbständig behauptete.

In Ägypten entwickelte sich das System effizienter als anderswo. Das Regime, das die Mamelucken der Ajjubiden begründeten, ist als Mameluckensultanat bekannt. Hier kamen die Nachfolger aus der größtmöglichen »Familie« hinsichtlich ihrer blutsmäßigen Abstammung und ihrer Zugehörigkeit zu den Mamelucken. Bis zum Ausgang des 14. Jahrhunderts stammten die meisten Mamelucken in Ägypten von Kiptschuk-Türken ab, die durch darauf spezialisierte Händler von den Steppen nördlich des Schwarzen Meers über eine Kette von Märkten importiert wurden. Während des 15. Jahrhunderts überwogen Tscherkessen aus dem Kaukasus. Jedoch waren stets auch andere ethnische Gruppen vertreten, darunter Europäer. Die in Kairo angekommenen neuen Mamelucken wurden in erster Linie vom Sultan oder seinen Offizieren, den Emiren, gekauft. Die Mamelucken des Sultans erhielten in den Kasernen der Zitadelle ihre Ausbildung. Nach deren Abschluß wurden sie in Gruppen aufgeteilt und mit Ausrüstung versehen. Zu ihrem Lehrstoff gehörten Lesen und Schreiben sowie die Grundlagen des Islam, und einige Mamelucken wurden angesehene Gelehrte und Autoren. Das Niveau der Ausbildung und Disziplin verschlechterte sich jedoch später und nicht selten terrorisierten die Mamelucken die Zivilbevölkerung.

Die gesamte herrschende Militärstruktur stützte sich auf ein Zuteilungssystem von vorwiegend landwirtschaftlichen Einkünften. Ein Emir erhielt je nach Rang eine Anzahl Dörfer oder ein Dorf, manchmal auch nur einen Anteil daran theoretisch ohne Besitzrechte zugeteilt. Die Zahl der Reiter, die er für den Staat unterhalten mußte – gewöhnlich 100, 40, 20 oder 10 – ergab sich aus seinem Rang und der Größe seines Lehens. Die Reiter der großen Emire konnten durchaus Mamelucken sein, die sie auf Sklavenmärkten gekauft hatten, doch Mamelucken waren teuer, und viele Reiter anderer Emire rekrutierten sich aus der »zweiten Garnitur« des Mameluckenstaats, den Abkömmlingen von Mamelucken.

Bezeichnend für dieses System war es, daß die Mamelucken getrennte Gruppen bildeten, um soziale und politische Aktionen durchführen zu können. Gemeinschaftliche Erziehung und Ausbildung in der Kaserne oder im Haushalt eines Emirs, aber auch ein gemeinsamer Herr und Sklavenhalter, der sie freiließ, konnten dafür ausschlaggebend sein. Solche geteilten Erfahrungen schufen starke Bindungen. Besonders die Mamelucken der Sultane waren gemeinsam und individuell durch eine Bezeichnung charakterisiert, die sich von den Herrschertiteln ableitete. Wurden solche Gruppen nicht aufgelöst oder neu zusammengestellt, so konnten sie als Störfaktoren für die folgenden Regierungen überleben.

an die Macht gelangten Sultanen eine religiöse Legitimität.

In einer anfänglichen Phase der Instabilität und des Experimentierens war es jedoch zu einem ungewöhnlichen und bemerkenswerten Ereignis gekommen, das in der Tat in der islamischen Geschichte Seltenheitswert hatte: Eine Frau, die türkische Witwe Schajar al-Durr des Ajjubiden-Sultans al-Salih, übte die Regierung aus. Danach gelang es Sultan Baibars (1260 – 1277), den Staat mit eiserner Hand und durch ein dynamisches Regiment zu stabilisieren.

Das Mameluckensultanat mit Kairo als Hauptstadt und der imposanten Zitadelle als Verwaltungssitz blieb lange weltweit die führende Macht des Islams und ein bedeutendes Zentrum sunnitischer Bildung und Literatur. Syrien, Teile Mesopotamiens und Kleinasiens und zeitweilig Zypern gerieten in seine Abhängigkeit, und auch in die südlich benachbarte Region, nach Nubien, dehnten die Mamelucken den ägyptischen Machtbereich aus.

Gesandte aus Byzanz und den europäischen Staaten sammelten sich am Hof. Viele Reisende schilderten ihr Erstaunen über Kairos blühenden Handel, seine prächtigen Gebäude und seine zahlreiche Bevölkerung. Aufgrund der geographischen Lage Ägyptens und des hohen Ansehens seiner Staatsmacht lief – wie am Höhepunkt der Fatimidenzeit – der Zwischenhandel mit Gewürzen und anderen Luxusgütern über Ägyptens Märkte durch die Hände immens reicher Gewürzhändler. Die Kontrolle und die rücksichtslose Ausbeutung des Transithandels durch Ägypten veranlaßte Europa, einen alternativen Seeweg zu den Anbaugebieten im Fernen Osten zu suchen, was die Portugiesen zum Ausgang des Roten Meeres und in den Indischen Ozean führte; auf seiner Reise in den Jahren 1497 – 1499 gelang Vasco da Gama mit der Umsegelung Afrikas die Entdeckung dieses Seewegs nach Indien. Aber noch für lange Zeit verlor der Warentransit durch Ägypten kaum an Bedeutung.

Die innere Geschichte der Mameluckenzeit prägten die Fraktionskämpfe der großen Emire (Offiziere des Sultans), aus deren Rängen die Sultane aufstiegen. Viele von ihnen unterhielten einen großen Hausstand, förderten Kunst und Handwerk, sahen es als eine Ehre an, literarische Werke auszuzeichnen und verwendeten ihren angehäuften Reichtum, um religiöse Bauwerke und Mausoleen für ihre sterblichen Überreste zu bauen. Die Stiftung solcher Institutionen und der Unterhalt des dazugehörigen Personals waren der Hauptaspekt für die Förderung der Ulemas, jener Vertreter des professionellen religiösen Gelehrtenstandes, mit denen die Herrscher Ägyptens seit der Ajjubidenzeit ein gegenseitig nutzbringendes Verhältnis herzustellen suchten. Die Ulemas erhielten Pensionen und Gehälter, es erwartete sie eine strukturierte Laufbahn, Aufgaben in Verwaltung und Justiz und erhöhtes Ansehen. Die Führungsschicht der Mamelucken hingegen leitete ihre Legitimität von der Verbindung mit den Trägern der *Scharia* ab und profitierte davon, daß ihre Herrschaft von den Ulemas der einheimischen Bevölkerung vermittelt wurde.

Die Machthaber tendierten üblicherweise dazu, zuviel Steuern zu erheben und so Landwirtschaft und Industrie des Landes zu ruinieren. Als negativ erwies sich ferner der Bevölkerungsschwund, vor allem wegen der großen Pestepedemien des 14. Jahrhunderts, wodurch die Einkünfte, die die Mamelucken aus dem Land zogen, spürbar zurückgingen. Während der gesamten Periode sah eine häufig unterdrückte Bauernschaft den letzten Ausweg nur in der Landflucht, was bedeutete, daß diese Menschen das seßhafte Leben aufgaben und eine Existenz als Nomaden, wenn nicht gar Räuber führten. Die Stärke der Beduinenverbände und ihr Druck auf die besiedelten Gebiete, selbst auf Städte, war zu Zeiten so stark, daß die Regierung sich zu Schenkungen und Zugeständnissen gezwungen sah.

Nach einer langen Periode ständig wachsender Rivalität unterlag das Mamelucken-

RECHTS. Eine Moscheelampe mit einer Widmung für Sultan al-Nasir Muhammed. Moscheen und andere religiöse Gebäude in Kairo wurden in der Mameluckenzeit durch solch schöne Öllampen aus Glas erleuchtet, die über den Köpfen der Gläubigen hingen. Die Form ist typisch, und die meisten trugen den Namen und die Titel des Sultans oder Emirs, für den sie angefertigt wurden.
Ashmolean Museum, Oxford

sultanat 1517 der türkischen Dynastie der Osmanen und den Kanonen und Handfeuerwaffen ihrer Soldaten, der Janitscharen. Der letzte Mameluckensultan Tuman Bey wurde am Zuwaila-Tor aufgehängt. Wieder hörte Ägypten auf, das Zentrum eines Reiches zu sein, und Kairo mußte sich mit der Rolle einer Provinzhauptstadt abfinden. Ägypten wurde von einem Gouverneur (Pascha) und einer Janitscharengarnison beherrscht, ein großer Teil seines Reichtums ging in die Schatzkammer des Sultans in Istanbul. Die Mamelucken verschwanden nicht von der Bildfläche, denn der Import

OBEN: Ansicht von Kairo aus Sebastian Münsters Kosmographie, erschienen 1574. Seit dem 14. Jahrhundert kamen immer mehr europäische Jerusalempilger auch nach Kairo und hinterließen fesselnde Berichte, zuweilen mit Ansichten aus der Vogelperspektive, die in topographischen Details überraschend genau sind. Deutsches Archäologisches Institut, Kairo

LINKS: Der französische Feldzug unter Napoleon Bonaparte konfrontierte Ägypten drastisch mit moderner europäischer Denkweise und Technologie. Der Seesieg des Admirals Nelson über die französische Flotte bei Abukir 1798 ließ den Feldzug scheitern, aber vor ihrem Rückzug im folgenden Jahr besiegten die Franzosen ebenfalls bei Abukir eine osmanische Flotte. Gemälde von L. F. Lejeune. Versailles, Musée National/Foto R. M. N.

Prachtkorane der Mamelucken

Der Koran, die heilige Schrift des Islam, war zwangsläufig das Hauptobjekt der Buchkunst – wie Kalligraphie, nichtfigurale Verzierung und schöne Einbandarbeit –, die von den Muslims gepflegt wurde. Die prächtig ausgestatteten Bände, die mit geometrischen und vegetabilen Verzierungen geschmückt waren, wurden in der Mamelucken-Zeit von Sultanen und anderen Würdenträgern religiösen Institutionen als Schenkungen hinterlassen *(waqf)*.

RECHTS: Illuminierte Seite aus dem Koran mit Sure (Vers) 2 (»Die Kuh«); etwa 1367–1369. National Library, Kairo/Alexandria Press, London.

RECHTS AUSSEN: Rechtes Frontispiz (in den von rechts nach links zu lesenden Büchern), 1366–1368. National Library, Kairo/Alexandria Press, London

UNTEN LINKS: Hälfte eines Doppel-Frontispiz, etwa 1369–1372, für den Mameluckenemir Arghun Schah al-Aschrafi (gest. 1376). National Library, Kairo/Alexandria Press, London

UNTEN RECHTS: Rechtes Frontispiz, Kairo, 1356. National Library, Kairo/Alexandria Press, London

LINKS: Palast von Murad Bey aus dem späten 18. Jahrhundert. Er war einer der Vorgänger von Mohammed Ali. Einige schöne Stadthäuser der früheren Mameluckenemire existieren noch und sind in Kairo zu besichtigen. Gemälde von Luigi Mayer, veröffentlicht 1805. Ashmolean Library, Oxford

von weißen Sklaven ins Land hörte nicht auf. Tatsächlich gewannen die Mamelucken während der Osmanenherrschaft ständig an Macht und Einfluß. Einige unter ihnen verstanden es, sich als dynastische »Häuser« von längerer Dauer zu etablieren. Die von Istanbul entsandten Paschas verloren die Macht in ihrem eigenen Herrschaftsbereich, und die osmanische Zentralgewalt verwirkte auch die Kontrolle über die Janitscharen. In Ägypten wie anderswo verbündeten diese sich mit verschiedenen städtischen Interessengruppen, und ihre Gefolgsleute wurden an Ort und Stelle angeworben. Ihr politischer Einfluß und ihre militärische Effizienz ließen nach. Abgesehen von den dauernden Fraktionskämpfen der Mamelucken-*beys* (Provinzherrscher), wie sie jetzt hießen, bieten das 17. und 18. Jahrhundert die Geschichte wechselnder Bündnisse zwischen den Beys, den Janitscharen, Ulemas, Stadtgilden und Großkaufleuten. Die verschiedenen Gruppen versuchten eine maximale Kontrolle über die Ressourcen Ägyptens auszuüben und seine Politik zu bestimmen.

In der zweiten Hälfte des 18. Jahrhunderts gelang es einigen Mamelucken-Beys – Ali Bey al Kabir, Murad Bey und Ibrahim Bey – das Machtmonopol zu erringen und sich zu absoluten Herrschern Ägyptens zu machen, indem sie sogar die noch fälligen Steuerüberweisungen an das osmanische Schatzamt sperrten. Eine großangelegte Expedition zur Wiederherstellung der imperialen Oberhoheit war anfangs erfolgreich, wurde aber 1787, als es zu einem neuen Konflikt mit Rußland kam, zurückbeordert. Die Laufbahn dieser Beys verwies bereits auf die viel steilere Karriere Mohammed Alis im 19. Jahrhundert.

LINKS: Ein Wollteppich, in Kairo in der ersten Hälfte des 16. Jahrhunderts gewebt. Er mißt 319 mal 254 cm. Die ägyptischen und syrischen Teppiche waren berühmt und einige gelangten in königliche Sammlungen des Westens. Österreichisches Museum für angewandte Kunst, Wien

GROSSRAUM KAIRO

Jane Jakeman

Kairo - das ist eigentlich eine Anzahl einzelner Städte, die sich im Lauf der Jahrhunderte miteinander verbunden haben. In den verschiedenen Bezirken der heutigen Stadt gibt es Baudenkmäler aus jeder Epoche; sie bilden Kerne in einem dicht verflochtenen Gewebe aus Straßen und Wohnhäusern.

Die Moschee von Amr ibn al-As im Süden der modernen Stadt war die erste in Ägypten, unweit der Überreste der byzantinischen Siedlung vom ersten Befehlshaber der siegreichen arabischen Armee 641/642 errichtet. Es war ein bescheidener Bau, wie so viele frühe Moscheen, die ihr Vorbild in Muhammeds Haus in Medina hatten, wo es einen offenen, rechteckigen Hof gab, in dem sich die Gläubigen versammelten.

Fast zwei Jahrhunderte nach der Grundsteinlegung wurde die Amr Moschee auf ihre jetzige Größe erweitert. Obwohl in der Folgezeit viele Male neu auf- und umgebaut, enthält sie noch zahlreiche griechisch-römische Säulen, die die arabischen Baumeister verwerteten. Kairo besaß in den Hügeln seiner Umgebung Kalksteinbrüche, doch dekorative und feste Steine mußten aus ziemlicher Entfernung herangekarrt werden. Die frühe islamische Architektur der Stadt benutzte in großem Maß Stuck für die Verzierungen - er konnte leicht aus dem lokalen Kalk, Gips und Sand hergestellt werden. Doch kostbare Materialien wie Marmor verwendeten die Baumeister immer wieder.

Die Gründe für die Erweiterung der Amr-Moschee sind wohl im Aufstieg der sie umgebenden Stadt Fustat zu suchen, die die am höchsten entwickelte Stadtstruktur der Zeit aufzuweisen hatte. Auf den Märkten von Fustat verkaufte man jede erdenkliche Ware, darunter Raritäten wie Kristall, Elfenbein, Schildpatt und Porzellan von solcher Feinheit, daß man seine Hände durchschimmern sehen konnte. Die weitläufigen Straßen - manche so eng, daß dort selbst am Tag Lampen brennen mußten - waren mit Steinsplittern ausgelegt und wurden täglich gewässert, um den Staub niederzuschlagen. Die Wohnhäuser der Stadt verfügten über eine befriedigende Wasserversorgung, und ein komplexes System von Gruben, Kanälen und Abflüssen sicherten die Leistungsfähigkeit der sanitären Einrichtungen. Die Gebäude erhoben sich vier oder fünf Stockwerke hoch, entweder für eine Familie oder - aufgeteilt in Einzelwohnungen - für mehrere. Es gab eine zentrale Wasserstelle und eine Toilette für jedes Stockwerk. Der Ausgräber von Fustat, George Scanlon, sagte: »An der Kanalisation erwies sich, wie genial der Baumeister von Fustat war.«

Wer die Mittel für ein Haus nicht aufbrachte, konnte Zimmer in einem der Mietshäuser mieten, die im Erdgeschoß vielleicht einen Laden oder Lagerräume hatten. Das Essen kaufte man gewöhnlich bei einem Straßenverkäufer, auch gab es viele öffentliche Badehäuser, denn Küchen und Badezimmer waren nicht üblich.

GANZ OBEN: Ein restauriertes Oberlicht in der Qait-Bey-Moschee-Medrese. Die Stiftungsurkunde ist noch erhalten und beschreibt die verschwenderisch verzierten Decken aus geschnitzten und eingelegten Hölzern, beispielsweise Kampfer. Wie die Sultan-Hassan-Moschee ist auch diese noch in Funktion.
James H. Morris

OBEN: Der weite, weiße Hof der Ibn-Tulun-Moschee, erbaut 876 bis 879, bildet einen großartigen Kontrast zum pulsierenden Leben vor ihren Toren. In der Mitte des Hofes steht ein kleiner überwölbter Brunnen, an dem die Gläubigen sich vor dem Gebet waschen.
The Image Bank/Gerard Champlong

GEGENÜBER: Ein Mihrab (die Nische, die in Richtung Mekka weist) aus der Sultan-Hassan-Moschee-Medrese (erbaut 1356 - 1363).
James H. Morris

LNG

Ägypten in der modernen Welt

Penelope C. Johnstone

Die Geschichte Ägyptens im 19. und 20. Jahrhundert wird geprägt von wachsenden Spannungen zwischen Ost und West, zwischen Tradition und Moderne. Diese Spannungen werden zuerst auf militärischer Ebene sichtbar, dann in Naturwissenschaft und Technologie und schließlich nicht weniger deutlich in der Religion und im Leben des Volkes.

Ägyptens Traum, von den Osmanen unabhängig zu werden, schien seiner Verwirklichung nahe, als vom Westen her dunkle Wolken aufzogen. General Napoleon Bonaparte, Oberbefehlshaber der französischen Revolutionsarmee, wurde von der damals herrschenden Regierung des Direktoriums zu einer Militärexpedition nach Ägypten entsandt, in erster Linie, um Englands Seeverbindung mit Indien zu unterbrechen. Im Jahr 1798 schlug er die ägyptischen Truppen, und die Herrschaft der Marmelucken fand als Konsequenz dieser Niederlage ein Ende. So kamen die Ägypter in direkten Kontakt mit einer fremden Kultur und Lebensweise, die von einer überlegenen Kriegstechnik getragen wurden, und ihr Staatswesen war nicht in der Lage, wirksam Widerstand zu leisten.

Die Ägypter opponierten gegen die Besatzungsarmee, und eine britische Seeblockade verschärfte darüber hinaus deren schwierige Lage. Im Jahr 1801 traten die Franzosen den Rückzug an. Sie hatten nicht nur militärische Interessen verfolgt: Zu ihrer Expedition gehörten zahlreiche Wissenschaftler, die eine enzyklopädische *Description de l'Égypte* verfaßten und unter anderem auch einige Fortschritte auf medizinischem Gebiet brachten. Der Abzug der Franzosen, den die britische Intervention beschleunigt hatte, ließ die Ägypter nur zeitweilig aufatmen. Die Erfahrung, die ihnen die französische Besatzung vermittelt hatte, öffnete westlichem Einfluß und Engagement Tür und Tor. Diese Kontaktnahme sollte über lange Zeit vor allem durch Ägyptens strategische Bedeutung für den Westen bestimmt werden. Die maßgeblichste Persönlichkeit des frühen 19. Jahrhunderts war Mohammed Ali. Nach seinem Tod 1849 traten Familienmitglieder die Nachfolge an und begründeten die erbliche Statthalterschaft: nacheinander regierten Ibrahim, Abbas I., Said, Ismail und Taufik. Sie vergrößerten sowohl die Staatsverschuldung wie auch den ausländischen Einfluß, vor allem durch Handelsabkommen, die Großbritannien begünstigten. Den Anstoß zum Projekt des Suezkanals, der das Mittelmeer mit dem Roten Meer verbinden sollte, gab der französische Diplomat Ferdinand de Lesseps, die französische und die ägyptische Regierung übernahmen gemeinsam die Finanzierung. Der Kanal wurde 1869 vollendet, aber um 1875 war der Khedive (Vizekönig) Ismail so hoch verschuldet, daß er seine Aktien an die Briten verkaufte, die von nun an in Ägypten beträchtliche, abgesicherte Vermögenswerte besaßen.

Die finanzielle und politische Lage im In-

GANZ OBEN: Ismail Pascha war von 1863 bis 1879 Khedive (Vizekönig) von Ägypten. Auf Geheiß des Sultans in Istanbul und zum Teil auf Betreiben der Briten und Franzosen, die ihn für einen unfähigen Herrscher hielten, wurde er durch seinen Sohn Taufik ersetzt. Mary Evans Picture Library

OBEN: Die Eröffnung des Suezkanals am 17. November 1869 war für Ägypten und den Khediven Ismail ein Augenblick von hohem Prestige, obgleich die ägyptischen Finanzmittel für das Projekt damals fast erschöpft waren. Mary Evans Picture Library

GEGENÜBER: Die Gebühren für die Fahrt durch den Suezkanal bilden einen beachtlichen Teil des ägyptischen Nationaleinkommens. The Image Bank/David W. Hamilton

HABOU ALABASTER FACTORY
MOHAMED ELAFIAN
HAMDY ABU ASHRY
WEST BANK
KURNA

Familienleben im modernen Ägypten

Fayza Haikal

Die Unterschiede zwischen den sozialen Schichten mögen in Ägypten wesentlich größer sein als irgendwo sonst. Urbane Bevölkerungsgruppen strengen sich an, um mit der übrigen Welt Schritt zu halten, doch in einigen ländlichen Gebieten ist die Zeit vor Jahrhunderten stehengeblieben und kommt erst seit kurzem wieder in Bewegung. »Orientalische« und »okzidentale« Vorstellungen und Lebensweisen vermischen sich, und die Unterschiede in Erziehung, Einkommen und Lebensstandard sind enorm. Doch trotz dieser Vielfalt ist allen Ägyptern ein gemeinsames Substratum eigen, eine kollektive und sehr alte Kultur. Ökonomische Probleme und Veränderungen, die ihre Ursache in der Modernisierung haben, beeinflussen die Familie direkt, doch in ihr anerzogene Bräuche und Grundsätze definieren die Gesellschaft und tragen dazu bei, sie zusammenzuhalten.

Die augenblickliche wirtschaftliche Situation in Ägypten ist schwierig, und die internationalen Krisen, die die Welt erschütterten, hatten schwerwiegende Auswirkungen. Um einer Bevölkerung von rund 57 Millionen Menschen Arbeitsplätze zu bieten, reichen die Investitionen nicht aus. Allein im Großraum Kairo leben mehr als zwölf Millionen Menschen, die übrigen verteilen sich zumeist auf die anderen Großstädte wie Alexandria, Mansura, Tanta, Minia und Assiut. Wohnraum ist unzureichend und unsicher oder überteuert, und in den dichtbevölkerten Gebieten fehlen Grünflächen. Die Regierung sieht sich mit Überbevölkerung, Arbeitslosigkeit, Armut, Inflation und Analphabetentum konfrontiert. Junge Leute sind bereit, eine Zeitlang besserer Bezahlung wegen im Ausland zu arbeiten oder gar auszuwandern, denn sie merken, daß sie zu Hause weder helfen noch Hilfe erwarten können. Nach westlichen Maßstäben oder westlichen Statistiken zufolge müßte man in einer ähnlichen Situation mit Chaos, politischer Instabilität, hoher Kriminalitätsrate und extremistischen, wahrscheinlich gewalttätigen Bewegungen rechnen. Doch in Ägypten tritt all dies kaum in Erscheinung; es gibt weder Hungersnot noch organisiertes Verbrechen. Die Sicherheit in den Straßen ist bemerkenswert, und es fehlt nicht wirklich an Bedarfsgütern, selbst wenn manche für die breite Masse der Bevölkerung zu teuer sind. Brot wird noch subventioniert, und die Menschen leben weiterhin in ihren überfüllten Städten, ohne den Kopf hängen zu lassen.

Wie schaffen sie das? Wenn man sie danach fragt, antworten sie gewöhnlich, daß *baraka*, der Segen Gottes, ihnen helfe. Solange Du *baraka* hast, lebst Du gut, und um *baraka* zu halten, müssen die Menschen in Einklang mit ihrer Gesellschaft und den Prinzipien Gottes leben. Ptahhotep, ein ägyptischer Weiser aus dem 3. Jahrtausend v. Chr. sagte, »Gott ist der Verteiler von Reichtum«, und die Gegenwart Gottes ist im täglichen Leben Ägyptens seine ganze Geschichte hindurch spürbar gewesen. In

GANZ OBEN: In manchen Dörfern müssen die Frauen das Wasser für ihren Haushalt noch aus ziemlicher Entfernung holen, doch statt der Tongefäße verwenden sie zunehmend gebrauchte Speiseölkanister, und prosaische Wasserhähne ersetzen mehr und mehr die Brunnen. Sonia Halliday Photographs

OBEN: Auf den ägyptischen Straßen begegnet man den unterschiedlichsten Transportmitteln. Motorräder sind weitverbreitet; die Hersteller hätten sich nicht träumen lassen, was diesen Fahrzeugen abverlangt wird. Christine Osborne Pictures

GEGENÜBER: In Dörfern und Kleinstädten sind die Fassaden oft farbig bemalt. Die Themen reichen von einem Bericht der Pilgerfahrt nach Mekka (hajj) *bis zu politischer Propaganda und kommerzieller Werbung. The Image Bank/ Guido Alberto Rossi*

OBEN: Die traditionelle Art, Brot zu backen. Ägypter aller sozialen Schichten essen gern das typische, runde Fladenbrot aus ungesäuertem Teig; es bildet oft die Hauptgrundlage ihrer Mahlzeiten.
Stockshots/P. Borthwick

einer anderen Passage aus Ptahhoteps berühmter »Weisheitslehre« lesen wir:

Wenn Du ein fähiger Mann bist, statte
Deinen Haushalt aus;
Liebe Deine Frau in Deinem Haus, wie
guter Brauch es verlangt;
Mache sie glücklich, solange Du lebst,
denn sie ist ein Feld, das seinem Herrn
Gewinn bringt.
... Wenn Du ein reicher Mann bist,
zeuge einen Sohn, der Dir Gott geneigt
machen wird.

Die Einstellung zur Heirat hat sich nicht verändert. Freie sexuelle Beziehungen werden noch immer total abgelehnt. In der ägyptischen Familie sind Kinder gern gesehen und werden liebevoll umsorgt, die Religion spielt in ihrer Erziehung eine wichtige Rolle. Eltern sehen es als ihre Pflicht an, sie zu anständigen Menschen zu erziehen. Sie fühlen sich – wenn sie es sich leisten können – für ihre Kinder verantwortlich, bis diese ganz erwachsen sind, eine gute schulische und berufliche Ausbildung erhalten und sich verheiratet haben.

Familien der Oberschicht und des Mittelstandes bevorzugen die Entbindung in Krankenhäusern oder Privatkliniken, wo Mutter und Kind gut versorgt werden. In den ärmeren sozialen Schichten und in ländlichen Gegenden bringen die Frauen häufig noch ihre Kinder mit Hilfe einer Hebamme zu Hause zur Welt. Die Geburt wird beim Ministerium für öffentliche Gesundheit registriert, so daß das Baby eine Geburtsurkunde sowie zu gegebener Zeit alle nötigen Impfungen und Untersuchungen erhält. In den meisten Bezirken gibt es zu diesem Zweck staatliche Kliniken. Fernsehen und andere Medien erinnern Eltern, die nicht daran denken oder uninformiert sind, an ihre Pflichten gegenüber ihren Kindern. Muslimische männliche Säuglinge, die in Kliniken zur Welt kommen, werden oft in der ersten Lebenswoche beschnitten, und von dem Ereignis wird meist wenig Notiz genommen. Auf dem Land kann die Beschneidung etwas später erfolgen, irgendwann in den ersten Lebensjahren, und wird dann auch gefeiert. Obgleich die Beschneidung von Mädchen längst gesetzlich verboten ist, wird sie doch auch heute noch immer in einigen Gegenden des Landes praktiziert. Eine Woche nach der Geburt des Kindes geben die Eltern ihm zu Ehren ein kleines Fest, zu dem sie Freunde einladen, und bei dem das Baby sozusagen in die Gesellschaft eingeführt wird.

Die Emanzipation der Frauen und die hohen Lebenshaltungskosten haben dazu geführt, daß die meisten Frauen in urbanen Gesellschaften Teil- oder Vollzeitarbeit leisten. Ägyptische Verordnungen berechtigen nach der Entbindung zu einem Mutterschaftsurlaub. Er wird gewöhnlich bis zu drei Monaten gewährt, auf Wunsch auch länger – dann aber unbezahlt, so daß die meisten berufstätigen jungen Mütter jemanden finden müssen, der sich um ihre Babys oder Vorschulkinder kümmert. Es gibt eine begrenzte Zahl preisgünstiger staatlicher Kindergärten, große Werke oder Firmen,

OBEN: Große, kunstvoll verzierte Zelte, die Schutz vor der Sonne gewähren, werden für religiöse Feste und gesellschaftliche Ereignisse aufgestellt. Anfertigung und Aufbau von Zelten ist ein alter und angesehener Beruf.
James H. Morris

RECHTS: Straßenverkäufer bieten eine große Auswahl an Speisen und alkoholfreien Getränken an.
James H. Morris

LINKS: Weit entfernt von der unpersönlichen Atmosphäre der westlichen Supermärkte, ist der Besuch eines ägyptischen Marktes unterhaltsam, und man pflegt gesellschaftliche Kontakte. Allerdings erledigen die Leute heutzutage ihre Einkäufe oft in den lokalen Läden, die sich nicht sehr von denen anderer Länder unterscheiden.
James H. Morris

OBEN: In vielen Dörfern wird die Wäsche noch im Fluß oder in einem Kanal gewaschen, selbst das Geschirr spült man dort. Doch immer mehr (städtische) Haushalte besitzen schon eine Waschmaschine.
Australian Picture Library/ZEFA

LINKS: Felukken und andere Boote auf dem Nil symbolisieren Ruhe und Gleichmaß des überlieferten Lebensstils. In alten Zeiten war der Nil die Haupttransportader, inzwischen haben die Straßen diese Rolle übernommen.
The Image Bank/Farrell Grehan

die viele Frauen beschäftigen, unterhalten eigene Einrichtungen. Private, gut ausgestattete Kindergärten sind in großer Zahl vorhanden, ihre Gebühren hängen von der Wohnlage und der Qualität ab. In ärmeren Schichten überlassen die Mütter ihre Babys gewöhnlich Verwandten, Nachbarn oder Freunden. Die teuren Kindergärten der Oberschicht engagieren oft ausländische Erzieherinnen, die den Kindern die Grundkenntnisse einer Fremdsprache (Englisch oder Französisch) beibringen sollen, denn Zweisprachigkeit ist in den wohlhabenden Kreisen Ägyptens sehr verbreitet.

Sobald die Kinder sechs Jahre alt geworden sind, müssen die Eltern eine Entscheidung über die in Frage kommende Schule treffen. Sie haben die Wahl zwischen kostenlosen staatlichen Schulen, Privatschulen mit unterschiedlichen Gebühren und »Sprachschulen«, einem Überbleibsel der ausländischen Schulen aus der Zeit vor 1956. Sie alle unterstehen der Kontrolle des Ministeriums für Erziehung und folgen demselben Lehrplan.

Der Schulunterricht in Ägypten, im Anschluß an den Kindergarten, dauert elf Jahre und ist in drei Stufen unterteilt: Grund-, Mittel- oder Hauptschule und höhere Schule. Jede dieser Stufen schließt mit einer formellen Staatsprüfung ab. Die staatlichen Schulen sind absolut schulgeldfrei. Nach dem Gesetz ist jedes Kind bis zum Abschluß der Mittelstufe zum Schulbesuch verpflichtet, leider aber hält man sich nicht immer an das Gesetz. Nach der Mittelstufe können die Kinder entweder auf eine höhere Schule oder eine einfache technische Fachschule wechseln, wo sie eine Berufsausbildung erhalten. Trotz der unermüdlichen Anstrengungen der Regierung haben fast alle Schulen mit dem Problem des Bevölkerungswachstums zu kämpfen. Sowohl staatliche wie private Schulen sind überfüllt, der Zugang ist nicht leicht, besonders für Privatschulen, die die Zahl ihrer Schüler beschränken, um das intellektuelle Niveau zu halten. Beziehungen und Einfluß ebnen oftmals den Weg. Der Mangel an Räumlichkeiten zwingt manche staatlichen Schulen in

OBEN: Eselskarren sind in den weniger verkehrsreichen Vierteln Kairos und auf dem Land noch ein vertrauter Anblick, wiewohl Kleintransporter sie immer mehr ablösen. Die Tiere werden nicht geschont, ihre Besitzer gehören zu den Ärmsten in Ägypten.
J. H. Morris

OBEN: Die schulischen Einrichtungen sind oft improvisiert, und nur wenige ägyptische Schulkinder und Universitätsstudenten können von einem Standard profitieren, der mit entsprechenden westlichen Einrichtungen vergleichbar ist.
James H. Morris

OBEN: Die ägyptischen Kinder lernen ungeheuer eifrig, selbst in der einfachsten Umgebung, und Studenten sind es gewohnt, unter Bedingungen zu arbeiten, von denen man sich im Westen keine Vorstellung macht.
Sonia Halliday Photographs

RECHTS: Kinder in Ägypten spielen genauso gern wie alle Kinder der Welt, doch für viele von ihnen, besonders jene, die in Dörfern und den ärmsten Stadtvierteln leben, endet die Kindheit sehr früh und der Eintritt ins Arbeitsleben beginnt zeitig.
James H. Morris

überbevölkerten Bezirken, den Unterricht über den ganzen Tag zu verteilen, wobei die Kinder in bis zu drei Schichten jeweils etwa vier Stunden unterrichtet werden. Der Unterricht ist nicht immer gut, und die meisten Kinder, die es sich leisten können, lassen sich zu Hause Privatstunden geben; entweder durch die Eltern, deren ganzes Leben um die Ausbildung ihrer Kinder kreisen kann, oder durch einen Lehrer, manchmal denselben, den sie in der Schule haben. Einnahmen aus Privatunterricht machen den wesentlichsten Teil der Einkünfte der meisten Lehrer aus. Das Abschlußjahr der Schule ist der Alptraum aller Familien und eine gewaltige finanzielle Belastung.

Niemand hält viel von diesem quasi-obligatorischen System der Privatstunden. Manche Eltern fürchten, daß es die Lehrer ermutigt, in der Schule nur mangelhaften Unterricht zu erteilen, um mehr private Schüler zu haben. Andere schreiben die dürftige Qualität des Unterrichts den großen Klassen zu oder auch dem ungenügend vorbereiteten Lehrer. Um diese Art der Privatunterweisungen zu umgehen, richten manche Schulen besondere »Nachhilfeklassen« für schwächere Schüler ein. Überdies bieten die Fernsehprogramme die meisten Kurse an, die für die staatlichen Examina verlangt werden.

Neben diesen Einrichtungen existieren Schulen, die al-Ashar unterstehen, der ältesten und ehrwürdigsten Institution in Ägypten, die gewaltigen gesellschaftlichen Einfluß ausübt. Diese Schulen, besonders in den Provinzen und den überfüllten Stadtbezirken, lehren die Regeln des Islam und den Koran zusammen mit den weltlicheren Disziplinen.

In der Familie liegt die Erziehung der Kinder vorwiegend in den Händen der Mutter. Selbst wenn sie berufstätig ist, muß sie sich um den Haushalt kümmern. Der Vater findet vielleicht eine Arbeit in einem der arabischen Golfstaaten, so daß die ganze Verantwortung für die Familie auf seiner Frau ruht. Während der Mann im Ausland arbeitet, wird erwartet, daß er genug Geld verdient, um seine Familie zu ernähren, so daß seine Frau nicht berufstätig sein muß, wenn sie nicht will. Sein Geld sichert der Familie nicht nur einen höheren Lebensstandard, sondern reicht auch für Ersparnisse für die heranwachsenden Kinder. Sein Sohn wird eines Tages ein Haus brauchen und vermutlich eine Mitgift *(mahr)* als Brautgeschenk; seine Tochter genügend Geld für ihre Aussteuer *(gehaz)* und für die Einrichtung ihres Hauses. In Ägypten gelten die Möbel als Eigentum der Frau, sie werden nach alter Tradition von ihren Angehörigen zum Haushalt beigesteuert.

Das Fehlen einer Vaterfigur in vielen Familien hat auch seine Nachteile. Relativer Wohlstand, verbunden mit Ignoranz und Arbeitslosigkeit, hat die Verbreitung von Drogen unter den jungen Leuten erleichtert. Abhängigkeit und andere Probleme werden in der Schule und in Fernsehprogrammen offen zur Sprache gebracht und indirekt über die Religion in den Moscheen oder Kirchen behandelt. Außerdem überträgt das Fernsehen die Vorlesungen, die Ulemas (gelehrte Theologen) nachmittags in bestimmten Moscheen halten. Diese Lehren beeinflussen zweifellos Vorstellungen, Ideale und Lebensweisen eines großen Teils der ägyptischen Bevölkerung.

Der Besuch der Universitäten ist in Ägypten kostenlos. Schüler, die ein Studium anstreben, müssen die *thanaweya amma* (allgemeine höhere Schul-) Prüfungen bestehen, und wenn sie die erforderlichen Noten erreichen, können sie das Fach ihrer Wahl belegen. Heute ein Universitätsdiplom zu be-

Die Ramses-Wissa-Wassef-Schule

OBEN: Familienangehörige aus zwei Generationen bei der Arbeit in der Schulwerkstätte. Austral/SIPA

OBEN RECHTS: Ein ehemaliger Schüler, jetzt ein Meister des Teppichwirkens. Austral/SIPA

Wer südlich von Kairo die Straße nach Saqqara und Memphis entlangfährt, ist überrascht von der großen Zahl der »Teppichschulen«, die ihre Erzeugnisse in dicken Lettern und oft auch in recht ungewöhnlicher Schreibweise anpreisen. In der Gegend um die Pyramiden finden sich etliche solcher Unternehmen, und das berühmteste ist die Ramses-Wissa-Wassef-Schule.

Ramses Wissa Wassef war ein Architekt, der vor etwa fünfzig Jahren in Kairo eine Schule gründete, die den Elementarunterricht für Kinder mit einer Ausbildung in der Kunst des Teppichwirkens verband. Die Kinder sollten nicht den üblichen und traditionellen Mustern folgen, sondern ihre Phantasie einsetzen und neue Entwürfe schaffen. Eine ähnliche Schule wurde 1951 im Dorf Harrania gegründet und das gleiche Experiment erfolgreich mit einer kleinen Gruppe einheimischer Kinder im Alter von sechs bis acht Jahren wiederholt. Die Schule hat mittlerweile das Sortiment ihrer Erzeugnisse beträchtlich erweitert, doch ihre weltberühmten und begehrten Teppiche stehen weiterhin an erster Stelle.

LINKS: Ein Wissa-Wassef-Wandteppich (140 x 220 cm). Die Herstellung eines einzigen Teppichs kann mehrere Monate dauern. Austral/SIPA

OBEN: Detail desselben Wandteppichs. Austral/SIPA

RECHTS: Die Ägypter sind familienverbunden und genießen ihren Urlaub sehr. Alexandria ist einer der beliebten Ferienorte.
The Image Bank/Tom Owen Edmunds

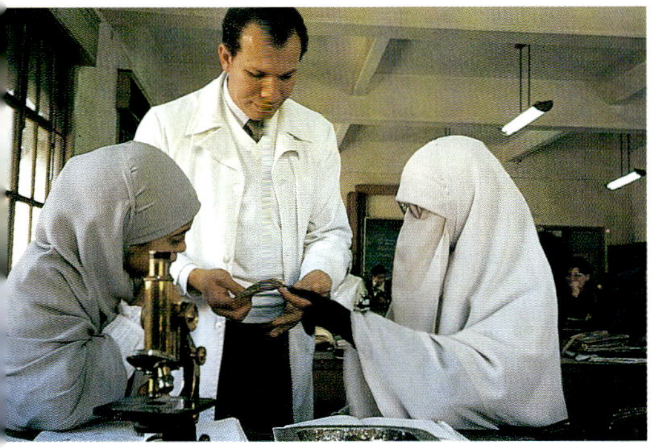

UNTEN: In allen Schichten und Berufen und an allen Orten, auch an der Kairoer Universität, trifft man Frauen in der traditionellen Kleidung Seite an Seite mit anderen, die westliche Mode tragen.
Magnum/Abbas

sitzen, bedeutet nicht unbedingt, daß jemand sich nach Wissen oder Kultur sehnt oder Wissenschaft und Forschung liebt. Der Universitätsabschluß öffnet vielmehr den Zugang zu bestimmten gesellschaftlichen Kreisen oder die Möglichkeit, in den Staatsapparat einzutreten. Obwohl diese Stellen im allgemeinen schlecht bezahlt sind, werden sie sehr geschätzt, weil sie Sicherheit, gesellschaftliche Kontakte und Prestige bedeuten. Heutzutage haben sich die Vorstellungen über Prestige und Ansehen geändert, und obwohl sich im September 1991 an ägyptischen Universitäten 600 000 Studenten eingeschrieben haben, werden die meisten vermutlich nicht für den Staat arbeiten.

Wie die nationalen weltlichen Universitäten lehrt die al-Ashar zusätzlich zu den Islamstudien alle anderen Fächer. Sie zieht nicht nur Studenten aus Ägypten, sondern auch aus vielen anderen islamischen Ländern Afrikas und Asiens an.

UNTEN: Im Gesira-Sportclub in Kairo halten sich Sportler ebenso gern auf wie Leute, die sich nur entspannen wollen. Die Überbevölkerung der Stadt und der Mangel an Parks und freien Flächen macht sich stark bemerkbar.
Magnum/S. Franklin

Die jungen Ägypter verbringen ihre Freizeit zumeist in Sportclubs. Fußball ist der ägyptische Nationalsport, und das ganze Jahr über finden Meisterschaften zwischen den einzelnen Clubs statt. Die Clubs sind zugleich Treffpunkte, wo die Eltern ausspannen können, während ihre Kinder spielen. Sie sind meist mit Tennis- und Squashplätzen ausgestattet, darüber hinaus gibt es Schwimmbecken, Fußballplätze und Turnhallen.

Nach dem Erwerb des Universitätsdiploms beginnt die Jagd nach Arbeitsplätzen und nach Unabhängigkeit, und die jungen Leute müssen desillusionierende Erfahrungen machen. Wenn sie heiraten wollen und die Eltern ihnen keine Wohnung stellen können, müssen sie jahrelang warten, bis sie genügend Ersparnisse haben, um sich unabhängig zu machen. In der Tat führen fehlende Geldmittel und die Wohnungskosten oft zur Auflösung von Verlobungen, zum Aufschub vieler Heiraten, und viele Pläne zerschlagen sich.

Den Umgang mit Verwandten und Freunden zu pflegen und ihnen zu helfen, hat in der Gesellschaft höchste Bedeutung. Familiäre Bindungen sind eine Garantie, daß man sich aufeinander verlassen kann. Verwandte sollen an freudigen Ereignissen teilhaben, im Leid erwartet man ihren Beistand. In den Großstädten, wo die Entfernungen beträchtlich, die Verkehrsprobleme kompliziert und die Bewohner überlastet sind, können sich die engen Bindungen lockern und Traditionen allmählich verschwinden. Doch die noch bestehenden

Ägyptische Hochzeiten

Sobald sie es sich leisten können, heiraten die jungen Männer und Frauen. Im Islam ist die Eheschließung ein gesellschaftlicher Vertrag. Die Hochzeit wird entsprechend der Vermögenslage der Familie gefeiert. Traditionsgemäß bringen die Brauteltern ihre Tochter in einer festlichen Prozession *(zaffa)* zum Bräutigam und übergeben sie ihm. Früher wurden besonders auf dem Land die Möbel für das neue Haus von der Wohnung der Eltern in die ihrer Tochter getragen. Musik und Tanz gehörten zu diesem öffentlichen Ereignis. Aber weil hohe Kosten damit verbunden sind und heute auf die Privatsphäre mehr Wert gelegt wird, stellt man die Möbel nicht mehr in gleicher Weise zur Schau. Junge Paare führen ihre Gäste aber noch immer durch das Haus und zeigen ihre neuen Erwerbungen mit Freude und Stolz. Die meisten Eltern wünschen sich heute einen *zaffa* bei der Hochzeit ihrer Kinder, und die meisten jungen Mädchen träumen davon. Nachdem der Heiratsvertrag unterzeichnet ist, findet üblicherweise eine Feier statt, die entsprechend den finanziellen Möglichkeiten der Familie mehr oder weniger aufwendig ist. Man reicht den bei der Zeremonie anwesenden Gästen zur Feier des Tages zumindest einen Fruchtsaft *(sharbat)*, was den Wunsch für das zukünftige Glück des Paares zum Ausdruck bringen soll. Die Gäste können es nicht ablehnen, den *sharbat* zu trinken, auch wenn sie Süßes sonst nicht mögen.

In wohlhabenden Familien gehört zur Hochzeitszeremonie ein Festmahl und, falls es die Mittel und der Platz gestatten, der berühmte *zaffa*, der eine Hochzeit von jeder anderen Festversammlung unterscheidet, und bei dem alle Augen auf die Braut und den Bräutigam gerichtet sind. Der *zaffa* läßt sich mit der Brautprozession in der Kirche vergleichen, aber in Ägypten findet er in Privathäusern oder – um mehr Raum zu haben – auf gemieteten öffentlichen Plätzen statt. Braut und Bräutigam ziehen, geleitet von der Prozession, langsam, mit vielen Unterbrechungen, zu ihrem *kosha* (ein Podest mit eigens geschmückten Sitzen für das Paar). Die Gäste begeben sich nacheinander dorthin, um ihnen zu dem glücklichen Tag zu gratulieren. Bei aufwendigeren Hochzeiten werden Berufsmusiker und -tänzerinnen gemietet, und oft kann man dann die besten Bauchtänzerinnen und Popsänger des Landes sehen.

Solche Feste erinnern an die schönen Bankettszenen, die an den Wänden altägyptischer Gräber abgebildet sind, wo der Grabbesitzer und seine Frau unter ihren Gästen sitzen und erlesene Speisen genießen, während sie von Tänzerinnen und Musikern unterhalten werden.

OBEN: *Ein mit viel Lärm verbundener zaffa auf den Straßen von Kairo bringt oft den Verkehr zum Erliegen und zieht viele Menschen an.* *James H. Morris*

UNTEN LINKS: *Tanz des Brautpaars bei einer Hochzeitsfeier. Magnum/Abbas*

UNTEN RECHTS: *In Ägypten wird das Hochzeitsfoto sehr ernst genommen, es bewahrt viel von der Förmlichkeit, die im Westen verschwunden ist. Magnum/Abbas*

RECHTS: Die meisten Ägypter sind sehr religiös, und ihre Religion spielt in ihren persönlichen Angelegenheiten eine überaus bedeutende Rolle.
James H. Morris

UNTEN: Das Freitagmorgengebet ist das wichtigste religiöse Ereignis der Woche.
James H. Morris

Bindungen und das Verantwortungsgefühl gegenüber der eigenen Familie sind Faktoren, die die Gesellschaft festigen und dem Land angesichts der schwierigen sozialen und wirtschaftlichen Lage noch größere Probleme ersparen.

Geburt und Hochzeit sind festliche Ereignisse, zu denen sich Familienangehörige und Freunde versammeln, aber noch mehr Verwandte und Bekannte erscheinen zu Begräbnissen. Drei volle Tage lang kommen die Trauergäste ins Haus des Verstorbenen, um der Familie mit Zuspruch beizustehen. Koranverse werden gesungen, die Besucher erhalten Kaffee und Speisen. Die Trauerzeiten und die Begräbnisriten in Ägypten unterscheiden sich erheblich von anderen islamischen Ländern. Um ihre Trauer zu zeigen, trugen die Frauen mindestens ein Jahr lang schwarze Kleidung. Heute lehnen jüngere Menschen in den ägyptischen Städten diese Sitte oft ab und machen geltend, daß sie nichts mit den islamischen Lehren zu tun hat, auch daß Schwarz eine deprimierende Farbe ist, die Wunden nicht heilen hilft. In der Tat haben die geschäftigen Städter heute wenig Zeit für Gefühle! Immerhin erachtet man vierzig Tage als annehmbare Mindestzeit für das Tragen von Trauerkleidung, da die ersten vierzig Tage nach dem Tod besonders schwer sind.

Manche nehmen an, daß die Zahl vierzig eine Bedeutung hat, die auf altägyptische Mumifizierungspraktiken zurückgeht, und obgleich sie keinen Sinn in der Fortsetzung dieses Brauchs sehen, halten sie daran fest. In konservativen Familien treffen sich die Verwandten im Haus des Verstorbenen jeden Donnerstag bis zum vierzigsten Tag nach dem Tod, besuchen das Grab und spenden als barmherzige Tat Essen und Naturalien an die Armen, die im Umkreis der Friedhöfe leben, damit Gott dem verstorbenen jede begangene Sünde vergebe. Das Grab bedecken sie mit Blumen und frischem Grün als Symbol der Wiederauferstehung und lassen dort Koranverse rezitieren, um sich und die Seele ihres geliebten Toten zu trösten. Die Besuche beim Toten, genannt *talaa* (»zum Friedhof gehen«), unternimmt man noch Jahre danach bei jedem religiösen Fest und an jedem Todestag des Verstorbenen.

In ländlichen Gemeinden sind Trauerbekundungen meist sehr emphatisch, besonders unter Menschen mit niedrigerem Bildungsniveau. Bei den Begräbnissen weinen die Frauen laut und übermäßig, und immer wieder hört man jemanden aufschreien oder den Verstorbenen mit zärtlichen Namen und lobenden Wörtern rufen. Trommeln werden geschlagen, um das Volk zusammenzurufen und den Tod zu verkünden, während der Trauerzug dem eingehüllten Leichnam folgt, der auf einer Bahre zu seiner letzten Ruhestätte getragen wird. Nach der Beerdigung waschen sich nahe Verwandte nicht und wechseln auch schmutzige Kleidung nicht, Männer rasieren sich nicht, man denkt kaum ans Essen, und dem großen Schmerz wird auf vielerlei Weise Ausdruck gegeben. Begräbnistraditionen, vieles von deren Terminologie, Friedhofsarchitektur und sogar Friedhofsverwaltung, alle haben ihren Ursprung im alten Ägypten.

UNTEN: Ägyptische Begräbnisse sind nach westlichen Maßstäben sehr einfach, aber außerordentlich emotional.
Christine Osborne Pictures

Heute findet man manchmal eine vielleicht übertriebene Zuwendung zur Religion als Reaktion auf den Verfall, den Armut und die Lockerung der Traditionen bewirken. Die Ursache ist in den neuen Lebensweisen zu suchen, die mit der modernen Technologie Hand in Hand gingen. Die Errichtung des Staudamms von Assuan (1971 fertiggestellt) veränderte beispielsweise die Umwelt in ländlichen Gebieten radikal. Der alte natürliche Lebensrhythmus mußte sich total umstellen und an die neuen Methoden der Bewässerung und Kultivierung anpassen. Tourismus, Telekommunikation, Massenmedien und Fernsehprogramme haben westliche Sitten und Denkweisen mitgebracht, die zur Auflösung der Gesellschaft beitragen. Die Rückkehr zu traditioneller und »vorkolonialer« Kleidung dürfte auch als eine Verteidigung »orientalischer Identität« und »orientalischer Würde« zu verstehen sein. Viele Leute sehen nicht ein, warum sie »unbequeme« westliche Kleidung übernehmen sollten, und manche Frauen glauben, daß es richtig wäre, den Schleier zu tragen, weil die Religion Sittsamkeit empfiehlt. Gaben ihre Großmütter den Schleier auf, weil sie ihr Recht, am öffentlichen Leben teilzunehmen, geltend machen wollten, so betrachtet die jüngere Generation den Schleier als Schutz gegen ungebührliche Belästigung in eben demselben öffentlichen Leben, in dem sie sich jetzt frei bewegen kann. Heute trifft man ägyptische Frauen, verschleiert oder nicht, in allen Schichten und Berufen, wo sie ebenso Spitzenpositionen innehaben wie ganz einfachen Beschäftigungen nachgehen.

Religiöses Gefühl spiegelt sich in einer bemerkenswerten Zunahme von Moscheen, die mit Mitteln privater Spender gebaut werden. Es handelt sich dabei eigentlich um gesellschaftliche Zentren, zu denen im allgemeinen eine Klinik, ein Kindergarten und eine oder mehrere Lehrinstitutionen gehören. Das können reguläre Grundschulen sein oder Schulen, in denen Lesen und Schreiben sowie die Grundlagen verschiedener Handwerke gelehrt werden. Ihre äußerst geringen Gebühren decken die Unterhaltskosten, da viele Verwaltungs- und Fachleute auf freiwilliger Basis arbeiten und Zeit wie Fachkenntnisse als einen Akt islamischer Nächstenliebe zur Verfügung stellen. Viele dieser Moscheenzentren wie auch Kirchen arbeiten karitativ und unterstützen die ärmeren Familien mit Spenden.

Einige Organisationen oder wohlhabende Bürger sponsern große *mawaled*, Feste, um die Geburtstage bedeutender Führer des Islam zu feiern. Bei einem *mawaled* kommen die Menschen zusammen, Koranverse und religiöse Hymnen werden rezitiert, und für alle gibt es reichlich zu essen. Während des Ramadan (Fastenmonat) versorgen viele Reiche die Armen ihrer Gemeinden mit Speisen. Ohne Zweifel erbringen in Ägypten Privatpersonen aus religiösen Motiven, gleich ob es sich um Muslims oder Christen handelt, genausoviel oder gar mehr Sozialleistungen als die offiziellen staatlichen Fürsorgeorganisationen.

So wie sich einerseits die Zahl der religiösen Institutionen erhöht, trifft man andererseits auf eine ähnlich spektakuläre Zunahme von Restaurants, Fast-Food-Ketten, Nachtclubs und Discos. Die teureren Treffpunkte werden von einer neuen Gesellschaftsschicht besucht, die ihr Geld während der späten 1970er und frühen 80er *infitah*-Jahre machte, als es zu einer Öffnung für den freien Handel kam. Deren Kinder haben kein Problem, zu Geld zu kommen und es auszugeben. Tatsächlich sieht man in Kairo heute mehr aufwendige Autos als je zuvor, und nirgendwo kann man offensichtlich mehr Geld verdienen als in der Freizeitindustrie. Die Unterschiede der sozio-kulturellen Lebensformen nehmen weiterhin zu, da inmitten der Massen, des Lärms und der Verschmutzung der Städte die widersprüchlichsten Werte konkurrieren. Das heutige Ägypten ist von Gegensätzen zerrissen, und nur die Geschichte wird eines Tages erweisen, welchen Weg es gegangen ist.

OBEN: Der Unterschied zwischen den Luxushotels und der Welt vor ihren Türen ist ungeheuer krass, obwohl teure Hotelrestaurants und Nachtclubs keineswegs nur von Ausländern besucht werden. Christine Osborne Pictures

UNTEN: Ein Fernsehgerät bleibt meist eingeschaltet, ohne Rücksicht darauf, was gezeigt wird oder was sich davor abspielt – eine Angewohnheit, die die Ägypter mit Menschen in der ganzen Welt teilen. Maximilian Bruggman